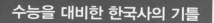
수능을 대비한 한국사의 기틀

오늘 걷지 않으면 내일은 뛰어야 한다
이은식 작가가 자녀들과 부모님들께 전하는 이야기

한국사의 희망 부모와 청소년 이야기

한국인물사연구원저

타오름

한국사의 희망
부모와 청소년 이야기

초판 1쇄 인쇄 | 2013년 10월 10일
초판 1쇄 발행 | 2013년 10월 14일

지은이 | 이은식
펴낸이 | 한국인물사연구원
담　담 | 지해영

주　간 | 고진기
편　집 | 이상규
제　작 | 우성아트피아
인　쇄 | 우성아트피아

펴낸곳 | 한국인물사연구원 출판부
주　소 | 서울 은평구 녹번동 38-12 2층
전　화 | 02)383-4929
팩　스 | 02)3157-4929
전자우편 | cheongmoksan@naver.com

값 | 19,800
ISBN | 9788994125206

이 도서의 국립중앙도서관 출판시도서목록(CIP)은 서지정보유통지원시스템 홈페이지
(http://seoji.nl.go.kr)와 국가자료공동목록시스템(http://www.nl.go.kr/kolisnet)에서 이
용하실 수 있습니다.(CIP제어번호: CIP2013020044)

무엇인가 하고 싶은 사람은
方法을 찾아내고
아무것도 하기 싫은 사람은
口實을 찾아낸다

Contents

제1편

자녀들에게 보내는 편지
꾸준히 정진하는 사람만이
씨앗을 심어주십시오

Contents

Contents

Contents

제2편

부모님들께 드리는 편지

자녀들에게 사람됨의 씨앗을 심어주십시오

작가의 말

이 은 식 李垠植

 능력이 앞서는 것은 근면과 인성이다.

 현대 기술문화는 인류에게 편리한 생활을 영위할 수 있도록 해준다. 그러나 과학기술사회가 가져온 정신적·물리적 변화는 엄청난 사회변동을 유발하여 인간의 가치기준을 흔들어 놓았다. 그러면서 각종 무리한 현상을 초래하여 인류문화에 위기감마저 던져주고 있는 듯하다.

 때와 장소를 불문하고 외설일변도로 치닫는 일부 잡지들과 건전하지못한 화면들을 쉽사리 접할 수 있다. 뿐만 아니라 선택능력이나 판단능력이 부족한 청소년들도 시청할 수 있는 이해하지 못할 TV프로그램들도 많다. 이런 상황에서도 청소년들의 유흥업소출입을 당연하게 여기는 기성인들의 잘못된 생각과 물질만능주의가 만연하는 시대는 걱정스럽기 그지없다. 대부분의 가정家庭에는 청소년들이 있다. 높은 학벌에 대한 갈망과 과열경쟁에 시달리는 그런 학생들을 위한 학교교육과 학원교육은 인성교육을 제대로 수행하지 못하고 지식과 기술을 주입하는 데만 치중한다. 공부해야 한다는 강박감에 시달리는 청소년들을 위한 인성교육기회는 점점 드물어져만 가는 실정이다.

 이런 상황에서 청소년들이 지혜와 지성에 인격까지 겸비한 전인全人으로 성장 할 수 있도록 거짓 없는 사랑의 교육을 실천하는데 심혈을 쏟아야 한다. 청소년 문제들을 다룬 글들이 수없이 발표되는 작금의 현실은 청소년문제의 심각성을 반증할 뿐더러 마땅한 해결방안도 제시되지 못한다는 것을 의미한다. 그런 와중에 제시되는 갖가지 해결방안들 중에서 학교교육의 정상화도 물론 중요하지만 1차 교육기관이라 할 수 있는 가정에서부터 문제를 해결해나가는 방안이 가장 바람직하다고 생각된다.

거의 대부분의 인간은 가정에서 인생을 출발한다. 가정은 인간교육이 최초로 이루어지는 교육장소이고 부모는 최초의 선생님이다. 또한 가정은 자녀들에게 사회문화를 전달하는 기능, 가족을 보호하는 기능 등을 가졌고 사회를 배울 교육기회를 제공하는 인간생활의 기본적 장소이다. 학교교육 보다는 부모의 깊은 사랑이 함께하는 가정교육이야말로 청소년들을 올바른 성격과 지성을 겸비한 인격체들로 교육하는 데 더욱 중요한 역할을 한다.

무릇 가정은 가족들이 서로 어울려 사는 작은 사회이다. 그래서 가정은 인위적이고 단순한 학교교육을 어느 정도 교정할 수 있는 곳으로 여겨진다. 왜냐하면 가정은 청소년들의 행동 발달은 물론 인격성장에 많은 영향을 끼치기 때문이다.

문제청소년 뒤에는 반드시 문제가정과 문제부모가 있기 마련이라는 사실을 우리 모두 자각해야 한다. 그래서 매우 시급히 요구되는 것이 바로 전인교육이다.

이런 점들을 감안하면 가정만큼 전인교육에 적합한 곳은 없다고 할 수 있다. 청소년들이 바라는 이상적理想的 부모는 집안일을 알뜰하게 보살피는 부모, 자녀가 언제나 볼 수 있는 위치에서 건전하게 생활하는 부모이다. 감수성이 특히 예민해지는 청소년기를 화기애애한 가정에서 보내느냐 아니면 침울한 결손가정에서 보내느냐 여부가 성년기를 좌우한다는 것은 분면하다. 오늘날 같은 시대상황에서 다음 세기의 주인공들인 청소년들이 과연 참된 가치관과 이상적인 꿈을 간직하고 성장할 수 있을까?

누가 세상에서 제일 어려운 것이 무엇이냐고 내게 묻는다면 나는 단연코 자녀교육이라 답하고 싶다.

2013년 여름
북한산 자락 서실에서

이 어 령 李倒寧

초대문화부장관
신문인/문학평론가
이화여자대학교 석좌교수
중앙일보상임고문

나그네라는 말은 나간 이, 즉 밖으로 나간 사람이라는 뜻이다. 그러나 역사 기행이나 우리 고전 작품을 찾아가는 나그네는 밖이 아니라 안으로 들어오는 사람이다. 한마디로 우리 고전 작품을 다시 발견하고 그 배경이 되는 고장을 찾아가는 이은식李垠植 님의 글은 한국인의 내면을 탐구하는 소중한 '안으로의 여행' 이라고 말할 수 있다.

내면이란 무엇인가. 인체를 보면 안다. 겉으로 보면 인체는 모두가 대칭형으로 되어 있다. 두 눈 두 귀가 그렇고 양손 양다리가 모두 짝을 이루어 좌우로 나뉘어 있다.

하나의 코와 입이라도 그 모양은 좌우대칭으로 되어 있다. 그러나 내부로 들어가면 어떤가. 인체 해부도를 보아서 알듯이 심장과 췌장은 왼쪽에 있고 간이나 맹장은 오른쪽에 있어 좌우가 다르다. 그리고 위의 생김새나 대장은 더더구나 그 모양이 외부와는 달라 모두가 비대칭적인 모양을 하고 있다.

이렇게 내면의 여행은 인체의 내부처럼 복잡하고 애매하다. 지도를 보면서 정해진 코스를 찾아가는 외부의 여행과는 딴판이다. 보이지 않는 곳은 내시경으로, 들리지 않는 박통은 청진기를 사용해야 한다. 그것이 바로 내면을 여행하는 사람의 투시력이며 상상력이며 특수한 지식의 힘이다.

이은식 님의 〈우리가 몰랐던 인물 한국사〉는 한국 전통문화의 맥을 짚어 보이지 않는 마음의 섬세한 구김살을 열어보는 투시력의 소산이다. 사전蘇典지식으로는 맛볼 수 없는 현장성 그리고 그 배후를 꿰뚫는 정성과 분석력이 대단한 분이시다. 그의 원고를 보면 내가 누구이며 내가 어디에서 왔으며 내가 어디로 가야 할 것인가의 방횡을 확실히 제시하고 있다.

그러기 때문에 이 방대한 '역사 인물 기행'인 동시에 '문화 탐구의 기행'은 우리의 시선을 마음의 내면세계로 향하게 하는 화살표요 그 지도가 되는 것이다. 이 책에서 우리는 윤선도를 만나게 될 것이다. 그리고 잊혔던 신숙주와 세종대왕, 방랑시인 김삿갓을 비롯한 수많은 역사적 인물들을 만나게 될 것이다. 고정관념을버리고한분한분의 발자국을따라가다보면과거의 역사가 아니라우리의 미래의 역사를만나게 될 것이다.

역사 속의 인물과 고전작품은 시대와 사회의 변화에 따라 끝없이 재조명하고 새롭게 탄생하는 것이다. 역사는 그냥 이야기가 아니다. 우리가 살아온 달력에 동그라미를 쳐놓은 그냥 기억이 아니다. 시간의 켜가 모여 지층처럼 쌓여간 문자의 땅이요 피의 강이다 산맥이 높아야 높은 산이 생긴다는 말처럼그위에 우리는우리의 새로운 역사의 봉우리를만든다.

겉만보고한국인을 말하지 말아야 한다.복잡하고 불가사의한 한국인의 내면을 알고나서야 우리는우리 역사속의 한국인의 참모습을알게 될 것이다.

검은 암닭이 하얀 알을 낳고 검은 소가 흰 우유를 쏟아내듯이 이은식 님의 책은 오늘날같이 혼탁한 세상에 생물 같은 그런 구실을 할 수 있을 것이다.

이 만 열 李萬烈

직전국사편찬위원회 위원장
독립기념관 한국독립운동사
연구소장

근래에 우리 주변에는 역사문화유척에 대한 일반인들의 관심이 고조되고 이 에 따라 많은 종류의 역사 문화서, 기행문류, 답사 안내서들이 우후죽순처럼 출간되고 있다 그리고 초등학생부터 대학생, 일반인들에 이르기까지 많은 역사 기행 동아리를 비롯하여 인터넷상에서는 역사 기행 관련 웹사이트가 운영되고 있으며,   신문사나 박물관 등의 역사 관련 교양 강좌도 활발하게 이루어지고 있다. 이러한 현상은 일반인들의 역사적 식견과 의식을 높일 수 있을 뿐 아니라 역사의 대중화라는 측면에서도 상당히 긍정적인 역할을 하는 것으로 평가할 수 있다.

전문 역사학자를 비롯하여 소설가, 언론인, 여행가들의 역사 기행문과 문화유산 답사 서적 이 봇물 터지듯 출판되는 요즈음 향토 사학자이자 역사기행가, 수필가인 이은식李垠植 님이 쓴 한국 역사 인물 기행 〈우리가 몰랐던 인물 한국사〉는 얼핏 보면 평범한 또 한 권의 역사 기행문 같지만 이 책은 단순한 기행문이 아니라 우리가 사는 땅과 그 땅에 살았던 인간의 흔적을 복원해내고 있다. 이 책에서 우리는 많은 역사적 인물들을 만날 것이다.

당대를 풍미했던 정치가, 덕망을 자랑하던 선비, 천하를 주름잡던 장군, 개혁을 부르짖었던 혁신주의자, 노비를 부렸던 상전, 부림을 당했던 천민 등 우리 역사에서 굴곡 많은 삶을 살다간 사람들을 만날 수 있을 것이다. 그들을 만나고 그들이 살았던 땅의 실체를 느끼 면서 우리는 역사가 단순한 과거가 아니라 현재요 미 래라는 것을 느낄 수 있을 것이다.

이 책은 '풍요로운 오늘을 있게 한 선현들의 피나는 노력의 자취를 재조명해 보고 역사적 인물들의 생전 삶의 기준을 교훈 삼아 더 좋은 앞날을 위한 길잡이가 되었으면 하는 마음을 새기면서 고인들의 유택과 유적지를 찾아다닌' 이 은식 님의 각고의 산물이다.

수년 동안 전국의 산하에 산재한 9천여 곳의 비문이 새겨진 역사 현장을 직접 밟고 촬영하여 체험한 내용을 쉽고 재미있게 풀어쓴 이 책이야말로 읽는 이로 하여금 역사란 멀리 있는 게 아님을 느끼게 해 주며, 바로 내가 숨쉬며 살아가는 내 고장에 대한 인식을 새롭게 일깨워준다. 산업화와 도시화로 훼손되고 사라지는 문화유산을 저자가 생업을 뒤로한 채 식음을 잊을정도로찾아다니며 쓴 이 책은 먼후일 역사적인 인물에 대한실체를 찾고자 하는 사람들에게 큰 도움이 될 것이다.

윤덕홍 尹德弘

직전국사편찬위원회 위원장
독립기념관 한국독립운동사
연구소장

우리가 이 세상에 태어난 것은 우연이 아니다. 오늘의 내가 있기까지 아버지 어머니가, 아버지 어머니가 태어나기까지 다시 할아버지 할머니, 외할아버지 외할머니가 계셨다. 지난 세월 동안 무수히 많은 사람이 서로 얽혀 있었기 때문에 지금의 우리가 존재하는 것이다. 우리 모두는 연과 연이 얽혀 태어난 존귀한 생명인 셈이다. 자연의 이치요 하늘의 섭리가 아닌가.

숱한 나라 다 놔두고 대한민국에, 그것도 과거가 아니고 미래도 아닌 오늘에 태어나서, 한국말을 사용하고 한국문화를 몸에 익혀 산다는 것을 생각해 보라. 과거와 얽히고설킨 것이 현재 우리들의 삶이기 때문에 이를 알고자 한다면 선조의 생활을 이해하지 않을 수 없다. 법고창신法古創新 온고지신溫故知新은 이를 두고 하는 말이다.

그동안 우리는 서양 사람들의 생각과 생활을 열심히 배우다 보니 우리것들을 등한시했다. 필자는 우연하게 일본의 마츠리를 구경한 일이 있다.

전통 의상을 차려입은 수많은 군중이 간단한 북 장단에 단조로운 걸음으로 꼬리를 물고 이어가는 그 모습은 장관이었다. 간단한 스텝이기에 누구나 금방 배울 수 있으며 똑같은 전통 의상 차림이기에 동류의식을 느낄 것이다. 군무가 가능한 이유는 바로 이 간단성과 동질감에서 비롯하리라. 전통의상을 입고 자발적으로 참여하는 마츠리 행사는 구경하는 잔치가 아니라 함께 행하는 놀이이며 그들의 문화를 계승해 가는 일상생활이기도 하다. 그래서 일본은 일 년 내내 잔치가 이어지는 나라이며, 그것을 통해 사회 통합을 이루어 가고 있다. 잔치는 과거를 놀이로 현재화하고 그 현재의 놀이를 통해 미래를 열어 가는 훌륭한 메커니즘이다. 이러한 잔치는 일본 고유의 전통을 소재로 한 문화 콘댄츠인 셈이다. 전통을 잘 보존하고 그 위에 서양의 것을 없은 일본을 보노라면 그들의 힘이 법고창신에 있음을 알수있다.

이은식 님의 한국 역사 인물 기행 〈우리가 몰랐던 인물 한국사〉는 일일이 현장을 답사하여 고증을 거친 작품으로 방대한 원고 속에 역시 방대한역사 인물들이 동장하는 대작이다. 존경하는 인물의 90%를 외국인이 차지하는 이 세태에, 민족과 역사의 정체성이 빛을 잃어 가는 이 시대에, 가히 법고 창신의 교과서가 될 만한 인물이 망라되고 있음은 무척 다행스러운 일이다. 우리 역사에 배울 점이 풍부한 사람이 이렇게 많았던가!

난국을 슬기롭게 극복한 정치인과 장꾼이 있는가 하면, 맑은 삶을 산 선비가 나오고, 보수와 개혁, 착취와 저항, 한 시대를 나름대로 처절하게 살아간 선조의 삶이 총망라되어 있다. 오늘의 우리에게 적용될 만한 삶의 모델들이 이은식 님의 작품 속에 제시되어 있는 것이다. 과거를 알고 오늘의 우리를 설명하며, 내일의 우리 삶을설계할수 있는 역작이기에 많은사람들의 일독을 권한다.

제 1 편

꾸준히 정진하려는
사람만이 성공의 씨앗을
심을 수 있다

하루를 즐거운 마음으로 시작합시다

아침에 눈을 뜨면 하루가 시작됩니다. 찬란한 아침햇살과 지저 귀는 새들과 그윽한 풀내음을 만끽하는 여유를 누릴 수 있는 녹지에서 생활할 수만 있다면 더할 나위 없이 상쾌하고 즐겁게 하루를 시작할 수 있겠지만, 도시의 아침은 그렇지 못합니다. 하늘엔 매연이 자욱하니 햇살은 무뎌지는 도시, 새소리 대신 자동차들의 경적소리와 주행소음으로 시끄럽기만 한 도시에서는 유쾌하게 하루를 시작하기 힘들 수밖에 없지요. 분주한 인파가 붐비는 출퇴근길을 생각해보세요. 더구나 사람들은 이런 도시환경을 탈출하고 싶어도 이미 삶의 뿌리를 도시에 깊숙이 내리고 있어서 어쩔 수 없이 눌러 살아야만 하는 마음의 고통마저 안고 있지요.

그래서 우리는 삶의 환경을 개선하려는 노력을 줄기차게 전개하는 한편으로 어떻게 하면 열악한 환경에서라도 즐겁게 살아갈 수 있는지 생각하는 것입니다.

환경개선을 위해 노력하려면 사회정책이나 사회운동 같은 물리적 뒷받침도 필요하지만 그런 노력을 위한 우리의 생각과 마음가짐 같은 정신적 뒷받침도 필요하답니다.

하루의 시작도 그렇습니다. 아침에 잠깼을 때 우리의 환경이 상쾌하지 않아도 그 순간 즐거운 것을 생각한다면 하루를 즐겁게 시작할 수 있을 것이지만, 그 순간 즐겁지 못한 것을 생각한다면 하루를 즐겁게 시작할 수 없을 것입니다.

웬디가 피터 팬처럼 하늘을 날고 싶다고 말하자 피터 팬은 아름다운것, 즐거운 일을 생각하면 하늘을 날 수 있다고 말해줍니다. 웬디는 즐거운 일을 생각했고 그래서 하늘을 날 수 있었습니다.

아침에 눈떴을 때 아름다운 것과 즐거운 일을 생각하십시오. 그러면 여러분의 하루가 즐거울 수 있을 것입니다.

사람으로 태어나 마음을 닦지 않으면
보배산에 왔다가 빈손으로 가는 것이리라.

계획을 짜고 실천하는 사람이 됩시다

　사람들에겐 누구에게나 제각각 주어진 삶의 시간이 있습니다. 하지만 누구도 그 시간의 길이를 정확히 알지 못합니다. 짧은 시간을 부여받은 사람 있고 긴 시간을 부여받은 사람도 있습니다. 더구나 아무리 길어도 대부분은 백 살을 넘기기 힘든 것이 우리네 삶의 시간입니다. 따라서 우리는 한정된 시간의 제약을 받으며 살아간다고 말해지는 것입니다.

　우리가 이렇게 한정된 삶을 살아갈 수밖에 없으므로 주어진 시간을 아끼면서 계획성 있게 사용해야 하는 것입니다.

　그런데 자신의 시간이 무한한 줄 착각하고 아무 계획 없이 되는대로 살면서 시간을 마구 낭비하는 사람들이 있습니다. 특히 젊은 나이에 많은 지식과 경험을 쌓아서 나이 들어 활동할 시기에 멋지게 일하고 업적을 이루어놓아야 함에도 그것을 깨닫지 못하고 놀기만 좋아하고 할일을 미루기를 예사로 하는 사람들을 보면 안타깝기 그지없습니다.

　계획 세우기는 자신에게 주어진 시간을 낭비하지 않고 효과적으로 쓸수 있는 가장 슬기로운 길이라 할 수 있습니다. 계획 없이 즉흥적으로 기분 내키는 대로 시간과 정력을 낭비하면, 그것들이 무한하지 않으므로 어느 순간에는 탕진되어 고갈되고 말 것입니다. 그렇게 되면 정작 하려던 일을 못할 것입니다. 그런 상태에서 "난, 참, 잘못 살았구나!"라고 탄식마저 하게 되는 것입니다.

그리고 계획 세우기만큼 중요한 것은 그 계획을 실천하는 일입니다.

계획만 세워놓고 실천하지 않는 삶은 계획 없는 삶과 다를 바 없습니다.

따라서 계획은 실천 가능한 테두리에서 세워야 하고, 일단 계획을 세웠으면 어떤 일이 있어도 실천하는 습관을 갖도록 노력해야 합니다.

건물을 지을 때 설계도가 있어야 하듯이 인생의 삶을 열어갈 때도 삶의 설계도가 있어야 합니다. 우리의 유한한 삶을 아끼며 알차게 살아갑시다.

오늘 걷지 않으면 내일은 뛰어야 하니 말입니다.

지상의 아름다움을 놓치는 것은,
천국행 기차를 놓치는 것과 같다.

쉽게 포기하지 않아야 성공하리니,
백 년을 못 살아도 천 년 걱정은 해야 하리

태산이 높다하되 하늘 아래 뫼이로다
오르고 또 오르면 못 오를 리 없건마는
사람이 제 아니 오르고 뫼만 높다하더라

태산泰山은 중국 산둥성山東省에 있는 명산名山이다. 중국에서는
이른바 오악五岳의 으뜸인 동악東岳으로 불리는 산이기도 하다. 예
로부터 왕자王者가 천명天命을 받아 성姓을 바꿔야 할 때면 반드시
그 사실을 태산산신泰山山神에게 아뢰었기 때문에 대산岱山으로도
일컬어졌다. 높이는 불과 1,450미터이지만 중국역사의 중심에 우
뚝 솟은 명산이다.

"태산이 아무리 높고 험한 산이라지만 결국은 하늘 아래 있는
산이로다. 그러므로 누구나 오르고 또 올라가면 꼭대기에 못 오
를 리 없는데 모두들 올라가보지 아니하고 공연히 산만 높다 하
더라."

이 시조時調는 조선 명종明宗 때 청빈한 충신 양사언楊士彦이 지
은 시조이다. 조선에 귀화한 몽고인의 후손으로서 초서草書의 대

양사언 선생

문정왕후文定王后 태능泰陵

가大家로도 유명한 양사언의 본관은 청주清州이다. 호는 봉래蓬萊 또는 해용海容이고 시문詩文에도 뛰어났다. 금강산 만폭동 만석에 음각된 "봉래풍악 문화동친蓬萊楓岳 文化洞天"이라는 글귀는 그가 남긴 것이다.

양사언은 안평대군安平大君, 자암自庵 김구金絿, 한석봉韓石峯과 더불어 조선초기의 4대명필가로 일컬어진다. 양사언이 활동할 시절은 악비惡妃 문정왕후文定王后와 그녀의 동생 윤원형尹元衡, 간신 이기李芑등의 정치적 횡포 때문에 세상은 암담하고 희망은 보이지 않을 때였다.

하지만 그는 먼 앞날을 내보고 태산을 오르는 심경으로 나라를 보전하기 위하여 이 시조를 지었다고 한다. 이런 경우와 비슷하게 중국에는 우공이산愚公移山이라는 옛 우화가 전해진다.

중국 어느 곳에 우공愚公이라는 노인이 살았다. 그런데 그의 집 앞에는 태행산太行山과 왕옥산王屋山이라는 두 산이 우뚝 솟아있어서 출입하기가 불편하기 짝이 없었다. 그래서 어느 날 우공은 마음을 단단히 먹고 두 산을 허물기 시작했다. 그 일에 아들과 손자

까지 동참했다. 그렇게 세 사람이 목도를 메고 북쪽의 바다까지 흙을 버리러 갔다가 오는 데 만 반 년이 걸렸다고 한다. 근처에 살던 지수智搜라는 사람이 그런 우공일가를 보면서 우매하고 미련한 사람들이라고 비웃자 우공이 태연하게 대답했다.

"이 일은 내가 죽더라도 자식이 있고, 자식에겐 또 아들을 낳을 것이다. 그 아들이 또 자식을 낳고 하여 이 일을 자자손손 이어받으면 중단되지 않을 것이다. 게다가 산은 결코 지금보다 더 자라지는 않을 것이다.

그럴진대 평지를 못 만들 까닭이 없지 않겠소이까."

바로 이런 우공이산의 우화로부터 배울 수 있는 첫째 교훈은 장기적인 안목을 기르라는 것이고, 둘째 교훈은 "꾸준히 행하라"라는 생활철학이다.

즉 만사를 처리할 때는 장기적인 전망을 갖고 서둘거나 조급히 굴지않고 신중하게 한 걸음 한 걸음 꾸준히 진행하는 것이 결과적으로 성공의 지름길이 될 수 있다는 것이다.

가까운 일본에서도 우공이산 같은 일이 벌어진다. 집을 마련하면서 자신의 대에 집값을 다 지불하지 못하면 그 아들이 이어서 지불하고, 그래도 잔금이 남으면 손자가 잔금을 지불하는 일이 현재 일본에서 엄연히 벌어진다고 한다.

그러나 한국의 실상은 어떤가? 선거철만 되면 성사시키지 못할 공약을 남발할 뿐더러 갈팡질팡하며 온갖 흑색선전과 말싸움만 일삼은 정치꾼들이 창궐한다! 그래서 우공 같은 사람이나 양사언 같은 사람이 이 시대에도 시급히 요구되는 인재들이리라.

자기 주변을 언제나 깨끗이 정리합시다

산에 가보면 사람들이 곳곳에 버린 쓰레기들이 산의 아름다움을 해치고 있습니다. 흐르는 강물과 강기슭에도 사람들이 버린 오물로 얼룩져 있습니다. 공원, 유흥가, 극장, 공연장, 경기장을 막론한 어디에나 사람들이 버린 쓰레기들이 산더미처럼 쌓이곤 합니다. 기차역, 전철역, 버스정류장을 막론한 모든 역에서도 쓰레기들을 치우느라 분주합니다.

이른 새벽에 도심의 거리를 거닐어본 적이 있습니까? 인적이나 차량통행이 없는 거리에 쓰레기통의 쓰레기들이 흘러넘쳐 주변에 휴지, 과자봉지, 껌, 꾸겨진 담뱃갑, 찌그러진 음료 캔들이 어지러이 뒹굴고 있는 광경을 아주 쉽게 발견할 수 있을 것입니다.

여러분의 동네 뒷골목은 어떻습니까? 여러분의 집 앞은 어떻습니까?

어쩌면 자기 집 앞은 깨끗이 치워놓고 살지 모릅니다. 자기 잠자리는 자기 손으로 치워놓을 것이고 자기 방도 자기 손으로 깨끗이 정돈해놓겠지요. 물론 자기 자리, 자기 방, 자기 집조차 자기 손으로 깨끗이 치우지 않는 게으른 사람들이 없지는 않습니다. 그러나 대부분의 사람들은 자기 몸을 치장하고 가꾸듯 자기 자리, 자기 집을 깨끗이 정돈해놓을 것입니다.

그런데 어찌하여 사람들은, 사람들이 많이 모이는 곳에만 가면 그곳을 떠날 때 그렇게도 많은 쓰레기를 버려두는 것일까요? 감독하는 사람이 없어서일까요? 말하는 사람이 없어서일까요? 누가 말한다고 누가 본다고 버리지 않고, 그렇지 않으면 마구 버린다면 그게 무슨 지성인입니까? 그 무슨 못된 마음입니까? 자기가 앉았던 자리, 자기가 누웠던 자리를 언제나 깨끗이 하는 것이 사람다운 일입니다. 집이나 학교에서는 물론 언제 어느 곳에 가든 자기 주변을 깨끗이 합시다.

타인의 잘못은 보기 쉽고 자신의 잘못을 보기 어렵다.

미소 짓고 인사하는 습관을 기릅시다

　일반적으로 우리나라 사람들은 매우 무뚝뚝하다고들 말합니다. 처음대하는 사람들에게는 물론이지만 서로 알거나 자주 만나는 가까운 사이에도 특별히 반가운 일이 없으면 미소 짓고 인사하는 것을 매우 쑥스러워하는 것 같습니다.

　예로부터 우리나라에서는 점잖은 것, 과묵한 것, 근엄한 것, 성급하지않은 것, 겸손한 것 등을 미덕으로 여겨온 것은 사실입니다. 그리고 그런 미덕과 상반되는 것들, 말하자면, 실없이 웃는 것, 큰소리로 웃는 것, 촐랑대는 것, 서두르는 것 등을 덕스럽지 않다, 경박하다 하여 못하게 교육해왔지요.

　그러나 오늘날에는 사회가 많이 바뀌어 혼자만 사는 게 아니라 많은사람과 만나 사귀며 살아야 하는 사회로 변했습니다. 심지어는 수많은 외국인의 왕래도 빈번해지고, 또 많은 한국인들이 외국여행을 하는 개방된 사회로 변했습니다. 따라서 만남이나 사귐의 양식도 변화했지요.

　만남의 자리에서 점잖 빼거나 말이 없는 사람은 의아하게 여겨지는 것이 오늘의 시대상입니다. 자신을 보고 미소 짓는 사람이 있으면'저 사람이 왜 나에게 친절하지?'라고 생각하며 경계심을 일으키곤 하던 시대도 있기는 있었지요. 그러나 지금은 그게 자연스럽고 친근감 있는 태도로 여겨지게 된 것입니다.

그런데 아직도 우리 사회에는 무뚝뚝한 사람이 많은 것 같습니다. 부모님이나 선생님이 무어라 물으시면"나 몰라요!"라고 퉁명스럽게 내뱉는 청소년이 있는데, 정작 그 청소년 본인은 어떨지 몰라도 주변 사람들의 기분은 상처를 입기 쉽답니다.

여러분, 여러분의 미소와 친절한 말 한 마디가 그렇게 힘든 것인지요?

마음 한 번 바꾸면 쉽게 건넬 수 있는 미소와 친절한 말 한 마디가 서로를 기쁘게 한 것입니다.

미소를 아끼지 맙시다. 친절을 아끼지 맙시다. 마음 내키지 않아도 겸손하고 친절하게 미소 지으며 상대를 대한다면 그것이 바로 여러분에게 축복이 된다는 것을 잊지 맙시다.

그대 안에
욕망을 일으키는 마음이 있다
분노를 일으키는 마음이 있다.
어리석어
보지 못하는 마음도 있다.

식탁에선 예의바르게, 식사는 감사하는 마음으로

　식사는 우리의 생활에서 빼놓을 수 없는 필수과정이지요. 대체로 사람들은 아침, 점심, 저녁, 세 끼를 먹도록 습관화되어있기 때문입니다.

　식사는 살아가는 데 필요한 에너지원을 공급받을 기회임과 동시에 가족이나 친구끼리 따뜻한 정을 나눌 수 있는 계기가 되기도 하지요. 그래서 사람들은 단순히 음식섭취만 하는 차원에 머물지 않고 식사와 더불어 즐거움을 동시에 얻는'식생활 문화'를 발전시켜왔을 겁니다.

　우리의 식생활 문화에서 무엇보다 중요한 것은 식사예절이라고 생각됩니다. 즐거워야 할 식탁에서 서로가 예절을 지키지 않고 서로에게 불쾌감마저 준다면 그것은 사람의 식사가 아니라 동물들의 식사나 다름없겠죠. 더구나 사람은 민감해서 불편한 마음으로 식사를 하면 체하거나 소화불량에 걸리기도 하기 때문입니다.

　식사시간에 작지만 우리가 소홀히 하면 안 될 일들이 있습니다. 식사 시간에 늦는다거나, 식탁에 앉을 때 먼지를 일으킨다거나, 식탁의 어른이 수저를 들기 전에 먼저 수저를 든다거나, 반찬

투정을 한다거나, 맛있는 반찬만 골라먹는다거나, 밥을 입에 넣고 말하다가 밥풀을 튕긴다거나, 허겁지겁 밥을 먹는다거나, 밥 먹다가 코를 풀거나 하품을 한다거나, 혐오스런 말을 꺼내서 다른 사람의 밥맛을 잃게 한다거나, 자기 몫을 모두 먹지 않고 습관적으로 남긴다거나, 혼자 다 먹었다고 불쑥 일어나 나가버린다거나 하는 등의 즐거운 식생활을 해치는 행동을 하지 말아야 하겠지요. 하지 말아야 할 행동들을 어릴 때부터 명심하여 지키지 않으면 나중에 커서도 습관이 되어 사회생활에 큰 어려움을 겪는다는 것도 알아야 할 것입니다.

그리고 또 한 가지, 식사를 시작할 때부터 마칠 때까지 식사를 마련해 주신 모든 분께 마음으로부터 고마워하는 마음을 가지면 좋을 것입니다. 부모님, 농부들과 어부들, 그리고 같이 식사하는 사람들에게 고마운 마음을 가지면 좋을 것입니다.

세상을 보는 지혜
위사람으로서 사람들을 거느릴 경우
아랫사람들의 생활을 안정시키고
사람마다 각각의 경우에 만족하도록
하지 않으면 안되나니.

집안일을 돕는 데 남녀구별이 있을 수 없습니다

우리 어른들 세대가 자라날 때는 잘못된 관행이 있었습니다. 그 것은 집안일은 여자만 해야 한다는 것이었습니다. 특히 남자는 부엌에 들어가면 큰일이나 바깥일을 해야 하므로 자잘한 집안일에 신경을 쓰면 안 된다는 것 말입니다. 요즈음 여러분이 이 말을 들으면 이상한 느낌을 받을 것입니다.

이제 그런 남성우위의 시대는 지났습니다. 가정은 이 사회의 기초이고 우리 개인들 생활을 출발점입니다. 그래서 가정을 잘 가꾸고 다듬어야, 말하자면, 안이 평화롭고 화목해야 바깥도 평화롭고 화목할 수 있겠지요.

그런 가정을 잘 가꾸고 가족을 돌보는 일은 어느 누구 혼자만의 일이 아니라 가족구성원 모두의 일입니다. 여기서 어찌 남녀노소의 구별이 있을 수 있겠습니까?

가족구성원 모두에게는 각자 능력과 시간이 허락하는 만큼 가정사를 도와야 할 의무가 있습니다. 손이 거칠고 얼굴이 까칠한 우리 할머니들을 생각해 보세요. 허리가 굽은 이웃 할머니들을 보세요. 평생을 부엌에 엎드려 불을 지피고 쌀을 안쳐 밥을 지으시며 국과 반찬을 만드시고 밥상을 방에 들이시고 뒷전에 앉아 찌꺼기만 드셨지요. 또 방에서 나온 밥상을 치우시고 설거지를 하시고 방과 마루에 걸레로 닦아내시고 산더미 같은 빨래를 손수 다하여 널어놓으셨죠. 그리고 숨 돌릴 틈도 없이 장보러 가셨다가 점심준비와 저녁준비까지 하시고 밤늦게 모두 잠들면 옷을 깁고 다림질하시다 겨우 잠드셨죠. 그렇게 한평생 사시다가 굽은 허리와 거친 손과 까칠한 얼굴을 갖게 되었지요.

여러분은 집안일 돕는 것을 창피하다거나 귀찮다고 생각지 말아야 할 것입니다. 우리가 서로 힘을 모은다면 집안일하시는 어머니들의 노고가 훨씬 가벼워질 것입니다. 우리를 위해 애쓰시는 그분들에게 고마운 마음을 표시하는 방법은 집에서 할일을 찾아 돕는 것이랍니다.

> 인격이 갖춰진 사람은 지혜로우면서도
> 남의 어리석음을 동경하고,
> 뛰어나면서도 남의 초라함에 관대해진다.

가족을 위해 내가 할일을 찾아봅시다

'가족이 나에게 무엇을 해주었는가?'라고 반문하며 불평하는 청소년들이 있습니다.'내 친구들 중 누구는 집에서 무엇을 해주고 누구는 집에서 어떻게 해주는데……'라면서 자신은 집에서 관심을 받지 못한다고 생각하는 청소년들이 있죠. 실제로 그런 경우도 있겠지만 대부분은 두 경우 중 하나에 속할 것입니다. 한 경우는 가족의 관심을 자신에게 집중시키려는 심리현상일 수 있지요. 다른 한 경우는 자신이 가진 것에 만족하지 못하고 더 많은 것을 욕심내는 현상일 수 있습니다. 보통 말로 하자면 투정부리기 아니면 응석부리기로 보일 수 있다는 말이지요.

그런데 자신이 가족들의 관심을 못 받고 소외된다고 생각한다면, 그것은 어디까지나 객관적 현상이라기보다는 그런 생각 자체가 문제라는 것을 깨달을 필요가 있습니다.

그 이유는 이렇습니다. 가족구성원들에게는 저마다 나름대로 생각들과 사정들이 있기 마련이랍니다. 특히나 서로에게 신경을 써주고 챙겨주고 싶어도 저마다 가진 생각들의 테두리를 넘기 어려운 경우가 많지요. 그러므로 가족의 다른 구성원들에 대한 불만감을 느끼는 경우가 생길 수밖에 없는 것입니다. 더구나 가족 구성원 모두가 받기만 하려 하는 경우에도 역시 아무도 만족할 수 없겠지요.

그래서 내가 뭔가를 받아야 한다는 생각을 버리고 '내가 줘야겠다'거나 '내가 무엇을 줄 수 있을 것인가?'라고 자신의 생각을 바꾸는 것이 무엇보다도 중요한 것입니다.

'부모님이 나에게 왜 이렇게 하시나?'라는 생각 대신에 '내가 부모님에게 어떻게 해드려서 그분들의 마음을 기쁘게 해드릴까?'라고, 또 '나의 형제자매들이 왜 나에게 이렇게 하는가?'라는 생각 대신에 '내가 그들에게 어떻게 하면 그들의 마음을 기쁘게 해줄 수 있을까?'라고 먼저 생각 할 수 있어야 좋다는 말이지요.

우리 사회의 이기주의는 가정에서 자신만 위해 달라는 이기심에서 출발합니다. 가족에게 무엇을 해달라고 요구하기 전에 내가 가족을 위해 무엇을 할 수 있을지 먼저 생각하는 사람이 됩시다.

자기완성에 도달하라. 완전하게 태어나는 사람은 없다.
매일같이 사람은 인격을 닦고 소명을 다해야 한다.

세대갈등은 대결이 아닌 대화로 해결합시다

'하여튼 그 양반은 말이 통하지 않아! 내 말을 못 알아듣는단 말이야!'라고 생각하며 마음의 문을 닫아버린다면 서로를 이해할 수 있는 대화의 길은 영원히 막혀버리고 서로에 대한 불신만 쌓이고 말겠죠.

요즘 부모님들과 자녀들 사이에는 이렇게 두터운 장벽이 가로놓인듯이 보입니다. 이른바 세대 간의 장벽, 세대갈등이라는 것이 있다는 말이죠.

그런데 과연 세대 간에는 정말 서로 통할 수 없는 꽉 막힌 장벽이 도사리고 있을까요? 만약 그런 것이 있다면 과연 그것은 누가 만든 장벽일까요? 우리에겐 부모님들이나 어른들 세대와 대화가 안 된다고만 생각하고 그렇게 믿어버리는 경향은 없는 걸까요?

물론 세대가 다르니 서로의 생각이나 느낌이나 행동양식이 같을 수는 없겠죠. 하지만 서로 통하는 바가 하나도 없다는 이유로 어른들 따로 우리들 따로 갈 수밖에 없다고 속단하는 것은 옳지 않을 것입니다. 부모님이나 어른들은 지난날 여러분과 같은 과정을 거쳤던 분들이고, 또 여러분들은 언젠가 그분들과 같은 부모님이나 어른들로 자랄 것이기 때문이죠.

그분들도 여러분이 느끼는 감정과 생각을 가졌던 적이 있기 때문에 그분들에게 그런 사실을 회상시켜드릴 수만 있다면 오늘날의 여러분을 이해시킬 수 있는 맥이 뚫릴 것입니다. 또 내일의 여러분이 갖출 모습이 그분들의 모습과 같다는 것을 여러분이 깨닫는다면 그분들을 이해하고 보아드리지 못할 이유가 없을 테지요.

문제는 세대 간에 서로 마음의 문을 열고 대화하려는 자세가 없기 때문에 서로 꽉 막혔다고 여기며 불신하고 갈등한다는 데 있습니다.

마음을 열고 대화의 길을 튼다면, 그리고 여러분 자신의 생각을 진솔하게 표현하고 이해를 구한다면, 그분들도 여러분을 이해하고 받아들일 수 있을 것입니다.

전쟁터에서 싸워 이기는 것 보다
자신과의 싸움에서 이겨야 하리니.

형제간 시샘은 가정의 화목을 깨뜨립니다

'가화만사성家和萬事成'즉'가정의 화목을 이루면 모든 것이 이루어진다'는 옛말이 있습니다. 지금도 이 말은 변함없는 진리라고 생각됩니다.

따뜻하고 평화로운 화목한 가정을 이루려면, 세대갈등도 해소되어야겠지만 형제자매간 갈등과 시샘이나 질투에서 비롯된 마음의 다툼도 없어야 할 것입니다.

형제간 다툼은 대체로 세 가지 색깔을 띤다지요. 첫째, 서로 생각이 달라서 발생하는 의견다툼, 둘째, 부모나 어른의 귀여움을 독차지하려는 해바라기다툼, 셋째, 더 많은 재산을 차지하려는 물욕다툼으로 나타난답니다.

의견다툼은 서로의 견해차를 인정하고 자신의 의견과 다른 의견을 잘듣고 이해하려고 노력하면 쉽게 풀릴 수 있을 겁니다. 그렇지 않고 자신의 의견만이 옳다고 고집을 부리면 가정의 화목은 상처를 입을 수밖에 없겠지요.

해바라기다툼은 햇볕을 따라 얼굴을 돌리는 해바라기처럼 부모나 어른들의 눈치를 보며 그분들이 자신을 대하는 태도에 따라 일희일비하는 상태인데, 주로 형제자매들이 그런 다툼을 벌이지요. 그럴 때 더 잘 보이려고 자신을 지나치게 꾸미고 과시하다가 급기야는 경쟁상대를 모함하고 깎아내리기까지 하면서 자신을 돋보이려는 과정에서 다툼이 심해지기도 하지요. 하지만 자신을 꾸며서 더 잘 보이려고 노력하는 시간에 조용히 자기 할일을 하고 마음으로 부모와 형제자매를 아낀다면, 그런 진실한 태도가 저절로 빛을 발하여 인정받을 수 있을 것입니다.

물욕다툼은 제일 못된 다툼입니다. 부모님이 이룩해놓은 재산을 형제자매가 무슨 권리로 서로 많이 가지려고 다툴까요? 형제자매가 물욕을 버리고 서로에게 양보한다면 마음의 평화와 행복을 얻을 수 있답니다.

어떤 일로도 가정의 화목을 깨뜨리지 맙시다.

물질에는 한도가 있지만 인간의 욕망에는 한도가 없다.
한도가 있는 것으로 한도가 없는 것을
만족시키려면 반드시 다툼이 일어난다.

한토막 이야기 한국사

형제조차 나눠가질 수 없다는 권력을 탐한
과욕의 서글픈 결과

　비단결보다 더 부드럽고 물결보다 더 잔잔한 뛰어난 미색과 자애로운 심성을 타고났으나 폭군이 되어버린 연산군의 왕비는 거창居昌 신씨愼氏 신승선愼承善의 딸이었다. 그녀는 남편 연산군의 배필이 되어 단 한번도 영화를 누리지 못하고 탄식과 눈물을 멎지 못하다가 한 많은 세상을 마친 불운한 여인이었다.

영산군 신도비

　연산군! 폐정弊政을 그칠 줄 모르던 그는 급기야 훗날 자신의 왕위를 찬탈할 동생 진성대군晉城大君(중종)을 미리 제거하기로 마음먹고 간신 임사홍과 은밀히 작당하고 있었다.

　그 무렵 왕비 신씨는 시동생 영산군寧山君(성종과 숙용 심씨 사이에서 태어난 서왕자庶王子)을

연산군 묘소

급히 내전으로 불러들였다.

"영산군이 이번 일을 좀 해결해주세요. 전하께서는 진성대군을 제거키 위해 지난번에는 사약사발사건을 만들더니 실패했지요. 내일 전하께서는 녹번리(지금의 서울 녹번동)로 사냥을 핑계로 거동할 것입니다. 사냥은 뒷전이고 진짜 목적은 진성대군을 제거할 명분으로 말[馬]달리기 시합을 제의해올 것입니다. 지금 진성 시동생이 기르는 말은 전하의 말을 이길 수 없는 것이 너무나 명확합니다." 왕비 신씨는 이렇게 말하면서 일을 좀 풀어달라고 애원했다. 깊은 생각에 잠겼던 영산군은 무척이나 난감한 부탁을 받고 해결할 방도를 찾아보았다. 평소 영산군이 기르는 말은 야위고 나약하게 보였지만 잘 조련하면 경주에서는 반드시 이길 수 있다는 확신을 품고 내일 진성대군에게 자신의 말을 주기로 마음먹었다. 이튿날 연산군이 계획한 녹번리 사냥터에서 경주가 시작되기 전에 영산군은 자신의 말을 진성대군에게 빌려주겠다고 제의했다. 누가 보아도 진성대군이 경주에서 이길 수 없다는 것은 의심의 여지가 없었고 남은 것은 진성대군의 죽음뿐인 상황이었으니, 진성대군은 영산군의 제의를 기꺼이 수락했다.

말달리기 시합은 녹번리 사냥터에서 출발하여 창덕궁문까지 먼저 도착하는 것이었다. 겉으로는 건강하게 보이던 연산군의 말이 진성대군이 빌려 탄 말을 따를 수 없었고, 진성대군은

돈화문

겨우 목숨을 구했지만, 그후에도 항시 불안할 수밖에 없었다.

중국 삼국시대의 효웅 조조曹操는 문학을 좋아했다. 선비들을 대접하며 이른바 건학문학建學文學의 융성기를 누렸다. 그래서인지 그의 아들 조식曹植도 문학을 사랑했고 글재주 또한 일세를 흔들 만큼 뛰어났다. 배짱도 두둑하고 무술도 훌륭했다. 조식이 그렇게 뛰어난 재목으로 성장하자 조조는 맏아들 조비曹丕보다 조식을 더 사랑했다. 조조는 이미 후계자로 책립한 조비 대신에 조식을 후계자로 바꾸려는 생각마저하는 듯했다. 그러다가 조조는 뜻을 이루지 못하고 죽었고, 자연스럽게 조조의 후계자가 된 조비는 위왕魏王이 되었다. 조비는 곧이어 후한後漢의 헌제獻帝를 폐하고 스스로 위문제魏文帝로 칭하며 황제가 되었다.

그렇게 황위에 오른 조비는 제일 먼저 아우 조식을 죽이려 했다. 어려서부터 서로 마음이 맞지 않았을 뿐만 아니라 후계자 책립문제로 사사건건 조식을 미워했던 조비였다. 어느 날 조비는 동아왕東阿王으로 책봉되어 지방에 나가있던 아우 조식을 불렀다. 그리고는 시 한 수를 읊게했다.

"너는 칠보七步를 걷는 동안 시 한 수를 읊어야 한다. 만약 그리하지 못하면 칙명勅命을 어긴 죄로 엄벌에 처하겠다. 운자韻字(시험문제)는 내가 내리겠다."

일곱 걸음을 걷는 동안 시 한 수를 지으라는 명령은 누가 봐도 무리한 것이었다. 그 명령은 아우를 해치려는 조비의 계획을 여실히 드러내는 것이었다. 그러나 조식은 아무 말도 하지 않은 채 조비로부터 운자가 떨어지기를 기다렸다. 조비는 콩 두豆자와 콩깍지 기箕자를 운자로 내렸다. 그러자 조식은 즉각 시를 지어 읊었다.

> 콩을 삶으려 콩깍지를 태우니(자두연두기煮頭燃豆箕)
> 가마 속 콩이 뜨거움을 못 참아 울며 말하기를
> (두재부중읍료在釜中泣)
> 콩과 콩깍지는 본래 같은 뿌리에서 자란 형제지간인데
> (본시동근생本是同根生)
> 왜 이리도 급히 삶아대는지 모르겠구나(상정하태급相煎何太急)

이것은 "같은 부모를 가진 친형제가 서로 손을 마주잡고 힘을 합해 선왕先王의 성업을 이어나가지는 못할지언정 어찌하여 콩깍지가 콩을 삶듯 형이 동생을 이다지도 몹시 핍박하십니까?"라는 내용의 서글픈 시였다. 그러자 조비는 부끄러워 고개를 외로 돌렸다. 이것이 바로 「칠보시七步詩」인데, 진성대군은 자신을 죽이려는 연산군을 조비와 같은 형으로 생각했을지도 모른다.

이런 형제갈등은 동서고금에 자주 목격되는 현상이다.

임금을 만들고 사색당파싸움의 폭풍을 보는 듯한 순간이 우리에게도 있었다. 그 당시 우리 모두는 한 덩어리가 되었고 또한 성공한 듯했다.

하지만 그런 성공의 뒷맛은 달게만 느껴지질 않았다. 형의 무리들은 동생의 무리들을 배척했으니 조비와 조식의 경우를 연상시켰다.

모든 사람은 행복한 삶을 얻기 위해 갖은 노력을 한다. 행복한 삶을 이루려면 목표와 계획을 세워서 생활해야 한다는 것은 지극히 당연하고도 중요하다. 그런데 인생의 목표가 없다면 마치 어두운 밤길

을 헤매는 것과 같고 일엽편주—葉片舟나 다름없지 않겠는가? 목표가 없는 사람은 움직이고는 있지만 살아가는 사람이라고는 말할 수 없을 것이다.

사람은 한번 태어나면 영원히 살 수 없다. 그런데도 마치 자신이 천 년이나 살 것처럼 허망한 계획을 세우고 바르지 못한 생활을 하는 사람도 적지 않다. 아무리 먼 길도 첫걸음부터 시작되고 공든 탑은 절대 무너지지 않는다는 말이 있다. 인생에서 모든 일은 하루아침에 이루어지지 않는다는 말도 있다. 그래서 각자 맡은 바 일을 성실하게 꾸준히 수행해야 자신의 목표를 달성할 수 있다는 것은 너무나 당연할 것이다. 마음을 닦아 선행을 쌓고 교양을 쌓는 일이나 행복을 얻고 성공을 거두는 일이 모두 그렇다.

그러나 현대사회는 첨단기술을 요구한다. 물론 16세기 영국의 철학자 베이컨은 지식이 힘이라고 했다. 첨단의 기술이 없으면 국제경쟁에서 뒤지고 살아나갈 수단도 잃을 수 있다. 무릇 농부가 봄철에 논밭을 갈고 씨앗을 뿌리지 않는다면 가을이 되어도 수확할 것이 없듯이, 청소년들이 오늘을 잊고 목표 없이 자란다면 내일의 어른이 되어도 무기력할 것이니, 지식과 과학기술 시대의 주인은 바로 이 나라 이 사회를 지키는 사회인들과 청소년들이다.

작금 사회의 각계각층에서 심히 걱정하는 문제는 인성과 지식이 함께 성장하지 못한다는 것이다. 그런데도 아무리 좋은 것을 소유할지언정 서로 다투며 쟁탈만 한다면 지식과 첨단기술이 무슨 소용이겠는가? 그래서 지금은 지식과 첨단기술과 그것들을 지키는 참된 성실한 인성을 기르려는 청소년들의 각오가 더욱 필요한 시점이리라.

인간은 항상 오늘을 살고 있을 뿐 어제를 살 수도 없고 또한 내일을 살수도 없다. 오직 오늘이라는 현실에서 살아갈 따름이다. 그러므로 오늘을 성실히 사는 길 만이 현명하고 참되며 보람 있고 값지게 살아가는 길 일 것이다. 더구나 '심은 만큼 거둔다'는 명언을 배척하는 이 시대인들은 조비와 조식의 일화를 기억해야 할 것이다.

창덕궁

우리 역사상 처음이자 마지막이 되어야 할
비극적 사연

동생을 반역자로 몰아서 얻은 헛된 벼슬
을사사화를 유발한 문정왕후의 남매들과
이홍남·이홍윤 형제의 이야기

정당한 방법으로 정권이 이양되면 뒤탈이 없지만 정변을 통해서 정권이 교체되고 권부가 형성되면 탈이 나기 마련이다. 예로부터 정변의 주도세력은 공신들이 되어 자연히 텃세를 부리다가 서로 다투기 십상이니 자중지란이 일어나 끊임없는 권력의 악순환을 이루었다.

양재역 벽서사건으로 나라가 어수선해진 지 2년이 흐른 1549년(명종 4)이었다. 조정은 윤원형 일파의 지배 아래 떨어졌다. 그러나 윤원형은 정변에 함께 참여한 주동자들을 도태시켜야 하는 입장에 섰고 이제 같은 파벌끼리 권력투쟁을 벌여야 할 상황에 처했다. 윤원형은 적을 없애는 도구로 이용해온 자신의 심복들 중에서 권력에 욕심을 부리는 거물들을 제거하려고 궁리했다. 윤원형은 그들을 다 제거하고 자신이 일인지하만인지상의 자리에 오를 참이었다. 을사사화의 공신들 중에도 임백령林百齡은 명나라에 갔다가 오는 길에 객사했고, 정순붕鄭順朋도 세상을 떠났으니, 윤원형으로서는 그야말로 절호의 기회를 맞이한 셈이었다. 남은 심복들은 진복창陳復昌과 윤인서尹仁恕 등이었다.

그런데 그해 4월 즈음 또다시 세상이 들썩할 난리가 일어났다. 벽서 사건으로 이약빙李若氷이 죽을 때 그의 큰아들 이홍남李洪男은 강원도 영월로, 작은아들 이홍윤李洪胤은 고향인 충청도 충주로 귀양을 갔다. 아버지 이약빙이 죽고 집안이 망한 탓은 동생 이홍윤이 윤임尹任의 사위였다는 데 있다고 생각한 이홍남은

이홍윤묘비

분함을 감추지 못했다. 그 형제는 본래부터 사이가 좋지 못했는데 벽서사건 때문에 더욱 소원해졌다.

이홍남은 귀양살이를 2년 가까이 하느라 진저리가 났다. 그러던 어느날 그는, 형을 죽인 윤원형처럼, 자신도 동생을 무고하여 살아나기로 작심했다. 2년 전 양재역 벽서사건의 진범으로 동생 이홍윤을 무고하면 자신이 무사히 살아날듯 싶었던 것이다. 이홍남은 즉시 한양에 있는 친구 정유길鄭惟吉과 처남 원호섭元虎燮에게 편지를 써서 보냈다. 이홍남은 대과에 급제하고 사가독서賜暇讀書까지 지냈고, 귀양 가기 3년 전에는 문과중시에 급제한 인물이었지만, 이제 자신의 생명이 언제 끊길지 모르는 형국에 처하자 친동생까지 무고하기에 이르렀던 것이다. 이홍남의 편지에는 이런 내용이 적혀있었다.

"사제舍弟 홍윤은 본디부터 성질이 나빴던 바 함창咸昌의 요망한 점쟁이 배광의裵光義와 모의하여 조정의 대신들을 점치며 가로되 '연산군 때는 갑자년(1504/ 연산 10)과 을축년(1505)에 사람을 많

이 죽이게 하더니 병인년(1506/ 연산 12)에는 임금이 쫓겨났다. 이제 금상 전하도 연산군처럼 사람을 많이 죽이니 오래잖아 쫓겨날 것이다'며 전부터 이런 무엄한 소리를 하여 동지들을 널리 모으고 있었네. 또 대왕대비를 욕하는 일이 한두 번이 아니었으니 아마 양재역 벽서사건도 홍윤 일당이 한 짓인 모양이네."

이 편지를 받은 정유길과 원호섭도 이홍윤을 무고하면 자신들의 출세가 보장되었으므로 편지를 가지고 승정원에 나가 상변했다.

문정왕후는 사람들의 이목耳目을 피해 영월에 있는 이홍남을 가만히 불러들이도록 궁중의 좋은 말 한 필을 영월로 내려 보냈다. 상복을 입은채 궁중에 들어선 이홍남을 인견한 문정왕후는 그에게 주안상을 하사했다. 금부에서는 충주에서 이홍윤을 불러들여 모질게 문초했고, 매질을 못 이긴 이홍윤은 자신이 도모하지도 않은 역모의 내용을 토설했다.

"역모를 했소. 강유선康惟善이 대장이 되고 김의순金義淳과 이언성李彦成 등이 통솔하여 무기를 만들고 군사를 훈련한 뒤 적당한 시기를 보아 서울로 쳐들어와 종친 중에 모산수毛山守 이정랑李呈琅(정종定宗의 후손)을 임금으로 내세울 작정이었소."

이홍윤은 이렇듯 터무니없이 자신의 친구들을 끌어넣어 횡설수설해 버렸는데, 그리하지 않으면 도저

이약빙묘비

히 견딜 수 없는 혹독한 고문을 당했기 때문이었다. 그리하여 이홍윤의 옥사가 벌어졌다. 그와 교분이 있던 자들은 모조리 잡혀와 문초를 받았다. 조정에서는 이것을 대역 모반사건으로 확대하자니 더 많은 연루자가 필요했다. 처음에는 연루자가 30여명 정도였던 것이 결국엔 아무 죄도 없는 충주 일대의 선비들이 거의 일망타진되기에 이르렀다. 주범 이홍윤은 새남터(사남기沙南基)로 끌려가서 능지처참되어 죽었고 그 일당들도 처단되었다. 새남터는 지금의 서울 한강 인도교 출발점 오른쪽 부근인데, 그곳에서 처형된 죄인들이 수가 제일 많았다. 그리고 대신들은 충청도에서 역적이 나왔으니 마땅히 지명을 고쳐야 한다고 건의하여 충청도를 청홍도靑洪道로 고쳐 부르게하고 충주목忠州牧은 유신현維新縣으로 강등시켰다. 그렇게 자신의 동생을 무고해 죽인 이홍남은 그 공으로 일약 정3품 공조참의에 올랐다.

그런 한편 윤원형은 좌의정이 된 황헌皇憲의 세도가 너무 커지므로 그를 제거하기로 결심했다. 그 무렵 사관史官 안명세安名世는 사화로 현신賢臣들이 억울하게 죽은 사실을 『시정기時政記』에 빠짐없이 기록했는데, 그 사실을 들춰 문제 삼은 자가 이조판서로 있던 황헌이었다. 그 결과 안명세는 1548년(명종 3) 2월에 처형되었고 그의 가산도 적몰되었으며, 황헌은 그 공으로 위사공신 3등에 추록되어 우의

안명세묘소

정에 올랐다가 마침내 좌의정이 되었던 것이다. 윤원형은 부제학 진복창을 사주하여 그런 황헌을 탄핵하도록 했던 것이다.

한편 동생 이홍윤을 모함해 죽게 만든 공으로 공조참의가 된 이홍남은 충주에 적몰된 채로 있던 아버지 이약빙의 재산을 되찾고자 유신현 현감 이치李致와 말씨름까지 벌이며 소청했지만 이치는 들어주지 않았다.

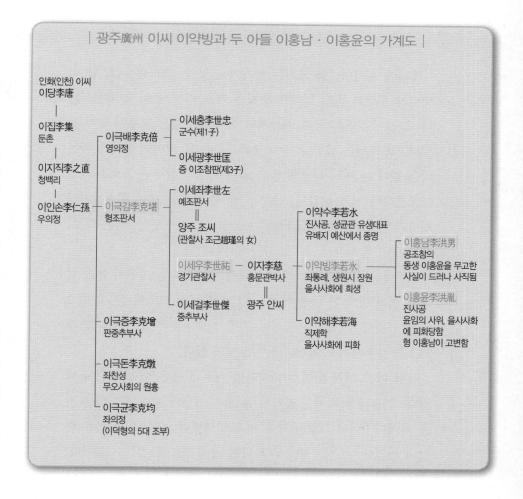

| 광주廣州 이씨 이약빙과 두 아들 이홍남 · 이홍윤의 가계도 |

인화(인천) 이씨
이당李唐

이집李集
둔촌

이지직李之直
청백리

이인손李仁孫
우의정

이극배李克培
영의정

이세충李世忠
군수(제1子)

이세광李世匡
증 이조참판(제3子)

이극감李克堪
형조판서

이세좌李世左
예조판서
∥
양주 조씨
(관찰사 조근趙瑾의 女)

이세우李世祐
경기관찰사

이자李慈
홍문관박사
∥
광주 안씨

이세걸李世傑
중추부사

이약수李若水
진사공, 성균관 유생대표
유배지 예산에서 종명

이약빙李若氷
좌통례, 생원시 장원
을사사화에 희생

이약해李若海
직제학
을사사화에 피화

이홍남李洪男
공조참의
동생 이홍윤을 무고한
사실이 드러나 사직됨

이홍윤李洪胤
진사공
윤임의 사위, 을사사화
에 피화당함
형 이홍남이 고변함

이극증李克增
판중추부사

이극돈李克墩
좌찬성
무오사화의 원흉

이극균李克均
좌의정
(이덕형의 5대 조부)

시기와 질투는 자신을 멍들게 한다
착한 아우의 효심

　옛날에 홀어머니를 모시는 형제가 살았다. 그러던 어느 날 어머니가 우연히 병에 걸리자 형제는 약을 써서 병을 고치려고 했다. 그런데 갖은약을 다 써봤지만 어머니의 병은 도무지 낫지 않았다. "그 병에는 삼신산三神山 불로초不老草를 먹이면 몰라도 다른 약은 없다"는 어느 의원의 말을 들은 아우는 삼신산 불로초를 구해오겠다며 집을 나갔다. 아우는 산 넘고 바다 건너 삼신산까지 찾아가서 불로초를 캐서 배를 타고 집으로 돌아왔다. 형은 그 사실을 알고 멀리까지 아우를 마중하러 나갔다.

　그런데 형은 아우가 캐온 불로초를 받아들고는 아우의 눈을 화살로 찔러 멀게 한 다음 아우가 탄 배를 멀리 떠밀어버리고 집으로 돌아왔다. 그리고는 자신이 직접 불로초를 캐왔다면서 그 불로초를 복용시키고 어머니의 병을 낫게 했다.

　물결 따라 정처 없이 떠내려가던 아우의 배는 어느 바위에 닿았다. 아우는 바위에 올라가서 울었다. 그런데 까마귀가 먹을 것을 물어다주어서 그것을 먹고 겨우 연명했다. 그 바위 옆에는 대밭이 있었다. 아우는 대나무 하나를 베어 퉁소를 만들어 불었다.

그랬더니 그 퉁소
소리를 들은 사람
들은 모두 그가 잘
분다고 칭찬했다.
그가 퉁소를 잘 분
다는 소문은 널리
퍼져서 임금이 사
는 대궐에까지 퍼
졌다. 임금의 딸은 그의 퉁소 소리가 듣고 싶어서 그를 대궐로 불
러들였다. 그리고 곁에다 두고 매일 퉁소를 불게 했다.

불로초를 먹고 병이 나은 어머니는 작은 아들을 간절히 보고 싶
었다.

작은 아들이 기르던 기러기는 주인을 잃고 쓸쓸해보였다. 어머
니는 그 기러기를 보면서 혼잣말했다.

"너는 네 주인 있는 데를 알겠구나. 내 편지 한 장 써줄 테니 편
지를 전해 보렴."

그리고 어머니는 편지를 써서 기러기의 다리에 맸다. 기러기는
곧 날아서 작은 아들이 있는 대궐로 와서 울었다. 그는 기러기 우
는 소리를 듣고 공주에게 부탁했다.

"저 기러기 울음소리는 내가 기르던 기러기 울음소리 같습니
다. 어떻게 해서 저 기러기가 왔는지 알아보아주십시오."

공주가 기러기 앞으로 가서 보니까 기러기의 다리에는 편지 한
장이 매여 있었다. 공주는 그 편지를 풀어들고 그에게 가서 말했
다.

"기러기의 다리에 이런 편지가 매여 있더이다."

그는 무슨 편지인지 읽어봐 달라고 공주에게 다시 부탁했다. 공주가 읽는 편지의 사연을 그가 들어보니 어머니 편지가 분명했다. 그는 하도 반가워서 "어디, 나도 좀 보여주십오!"라며 편지를 뺏어서 보려고 하는데 그만 눈이 번쩍 뜨였다. 멀었던 눈이 뜨인 아우는 공주와 결혼해서 어머니를 모셔다가 잘 살았다고 한다.

침착하고 깊이 있는 사람이 되려면
애매하거나 이해하기 어려운 언행을
하지 않도록 조심해야 한다.

직설적 태도는 좋지만 참을 줄도 알아야 합니다

잘못된 일을 잘못되었다고 지적하는 일은 옳습니다. 하지만 그런 지적도 때와 장소와 대상에 따라 올바르게 전달되지 않고 곡해될 때도 있다는 것을 알아야 합니다.

예컨대 여러분이 이미 누구의 잘못을 지적하고 질책했는데도 덩달아 그의 잘못을 지적한다면 아마도 그는 자신의 잘못됨은 돌아보지 않고 여러분에게 화를 낼 것입니다. 다 안다는데 왜 그대까지 나서느냐고 말입니다.

잘못을 지적해줄 때는 적어도 지적당하는 사람의 심정이 격해 있거나 자책하고 있을 때는 피하는 것이 좋습니다. 어느 정도 이성을 되찾거나 자신의 과오를 돌아볼 수 있을 시간에 부드럽고 다정하게 그의 문제를 지적해주어야 좋을 것입니다.

장소의 문제도 그렇습니다. 여러 사람이 보는 앞에서 공격하듯이 잘못을 지적한다면 지적당하는 사람은 반성하고 고마워하기보다는 자신이 여러 사람 앞에서 창피를 당했다고 생각하며 더욱 자신을 옹호하려 들겠지요. 그럴 때는 남들이 없는 조용한 곳에서 참마음으로 그의 잘못을 가르쳐주면 그도 당신의 충고를 고마워하며 자신을 반성할 것입니다.

　대상의 문제도 그렇습니다. 활달한 사람, 내성적인 사람, 자존심이 강한 사람, 마음이 너그러운 사람, 성미가 급한 사람 등등에 따라 직설적으로 잘못을 지적하면 저마다 반응을 다르게 보일 수 있겠지요.

　그래서 우리는 잘못을 직설적으로 지적하는 태도는 좋지만 때와 장소와 대상을 잘 고려하여 적당한 때와 장소를 기다리면서 한 박자를 늦춘 다음에 부드럽고 친절하게 지적해주면 좋을 것입니다.

　가정에서도 마찬가지입니다. 부모님이나 어른들이 잘못했다고 직설적으로 지적하려 들면 버릇없다는 말을 들을 수 있고, 또 심하면 역정을 내시는 경우도 많습니다. 그러므로 여러분은 참을 수 있는 슬기도 기르면 좋을 것입니다.

그대가 진정 인격자라면,
어떤 비방도 참을 수 있어라
어떤 칭송도 부끄러워하여라.

가정에서 지킬 예절을 소홀히 하지 맙시다

가정에서도 질서가 필요하고 지켜야 할 예절이 있다는 것을 알고는 있으면서도 가족들이 이해해주리라고 지레짐작하며 막가는 사람들도 더러 있지요. 물론 예절이라는 것이 어떤 틀을 짜놓고 그 테두리 안에서 반드시 지키고 살아야 하는 것이라면 질서는 세워지겠지만 삶은 딱딱해지고 위선적인 것이 되기 쉬울 겁니다.

오늘날 올바른 의미의 예절이란 가족에 대한 사랑과 책임, 부모와 어른에 대한 존경과 친밀감, 한 가족이라는 공동체의식에 바탕을 두어 서로 기꺼이 받아들이고 따를 수 있는 삶의 규범이라 할 수 있습니다. 이런 생각을 따라 각 가정은 나름대로 삶의 틀을 형성하면서 살아가는데, 그것이 이른바 가풍이라고 할 수 있는 것입니다.

하여간 우리 모두가 상식선에서 행할 바와 행하지 말아야 할 바에 대한 생각을 공유한다면 그것이 바로 우리의 예절일 수 있다는 말이지요.

몇 가지 예를 들어봅시다. 문을 빨리 열어주지 않는다고 대문을 발로 걷어차기, 집안에서 쿵쾅거리고 뛰어다니기, 밖에서 겪은 화난 일을 집에 와서 화풀이하기, 자신의 방에서 음악을 크게 틀어 소음공해를 일으키기, 어른이 꾸짖는다고 마구 대들기, 휴지를 아무데나 마구 버리기, 집을 나가고 들어올 때 어른께 인사드리지 않기, 집안일을 돕지 않고 꾀만 부리며 피해버리기, 예고 없이 친구들을 데려와 어머님을 당황시키기, 반찬투정을 하며 자기 좋은 것만 골라먹기, 물건을 아껴 쓰지 않고 새것만 챙기기, 전화기를 붙들고 마냥 노닥거리기, 자신이 머물던 자리나 물건들을 어질러놓고 누가 치워줄 때까지 내버려두기, 사치품이나 명품이나 분수에 넘치는 물건을 사달라고 떼쓰기 등등. 이런 일들을 보면서 여러분도 '그리하면 안 되지!'라고 생각할 것입니다.

따라서 가까운 사이일수록 서로 예의를 지켜야 좋습니다. 더욱이 가정은 우리의 가장 소중한 보금자리이니만큼 마음으로부터 서로 예의를 지키며 살아가는 장소로 만들어야 하겠습니다.

내가 지은 모든 선·악은 반드시 내가 받는다.

사람의 도리를 외면하지 않았지만
상처하고도 새장가 못 든 부마 정재륜

공주의 뺨을 때리다

정재륜鄭載崙(1648~1724)의 호는 죽헌竹軒이요 시호는 익효공翼孝
公으로 아홉 살에 효종 딸 숙정공주의 남편이 되어 부마駙馬로 동
평위東平尉에 봉해졌다. 당시 법에 따르면 부마는 관직을 가질 수
없었기 때문에 정재륜은 아무런 벼슬을 하지 못했다. 그러나 훗
날 비록 명예직일지언정 수록대부綏祿大夫까지 올라 삼공三公과 같
은 정1품의 지위에 올랐다.

정재륜은 부마였지만 선비같이 허름한 옷을 입고 담백한 음식
을 먹었으며 좁은 집에 살
면서 일반 선비들의 모범
이 되었다.

그런데 문제는 공주에게
있었다. 곱게만 자란 공주
에게는 일반 사가私家인 정
씨 집안의 시집살이가 너

정재륜묘소

무 고되고 힘들었다. 하루는 정재륜이 밖에 나갔다 돌아오니 노모는 텃밭에서 김을 매는데 며느리인 공주는 여종을 시켜 부채질을 하고 있었다. 그 광경을 보고 화가 난 동평위는 다짜고짜로 공주의 **뺨**을 때리고 말았다. 세상에 태어나서 처음으로 **뺨**을 얻어맞은 공주는 너무나 분하고 원통하여 단숨에 대궐로 달려가 왕에게 일러바쳤다. 공주의 말을 들은 효종은 불같이 화를 내면서 즉시 정재륜을 붙잡아 들여서 이렇게 말했다.

"네놈이 공주를 그렇게 학대하다니 귀양을 가야겠다!"

정재륜은 베옷으로 갈아입고 짚신을 신은 채 빙장어른에게 인사하려고 다시 대궐로 들어갔다. 그런데 짚신을 두 켤레를 준비한 정재륜을 본효종이 정재륜에게 하문했다.

"웬 짚신이 두 켤레나 되느냐? 한 켤레면 족하지 않느냐?"

그러자 정재륜은 머리를 조아리며 말했다.

"예. 옛 말씀에 여필종부女必從夫라고 하지 않았사옵니까. 공주와 함께 귀양을 가려고 두 켤레를 준비했사옵니다."

정재륜의 슬기로운 대답을 들은 효종은 껄껄 웃으며 말했다.

"역시 내 사위로다. 부마로서 그 정도의 지혜를 가졌다면 귀양은 가지 않아도 되겠다!"

그 후 효종은 정재륜을 더욱 사랑했다고 한다.

정재륜과의 사이에 1남1녀를 둔 숙정공주는 23세 때 갑자기 세상을 떠났다. 공주가 죽자 가장 괴로운 사람은 정재륜이었다. 당시 법도로 부마는 후실을 둘 수 없었기 때문에 죽을 때까지 혼자 살아야 했다. 너무 외롭고 쓸쓸하던 정재륜은 반성위班成尉 강자순姜子順과 하성위河城尉 정현조鄭顯朝도 다시 장가를 든 사실을 지

적하면서 자신도 다시 장가를 갈 수 있도록 허락해달라고 왕에게
주청했다. 그러나 대간들이 벌떼처럼 일어나 왕족의 법도를 들먹
이며 반대했다. 정재륜은 76세로 죽을 때까지 끝내 새장가를 가
지 못하고 혼자 살았다.

정재륜의 문장은 뛰어났고 자기주장도 확실했다. 그의 저서
들 중 『공사문견록公私聞見錄』은 그가 궁궐을 출입하면서 공·사적
으로 본것들과 들은 이야기들을 적어놓은 책이다. 또한 그는 효
종·현종·숙종·경종 4대에 걸쳐 본받아야 할 일들과 경계해야
할 일들을 구분하여 기록했다. 그것들 중 몇 건을 살펴보면 다음
과 같다.

사사청탁으로 인사권이 흔들리면 안 된다.
부정하게 재물을 모으면 반드시 그 값을 치르기 마련이다.
사람을 천거할 때는 저울대를 잡듯이 공정해야 한다.
호화주택은 대를 물리지 못한다.
공심公心으로 사심私心을 눌러야 한다.
이 내용들은 현대에도 귀감이 될 만한 것들이다.

부마의 묘

경기도 화성군 반월면(현재 경기도 군포시)에는 반월저수지가 있
는데, 그 저수지와 인접한 마을은 '바깥속달리', 산 너머 안쪽에
있는 마을은 '안속달리'라고 불린다. 그곳에는 양반 중에도 으뜸
으로 꼽히는 동래東萊 정鄭씨의 묘역이있다.

안속달리마을 뒷산엔 문무신석文武臣石을 갖추고 곡장으로 감싸
서 왕릉처럼 꾸민 숙정공주와 부마 정재륜의 묘가 있다. 이수를

갖춘 묘비는 쌍분 가운데 있고, "朝鮮國王女淑靜公主之墓 綏祿大夫東平尉 兼五衛都摠府都摘管 鄭公載崙之墓(조선국왕여숙정공주지묘 수록대부동평위 겸오위도총부도총관 정공재륜지묘)"비문이 새겨져있다.

　동래 정씨를 일약 부마집안으로 끌어올린 정재륜은 젊은 나이에 홀로 되어 새장가도 못 간 채 일흔이 넘도록 혼자 살다가 죽고 나서야 공주 곁에 묻혔으니 살아생전의 외로움과 쓸쓸함을 얼마나 달랬을지…… 혹여 새장가를 가게 해달라고 주청했던 일로 공주의 눈총을 받지는 않았는지…….

반월저수지 (저자)

해밝은 화창한 날에 비오는 날을 생각해야 합니다

　세상에는 화창한 날이 마냥 계속되리라고 생각하는 사람들도 있습니다. 하지만 그것은 잘못된 생각입니다. 살다 보면 궂은 날도 안개 낀 날도 눈비 내리고 거센 바람이 몰아치는 날도 있기 마련입니다. 그런 반면에 마냥 궂은 날만 계속되고 쨍하고 해 뜨는 날은 오지 않으리라고 생각하는 사람들도 있습니다. 하지만 그런 생각 역시 옳지 않다는 것을 여러분은 아실 겁니다.

　문제는 개인이나 가족이 현재 상태를 변하지 않는다고 여겨서 현재에 안주하고 즐거워하거나 체념하고 비관한다는 데 있겠지요. 그러니까 자신들의 현재 상태가 흔들리거나 변하면 어찌할 바를 모르고 당황한다

　는 것이 문제라는 말이죠. 특히 순탄한 생활이 지속되다가 갑자기 예측못한 어려움에 부닥치면 그것을 이겨낼 생각을 못하고 실의에 빠져 절망하는 사람들이 있습니다.

　여러분도 앞으로 살면서 많은 일을 겪을 것이고 또 현재도 가정의 여러 변화를 체험하고 있을 것입니다. 여기서 우리는 다음과 같은 것을 함께 생각할 필요가 있습니다.

첫째, 우리 가정이나 나에게 주어진 현재 상태는 결코 고착된 것이 아니라는 사실을 새겨둡시다.

둘째, 우리가 행복한 상태에 있다면 어려울 때를 염두에 두고 그 행복을 소중히 생각하고 알뜰하게 가꿀 수 있어야 합니다. 즉 현재 가정이 화목하다면 그런 상태를 잘 유지하기 위해 꾸준한 노력해야 할 것이고, 경제적 여유가 있다면 무의미하게 낭비하지 말고 저축할 줄도 알아야 한다는 말이죠.

셋째, 갑자기 어려움이 닥쳤을 때는 그것을 이겨낼 용기와 인내를 잃지 말고 힘차게 새 길을 개척합시다.

넷째, 오늘의 어려움에 불평불만만 늘어놓거나 좌절하거나 체념하지맙시다. 인간의 삶에는 늘 희망이 있다는 것을 믿어야 좋습니다.

가정이 어려움에 처했을 때 여러분은 가족들에게 용기와 희망을 줄 수있어야 합니다.

隨處作生 수처작생
立處皆眞 입처개진
어디서건
자신이 주인이라면,
그 서있는 곳,
모든 곳이 참된 곳이리.

사람들에게 살아가는 법을 가르쳐준 참된 선비정신
하늘의 심판을 받은 악녀 정난정과 그의 오빠 정담 이야기

윤원형과 정난정鄭蘭貞의 손에 죽은 수많은 원통한 사람들 중에는 윤원형의 본처 김씨도 있었다. 윤원형을 파직한 것을 끝으로 조정에서 그에게 죄를 줄 기미가 보이지 않자 윤원형의 본처 김씨의 친정계모 강姜씨가 나섰다.

윤원형 본처의 아버지 김안수金安遂는 딸이 억울하게 죽자 진즉 화병火病으로 세상을 떠났다. 홀로 남은 김안수의 후실 강씨는 그해 12월 윤원형의 첩 정난정이 본부인을 독살하고 정경부인이 된 사실을 낱낱이 편지에 써서 조정에 고발했다.

윤원형,정난정묘소

"윤원형은 소년시절에 정실 김씨에게 장가를 들었습니다. 청년이 된윤원형은 정난정을 첩으로 얻어 한 집에서 살았는데, 인물이

뛰어나고 교활한 정난정은 본처를 휘어잡더니 나중에는 구박하기 시작했습니다.

그리고 정난정은 남편을 독차지하고서는 툭하면 남편에게 거짓 고자질을 하여 본처를 친정으로 쫓아내기도 하고 종들에게 며칠씩 밥을 굶기기까지 했습니다. 지금으로부터 14년 전인 1551년(명종 6) 김씨는 남편의 악행에 당하여 숨진 원혼들을 위로하고 원혼들의 한이 집안에 맺히지 말기를 빌면서 남편의 마음을 돌리려고 푸닥거리를 했는데, 이것이 화근이 되어 치도곤을 맞고 병이 들어 눕게 되었습니다. 그러자 원래 횟배를 앓던 김씨의 배앓이는 더 심해졌고, 그것을 빌미로 삼은 정난정은 본처인 김씨에게 아무것도 주지 못하게 했습니다. 그러던 정난정은 자신이 매수한 집종 구금에게 극약인 비상을 밥과 반찬에 섞어 갖다 주도록 했고 사흘을 굶은 김씨는 허겁지겁 그 밥을 먹기 시작했습니다. 김씨가 사실을 눈치 채고 토하기 시작했을 때는 이미 늦어서, 김씨는 처참하게 피를 쏟으며 죽어야 했습니다……."

그동안 김안수 집안은 윤원형과 정난정의 위세에 눌려 고발조차 못하고 지내다가 그들의 세도가 꺾이자 비로소 고발했던 것이다. 그 사실이 알려지자 조정은 발칵 뒤집혔다. 의금부에서는 곧바로 그 사건을 조사하여 우선 윤원형의 집 비복婢僕들부터 잡아다가 문초했다. 그 결과 정난정의 죄상이 탄로 났다.

이명李冀은 정난정을 정범正犯으로 지목하고 즉각 옥에 가두어야 한다고 명종에게 주청했다. 그러나 명종은 더는 살상을 원하지 않았다. 한동안 생각에 잠겼던 명종은 윤원형과 정난정의 죄상을 알면서도 두터운 교지를 내렸다.

"윤원형 부처夫妻가 무도한 죄인들이라는 것은 과인도 짐작하고 있소. 그러나 윤원형은 과인에게는 외숙이오. 이제까지는 과인이 본의 아니게 외숙들을 둘이나 죽였으나 앞으로는 외숙을 처단한 임금이라는 소리는 더 듣고 싶지 않으니 과인으로 하여금 은혜를 베풀도록 하여주오."

명종의 심중을 짐작한 이명은 더는 말하지 못했다. 명종이 죽였다는 외숙 두 명은 윤임과 윤원로였다. 윤임도 명종의 부왕 중종의 제1계비 장경왕후章敬王后의 오라비였으니 명종에게는 외숙이었다. 두 명 다 명종의 옥새로 사형을 언도받았던 것이다. 그래서 윤원형과 정난정은 귀양살이를 하게된다.

한편 정난정은 한양에서 나오는 자신들에 관한 소식이 궁금해서 강음으로 들어오는 길목인 벽제관碧蹄館의 사령과 친분을 쌓아두었다. 벽제관은 경기도 고양 벽제에 있는 역관驛館으로 한양을 드나드는 사람들이 주로 묵어가서 한양소식을 쉽고 빠르게 알 수 있는 곳이었다. 정난정은 한양에서 불길한 소식이 있으면 즉시 전해달라고 부탁해두었으므로 윤원형의 본처를 독살한 일로 자신이 고발당한 사실도 알게 되었다. 정실부인 김씨가 정난정에 의해 독살당한 줄은 전혀 모르던 윤원형의 가슴이 철렁했지만, 이미 몰락의 길을 걷고 있는 윤원형이 할 수 있는 일은 이미 없었다.

그런데 그때 마침 조정은 평안도 지방의 진영장들[1] 중 범법을 저지른 자를 잡으러 금부도사를 파견했다. 평안도로 내려가는 길

---

1) 鎭營將: 조선시대 국방의 요지를 지키던 최고위직 벼슬로 정3품에 해당한다. 중앙의 총융청, 수어청, 진무영에 속한 직위계통과 각 도의 감영, 병영에 속한 직위계통이 있었는데, 모두 지방군대를 관리했다.

에 벽제관에 당도하자 밤이 되어 묵어 가게 된 금부도사는 기밀을 지키기 위해 자신의 임무를 일절 발설하지 않았다. 그러자 금부도사는 분명히 정난정을 붙잡으러왔다고 넘겨짚은 그곳 사령은 급히 역마驛馬를 타고 정난정에게 가서 그 사실을 통지했다. 정난정은 모든 것을 체념했다. 그러다가 사령과 정난정은 처형당하기 전에 차라

정난정 묘비

리 자결하기로 결심했다. 정난정의 머릿속으로 지난 일들이 스쳐 갔다.

　30년 전에 세상을 떠난 정난정의 아버지 정윤겸鄭允謙은 일찍이 무과에 급제하여 중종반정에 군사를 거느리고 가담했으며, 연산군을 몰아낸뒤 정국공신靖國功臣 3등이 되어 군기시첨정으로 특진했다. 정윤겸은 그 뒤로도 여러 무공武功을 세우며 함경도 북변을 잘 지켜서 청계군淸溪君에 봉해졌고, 전라수군절도사가 되어 병선을 수리하고 해적을 소탕하여 큰 상을 받았으며, 나중에는 명나라에 사신으로 다녀와서 부총관까지 승진했다.정난정의 아버지는 공신이었지만 정난정의 어머니 의령宜寧 남씨는 난신亂臣에 연좌되어 관비官婢가 된 인물이었다. 그렇게 정윤겸의 서녀로 태어난 정난정이었어도 첩 노릇으로 한 평생 만족하며 살기에는 가진 수완이 너무 좋았고 포부 또한 컸다. 서녀처지를 벗어나기 위해 못할 짓을 많이도 했던 정난정도 죽음에 이르자 다른 무엇도 아닌 오직 하나뿐인 친오빠 정담鄭痰 생각만 할 따름이었다.

    정난정과 같은 어머니인 첩실 남씨南氏의 소생이던 정담은 능력을 지녔어도 벼슬길에 나가지 못했다. 정난정은 득세하자 서자라는 이유로 벼슬을 하지 못하는 오라비 정담을 불쌍히 생각하여 많은 재물을 정담에게 가져다주었지만 정담은 받지 않았다. 정담은 숫제 정난정을 쫓아내다시피 하며 대문 밖 담벼락까지 내쳐버렸다. 그때는 정난정이 섭섭한 마음으로 정담을 매우 미워했지만 인생의 마지막 길에 이르고 보니 자신의 더러운 돈을 끝끝내 거부한 오라비 생각이 났던 것이다.

    1565년(명종 20) 10월 19일 마음을 정리한 정난정은 만약을 위해 준비해둔 비상砒霜을 입에 털어 넣었다. 의식을 잃은 정난정의 시체를 안고 허탈해하던 윤원형은 정난정의 시신을 거두어 둘이 거처하던 집의 뒷동산에 조그마한 무덤을 만들어주었다. 그리고 매일같이 죽은 정난정의 무덤 곁에 앉아 원통해하던 윤원형도 한 달이 지난 11월 18일 애첩 정난정의 무덤 옆에서 독약을 마시고 자결했다. 그리하여 소윤小尹시대는 종말을 고했다.

술잔은 한 잔의 술을 넣으면 가득 차고
독은 여러 동이의 물을 넣으면 가득 찬다.
이처럼 그에 따라 용량이 다르리라.

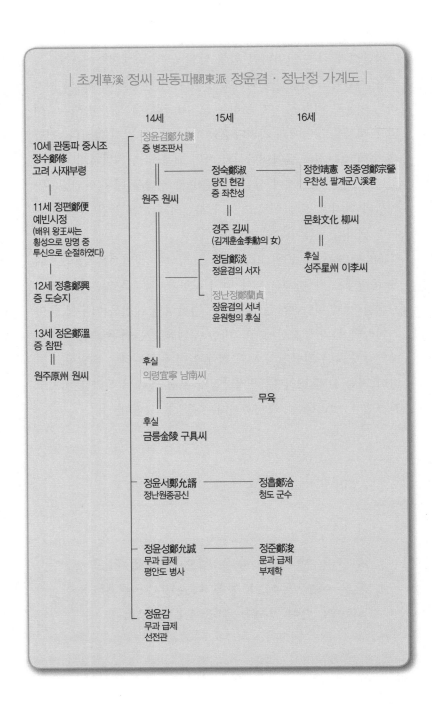

| 초계草溪 정씨 관동파關東派 정윤겸·정난정 가계도 |

14세   15세   16세

10세 관동파 중시조
정수鄭修
고려 사재부령

11세 정편鄭便
예빈시정
(배위 왕王씨는
횡성으로 망명 중
투신으로 순절하였다)

12세 정흥鄭興
증 도승지

13세 정온鄭溫
증 참판

원주原州 원씨

정윤겸鄭允謙
증 병조판서

원주 원씨

정숙鄭淑
당진 현감
증 좌찬성

경주 김씨
(김계훈金季勳의 女)

정담鄭淡
정윤겸의 서자

정난정鄭蘭貞
장윤겸의 서녀
윤원형의 후실

정헌靖憲 정종영鄭宗榮
우찬성, 팔계군八溪君

문화文化 柳씨

후실
성주星州 이李씨

후실
의령宜寧 남南씨

무육

후실
금릉金陵 구具씨

정윤서鄭允諝
정난원종공신

정흡鄭洽
청도 군수

정윤성鄭允誠
무과 급제
평안도 병사

정준鄭浚
문과 급제
부제학

정윤감
무과 급제
선전관

옳지 못한 일을 뿌리칠 용기도 길러야 한다

간신 윤원형의 사위자리를 뿌리친
박계현, 권세가의 시녀가 되기를 거부하다

　세도가 윤원형은 박계현朴
啓賢에게 자신의 사위가 되
기를 제의했지만 박계현은
면전에서 그 제의를 거절해
버렸다. 그 후부터 박계현은
외임外任벼슬에만 재직해야
했다. 박계현은 그렇게 외직

박계현묘소

을 전전하기 전에는 이조吏曹에 재직하면서 인재를 천거 받을 때
도 유능한 인재가 아니면 모두 거절함으로써 공정한 정치를 하려
는 뜻을 굽히지 않았다.

　박계현은 1524년(중종 19) 박중원朴仲元의 아들로 태어나 1552
년(명종 7) 정시에 장원급제하여 성균관직강과 승문원참교를 거쳐
1559년(명종 14) 장단부사에 재직하면서 치적을 많이 쌓아 가선대
부로 승진했다.

그러다가 윤원형에 의해 변방으로 밀려났던 박계현은 1563년(명종18) 대사간에 임명되어 조정에 복귀하여 성균관대사성을 역임하고 예조, 형조, 병조의 참의를 두루 역임했다. 1565년 도승지에 임명된 그는 곧이어 시약청제조와 한성부좌윤을 거쳐 대사헌을 역임했고 그해 겨울에는 하성절사로서 명나라에 다녀와 경기도관찰사가 되었다. 그 후 1567년(명종 22) 경상도관찰사로 재직하던 박계현은 양재역 벽서사건으로 파직당한 권벌權橃과 이언적李彦迪 등의 신원을 계청했고, 이듬해는 호조참판을, 1573년(선조 6)에는 예조참판을, 1575년에는 호남관찰사를 역임했으며, 1577년에는 지중추부사와 호조판서 등을 역임했다. 그 당시 박계현은 심해지던 동인東人과 서인西人의 당쟁을 걱정하여 제지하려고 했지만 실패했다.

병조판서로 재직하던 1580년(선조 13) 세상을 떠난 박계현의 본관은 밀양密陽이고, 자는 군옥郡沃이며, 호는 관원灌園이고, 시호는 문장文莊이다.

박계현 선조 규정공 박현朴鉉의 봉서재

한토막 이야기 한국사

연개소문의 벼랑, 자신과 나라를 망친
잘못된 자식교육

666년 연개소문淵蓋蘇文이 죽자 호시
탐탐한 기회를 노리던 당나라가 고구
려를 재침공했고, 고구려는 자멸상태
였다.

연개소문에게는 연남생淵男生, 연남
건淵男建, 연남산淵男産 세 아들이 있었
다. 연개소문은 남생을 후계자로 훈련
시켰다. 그러나 연개소문이 사망하자
남생은 남건과 남산을 상대로 벌인 권
력투쟁에서 밀려 당나라로 망명했다
가 668년 당나라군을 이끌고 고구려

연개소문의 유적비(경기도 강화)

의 남쪽을 공략했다. 당나라군이 평양을 한 달 넘게 포위공격하
자 보장왕寶藏王은 남산을 보내 남생에게 항복했다. 남건은 당나
라군에 맞서 끝까지 항전하다가 당나라군이 평양성에 불을 지르

자 자결하려고 했지만 실패하고 사로잡혀 유배되었다. 남생과 남산은 당나라군에 협조한 공을 인정받아 당나라 황제로부터 작위를 하사받았다.

그런데 연개소문은 과연 자식들의 권력투쟁을 예견하지 못했을까? 하지만 이것은 무의미한 질문이다. 설령 그것을 예견했던들 그에게 무슨 뾰족한 수가 있었겠는가. 그는 한마디로 '고구려의 벼랑'이었다. 연개소문의 권세뿐 아니라 일신一身의 위용도 대단했다. 그는 다섯 자루의 칼을 차고 다녔으며 말을 타거나 내릴 때면 항상 부하를 땅에 엎드리게 하여 발판으로 삼았다. 호위병들은 언제나 그를 일사분란하게 경호했고, 행차하는 그의 호위병들 중 선두에 가는 자가 큰소리로 "물렀거라!"고 외치면 길 가던 사람들은 모두가 길 양편으로 물러서서 머리를 조아렸다. 그런데 그가 더 오래 살았더라면 고구려는 망하지 않았을까? 그랬을 수도 있었겠지만 이것도 무의미한 질문이다. 벼랑에서 몇 년을 더 버틴들 무슨 소용 있었겠는가. 이처럼 연개소문과 직결된 일화들뿐 아니라 고구려 멸망과 관련된 다른 일화들도 많이 전해진다. 그래도 용감한 장수를 단칼에 참수하듯 최대한 간략하게 이야기를 마무리하는 것도 위대했던 고구려에 대한 최소한의 예의일 것이다. 연개소문의 위풍당당함은 장구한 고구려 역사의 위풍당당함을 아련히 반영하기 때문이다. 더구나 그렇듯 삽시간에 발생한 충격적인 고구려의 멸망은 아득한 옛날에 발생한 위만 조선의 멸망과 중첩되기도 한다. 그랬다. 연개소문은 고구려의 영화와 피비린 용맹성을 아련히 떠올리게 만드는 '고구려의 벼랑'이었다고 할만한 위인이었다.

올바른 생각과 행동은 항상 살아있다
광해군의 후궁, 한 숙원 이야기

한韓 숙원淑媛의 이름은 보향保香이고 서울 양가良家의 여자였다. 그녀는 폐주廢主 광해군光海君이 보위에 있을 때 내전에 들어왔다. 모든 궁녀를 번갈아 사랑하던 광해군은 자신을 모시는 궁녀

함춘원

들에게는 많은 비단을 상으로 하사했기 때문에 내탕內帑이 지탱될 수 없었다. 어느 날 광해군이 한 숙원에게도 비단을 하사하겠다고 말하자 한 숙원이 문득 사양하며 말했다.

"길쌈하는 집에서는 열흘에 피륙 한 필 끊어내어 생계를 이어도 손발 마저 모두 얼어 터지고 옷도 마음대로 입지 못할 지경이거늘, 하물며 제가 이렇게 상을 많이 받아 무엇 하겠나이까?"

계해년癸亥年이 되자 정사군靖社軍(반정군反正軍)이 창경궁으로 진

입하여 함춘원含春苑에 장작을 쌓고 불태우니 궁궐에서 불길이 하늘높이 치솟았고 비명소리가 난무했다. 그때 통명전通明殿에 있던 광해군은 김 상궁과 임 상궁과 함께 북소문北小門을 열고 도망쳤다. 광해군의비유씨도 도망하여 후원 어수당魚水堂에 들어가서 숨었는데, 한 숙원과 궁녀 십여 명이 유씨의 뒤를 따랐다. 그들을 추격한 정사군이 어수당을 몇 겹으로 에워싼 지 사흘이 지났을 무렵 유씨가 말했다.

"내 어찌 끝내 숨어서 살기를 도모할 수 있겠느냐?"

그리고 유씨는 궁녀에게 나가서 사실대로 알리라고 일렀지만, 모두가 무서워 떨고만 있었다. 그때 한 숙원이 나가기를 청했다. 섬돌 위에 올라선 한 숙원은 호령하듯 외쳤다.

"중전께서 여기 계시니 무례하면 아니 된다!"

정사군이 주춤 물러섰다. 그러자 대장 신경진申景禛이 호상胡床에서 내려와서 한 숙원에게 경의를 표했다. 그러자 한 숙원이 신경진에게 물었다.

"상감께서는 이미 사직을 잃으셨으니 새로 자리에 오르신 분은 누구신지요?"

신경진이 대답했다.

"소경왕昭敬王(선조宣祖)의 손자 능양군綾陽君이십니다."

그러자 한 숙원이 다시 물었다.

"그럼, 오늘의 이 거사는 종묘사직을 위한 것입니까? 아니면 개인의 부귀를 위한 것입니까?"

신경진이 대답했다.

"전왕前王이 윤리를 없애버리고 종묘사직이 거의 망하게 되었으

므로 우리가 의병을 일으켜 어지
러움을 헤치고 바른 곳으로 돌리
려 함이지,

　어찌 부귀에 뜻을 두겠소.”

　그러자 한 숙원이 물었다.

　“그럼, 의병의 이름으로 전왕
의 왕비를 모욕함은 무슨 까닭이
오?”

　신경진은 곧장 이 사실을 인조
仁祖에게 알렸고 어수당 포위를 풀
었다. 그렇게 인조반정은 일단락

어수당

되었지만, 궁중에는 필요한 일들을 수행할 인원이 부족해져서 옛
궁녀들 가운데 죄가 없는 자를 불러서 궁중청소를 맡겼다. 한 숙
원도 그런 인원으로 뽑혔다.

　그렇게 다시 내전의 여관女官이 된 한 숙원은 더욱 극진한 마음
으로 맡은 바 소임에 충실했다. 한 숙원의 용모는 단정하고 고운
데다가 성격도 순실하고 삼갔으므로 인렬왕후仁烈王后는 한 숙원
을 심히 사랑했다.

　그리하여 새로 궁중에 들어온 다른 숙원이 한 숙원을 많이 질투
하여 인렬왕후에게 몰래 고자질했다.

　“보향이 옛 임금을 연모하여 때때로 적이 슬피 울곤 하오니 혹
시 변을 저지를까 두렵사옵니다.”

　이 말을 들은 인렬왕후는 탄식하며 말했다.

　“의로운 사람이로군.”

그리고 한 숙원을 불러 위로하고 도와주고자 하며 말을 이었다.

"국가의 흥폐는 무상한 일이라. 우리 상감께옵서 하늘의 돌봐주신 힘을 입어 비록 오늘 영광이 있다하나, 허나 어찌 훗날의 일이 앞서 잃은것보다도 못할 때가 있을는지를 알 수 있으리오. 너, 오늘 나를 섬기는 것을 전날 너의 임금을 섬기듯 하여주길 바랄 뿐이다."

그러면서 인렬왕후는 한 숙원에게 후추 서 근을 내어주며 덧붙여 말했다.

"후추를 주는 것은 그 매운 절개를 표창함이다. 게다가 넌 마음가짐이 곧고 순결하니 나의 아들을 보육할 수 있겠다."

인렬왕후는 이렇게 명하고 한 숙원을 왕세자의 보모로 삼았다.

그렇게 궁중에서 일생을 보낸 한 숙원은 여든 살이 넘어서 세상을 떠났다.

조선 후기의 문인 김려金鑢는 일찍이 동평위정공(정재륜)이 기록한 『공사견문록』과 『패사稗史』를 읽다가 서글피 한숨 쉬며 다음과 같이 말했다고 한다.

"숙원은 옛날에 이른바 '열烈'을 지닌 여자였다. 난리를 당해서 조용한 한마디로 정의를 부르짖어 삼군三軍으로 하여금 질서를 지키게 했으니, 이는 비록 대장부라도 어찌 더하리오. 아아, 갸륵하도다."(김려, 『담정유고潭庭遺藁』 제9권 「단량패사丹良稗史」중 "한숙원전.")

베풂이란, 버리는 일입니다.
움켜질수록 고통스러운 것
내려놓음이 탐욕을 버리는 일입니다.

사소한 일로 친구들과 다투지 맙시다

사람들은 누구나 친구를 갖고 있습니다. 인생여로를 살아가는 동안 친구가 없다면 매우 쓸쓸하고 고독해질 것이기 때문입니다.

기쁨도 슬픔도 함께 나눌 수 있고 어려운 일이 있을 때 의논상대가 되어주며 도움이 될 수도 있는 친구가 있다는 것은 실로 좋은 일이겠지요.

그래서 우리는 친구를 소중히 생각해야 하는 것입니다.

그런데 어떤 사람들은 친구를 소중히 여기기는커녕 사소한 일로 친구와 자주 다투곤 합니다. 웬만큼 참고 넘어갈 수 있는 일에도 신경을 곤두세우고 핏대를 올리곤 하지요. 그렇게 작은 일에 성내고 다투는 것은 본인의 건강에도 해로울 뿐 아니라 친구의 마음도 아프게 하며 주변의 분위기까지 우울하게 만든답니다. 또 그런 일을 반복하면 본인도 모르게 습관화되는데, 그러다 보면 고칠 수 없는 나쁜 성격으로 굳어져버릴 위험도 있습니다.

그래서 친구들과 사귈 때는 웬만한 일은 너그러이 보아주는 넉넉한 마음을 가질 수 있도록 자신을 훈련시키는 것이 중요하지요. 친구에게 이해받기를 원하면 그만큼 친구를 이해하려고 노력해야겠지요. 또한 친구의 단점만 보지 말고 친구의 장점을 보려고 노력해야 좋습니다.

친구와의 다툼은 보통 오해 때문에 시작되는 경우가 많습니다. 따라서 화가 나려고 할 때는 한 박자를 늦추어 감정을 가라앉히고 먼저 무엇이 잘못되었는지를 생각해볼 필요가 있습니다. 어쩌다가 친구와 다투어도 불편한 관계를 오래 끌지 않아야 좋습니다. 친구가 잘못했어도 그 친구의 잘못을 용서하고, 자신이 잘못했으면 자신의 잘못을 먼저 사과하고 친구와 화해하도록 노력해야 합니다.

친구를 갖는다는 것은 매우 좋은 일이고 필요한 일입니다. 여러분들이 나이를 먹을수록 진정한 친구를 갖기가 얼마나 어려운지, 그리고 진정한 친구가 얼마나 소중한 존재인지를 절실히 깨달을 것입니다. 친구를 아끼고 이해하는 넉넉한 마음을 가집시다.

친구를 사귀데 내가 이롭게 생각하지 말라.

항상 용서하는 마음을 가지면 적敵이 없어진다

모래밭에 쓰인 글씨와 바위에 새겨진 글씨

절친한 두 친구가 여행을 하고 있었습니다. 모래밭을 지나던 두 친구는 사소한 말다툼을 벌였습니다. 화를 참지 못한 한 친구가 그만 다른 친구의 뺨을 때리고 말았습니다. 그러자 뺨맞은 친구는 말없이 모래밭에 손가락으로 글을 썼습니다.'오늘은 친구에게 뺨을 맞았다.'두 사람은 말없이 또 걸었습니다. 그러던 두 친구의 눈에 더위를 식힐 수 있는 시원한 연못이 보였습니다. 물을 만난 기쁨에 내쳐 달리던 한 친구가 그만 연못가 늪에 빠지고 말았습니다. 허우적대면서 점점 늪에 빠져들고 있는 친구를 본 다른 친구는 늪가로 달려와서 친구의 손을 잡았습니다. 친구의 도움으로 늪에서 빠져나온 친구는 커다란 바위에 글을 새겼습니다. '오늘 내 친구가 내 생명을 구해줬다.' 그가 무슨 글을 새기는지 궁금하게 여긴 친구가 그에게 물었습니다.

바위에 글

"왜 아까는 모래밭에 글을 썼고 지금은 바위에 새기는 건가?"

그러자 친구가 대답했습니다.

"자네가 내 뺨을 때렸을 땐 용서의 바람이 불어와서 미움을 지워버릴수 있도록 모래밭에 적었다네. 그리고 자네가 나를 구해준 지금은 어떤 증오의 폭풍이 불어도 지워지지 않도록 이렇게 바위에 새기는 것이라네."

'원수는 물에 새기고 은인恩人은 돌에 남겨라'는 말도 있습니다.

영원히 용서할 수 없을 것 같은 미움이 자신의 마음을 괴롭힐 때면 이말을 떠올려보면 좋을 것입니다. 자신을 배신하고 모욕하며 괴롭히다가생명까지 앗아간 죄인을 자신의 흐르는 피에 흘려보내고 영원히 기억조차 하지 않는 사람도 있다는 것도 염두에 두면 좋을 것입니다.

백사장

양보하고 베푸는 것이 곧 얻는 것이다

청소년이 책임과 은혜를 아는 인간으로 자랄 여건을
조성해야 할 책임은 기성세대에게 있다.

청소년들은 크게 자부할 만한 두 가지 가능성을 지녔다. 하나는
젊음이고 다른 하나는 무한한 발전 가능성이다.

퇴색, 무기력, 허약함이 아닌 청춘, 활기, 생동감이 바로 청소
년들을 상징한다. 청소년들은 이런 귀한 것들을 지녔으므로 스스
로를 성장시키고 주변을 활기차게 만들 수 있다. 국가의 앞날을
염려하는 모든 사람은 청소년들에게 희망을 걸고 미래의 번영과
발전과 행복을 기약할 수 있을 것이다.

그런데 미래의 꿈이요 희망인 젊음과 가능성을 자신의 것으로
만들려는 청소년들은 반드시 책임과 은혜를 아는 노력도 병행해
야 할 것이다.

국제경쟁력을 진작하려면 첨단기술을 익혀야 할 것이고, 휴전
선을 지키는 국방의무도 청소년들이 자라서 담당해야 할 몫이며,
밝은 앞날을 보장받을 수 있도록 인성과 지성을 키우는 일도 청
소년들의 책임에 속할것이다. 특히 강한 경쟁력만 배우고 키우느
라 은혜를 모르는 사람으로 자라는 청소년들의 미래는 암울해질
것이다. 따라서 청소년들은 부모님과 선생님의 은혜는 물론 국가

와 사회의 은혜도 간과하지 말아야 할 것이다.

만물이 푸른 봄마다 청소년을 보호하고 어른에 대한 청소년들의 공경심을 진작하기 위한 각종행사들이 벌어진다. 그런 행사들은 부모님께는 효행하여 보은하자는 것과, 스승님들께는 인성을 쌓는 노력과 지식을 키워서 보은하자는 것을 기본취지로 삼는다.

청소년들이 아무리 좋은 가정교육과 우수한 학교교육을 받으며 지식을 쌓아도 그런 지식을 제대로 활용하지 못하면 소용없다. 그런 지식을 제대로 활용하는 방법들 중 하나가 바로 보은하는 데 활용하는 것이다.

그렇게 하려면 적극적이고 긍정적인 마음과 태도가 필요하다. 따라서 청소년들이 자신들의 소극적이고 부정적인 마음과 태도를 적극적이고 긍정적인 마음과 태도로 바꾸기 위해 노력하여 미래의 주인이 될 자격을 갖추고 성장해준다면 기성의 사회인들의 마음은 한결 든든할 것이다.

'십 년이면 강산이 변한다'고 말하던 시절은 이미 오래 되었다. 한 해가 다르게 변하는 것을 체감하면서 오늘을 사는 현대인들은 당혹감을 품고 살아간다. 발전하는 도시만 변하는 것이 아니라 내가 살아가는 지역사회도 변하고 가까운 이웃 역시 변한다는 사실을 아무도 부인하지 않을 것이다. 그런 와중에 우리 모두는 지리적 이웃, 직장의 이웃, 마음의 이웃, 조직의 이웃을 포함한 다양한 형태의 이웃들을 접하며 살아간다. 그런 이웃들 때문에 이따금 불편하기도 하고 때로는 이웃들과 다투기도 한다. 그런 불편과 다툼을 피하려면 우선 서로를 배려하고 이해하는 마음으로 이웃들을 대해야 할 것이다. 예수는 "스스로를 사랑하듯이 이웃을 사랑하라."고 말씀했다. 또한 붓다는 "사람이 건강을 잃는다는 것과 명예를 잃는다는 것은 큰 손실들이다. 그러나 자비심을 잃는다는 것은 무엇보다 큰 손실이다."고 말했다. 그러므로 이웃을 언제나 깊이 배려하는 일은 영원을 배려하는 일일 것이다. "군자가 이웃을 선택하여 더불어 사는 까닭은 환난을 막으려는 데 있다"는 명언도 전해진다.

무릇 먼데 있는 물은 가까운 불을 끄지 못한다고 했다. 아무리 좋은 친척이 먼데 있어도 급할 때는 가까운 이웃만 못한 법이다. 이웃이 좋으면 만사가 즐겁다. 그러므로 좋은 저택을 얻기보다 사이좋은 이웃을 얻는편이 훨씬 낫다. 우리 모두가 매서운 경제 한파 속에서 우왕좌왕하며 곤란을 겪는 요즘 같은 시절일수록 가까운 이웃부터 한마음 한뜻으로 마음을 결집한다면 반드시 국가 경제위기는 극복되리라는 확신도 품을 수 있을 것이다.

이런 공동체 속에서 살아가는 우리에게 우선적으로 필요한 것이 남을 이해할 줄 아는 배려심이다. 남을 이해하는 한 가지 방법은 결코 남을 성급하게 판단하지 않는 것, 그리고 남의 입장에 자기를 놓을 줄 알고 남의 처지를 먼저 감안하는 것이다. 요컨대, 역지사지易地思之할 필요가 있다는 말이다. 그것이 바로 공동체 생활을 하는 이웃들에게 필요한 협조의 단초이기도 하기 때문이다. 반복하고 다투는 대항의식은 발전과 행복과 성공의 걸림돌일 따름이다. 협조의식만이 그것들을 가능케 해준다.

진실한 배려심은 신이 오직 인간에게만 준 선물일 것이다. 서로를 배려하는 참된 이웃사랑은 격렬한 욕망의 발로가 아니라 일상생활에서 완전하고도 영속적인 양보와 이해로써 발현되는 것이다.

큰 뜻을 품은 개자추介子推 같은 충신은
이 땅에 없는가

▼
▼
▼

조선 인조仁祖 때 활동한 학자 신흠申欽은 문과에 급제하고 병조좌랑에 임명되었다. 그러나 광해군 때 영창대군永昌大君을 비호하다가 파직당하고 이곳저곳을 유랑하다가 인조반정 후 다시 등용되어 대제학을 역임하고 영의정이 되었다. 그는 모든 학문에 통달했고 이정구李廷龜, 장유張維, 이식李植

영의정 신흠묘소

과 더불어 한문4대가漢文四大家의 반열에 올랐다. 신흠의 아들 신익성申翊聖은 선조의 딸 정숙옹주貞淑翁主와 혼인했는데, 그 결과 신흠은 선조임금과 사돈지간이 되었다. 신흠은 단가短歌에도 능했다. 그가 지은 단가 30수는 1945년 후에 비로소 간행된 『청구영언靑丘永言』에 수록되었다. 그것들은 모두 신흠이 광해군 때 뜻을 펴지 못하고 춘

영의정 장유초상

천 소양강변으로 퇴거했을 무렵 지은 것들이다. 그것들 중 한 수를 소개하면 다음과 같다.

> 한식 비 내린 밤에 봄빛이 다 퍼졌고
> 무정한 화류도 때를 알아 피었거든
> 어떻다 우리 임은 가서 아니 오는가

"한식寒食날 밤에 비가 내리더니 산과 들에는 봄빛이 완연하고, 아무뜻이 없는 꽃과 버들도 꽃필 때를 알고서 피었는데, 어찌하여 우리 임(광해군)은 한 번 선정을 떠나가시더니 다시는 돌아오지 않으시는가"로 풀이되는 이 시조에 등장하는 '한식'은 차가운 음식을 뜻하는 말이다. 한식날 또는 한식일은 겨울 동짓날부터 105일째 되는 날이자 청명清明날이 되기 이틀 전의 날이다. 중국의 고사古史에 한식날의 유래가 전해진다.

중국 춘추시대에 오패五覇의 하나로 꼽히던 진晉나라의 왕 헌공獻公이 총애한 여희驪姬는 자신이 낳은 왕자 혜제奚齊를 태자로 삼고 싶었다. 그래서 그녀는 헌공과 원래 태자이던 신생申生의 사이를 이간질했고, 그것에 속은 헌공은 태자 신생뿐 아니라 둘째아들 중이重耳와 셋째 아들 이오夷吾마저 각기 다른 병방으로 내쫓아 버렸다. 그래도 안심하지못한 여희는 다시 간계를 부렸고, 그것에 말려든 신생은 결국 자살하고 말았다. 그러자 자신에게도 여희의 마수가 뻗칠 것을 우려한 중이는 친모親母의 나라인 적狄나라로 망명했고, 동생 이오는 양梁나라로 망명했다. 그 후 진나라 헌공이 죽자 혜제와 그의 동생 도자悼子가 차례로 왕위에 올랐지만 살해되었다. 그러자 양나라에 있던 이오가 진나라 목공繆公의 도움을 받아 왕위에 올라 혜공惠公이 되었다. 그런데 중이가 왕위를 위협할지 모른다고 여긴 혜공은 적나라의 중이를 암살하기 위해 자객을 보냈다. 중이는 그 자객을 피해 위衛나라, 제齊나라, 조曹나라, 송宋나라, 초楚나라를 전전하면서 무려 19년간이나 망명생활을 해야만 했다. 그런 와중에 혜공이 죽은 이듬해 중이는 역시 진나라 목공의 도움을 받아 왕위에 올랐는데, 그가 바로 진나라의 왕 문공文公이었다.

문공은 19년 망명생활을 하는 동안 충직한 부하 다섯을 데리고 다녔는데, 그 부하들 중에' 개자추'라는 인물이 있었다. 망명 중인 그들이 굶주림을 못 이겨 쓰러진 어느 날 개자추는 자신의 허벅지살을 베어 문공에게 바쳤고, 그것을 먹은 문공은 겨우 아사餓死를 면할 수 있었다. 그런데 혜공이 사망하고 문공이 왕위에 오르자 망명시절에 문공과 고난을 함께한 충신들은 저마다 더 높은 관직과 더 많은 상을 받으려고 혈안이 되었고 또 그만큼 많은 특혜를 받았다.

그러나 개자추만은 아무 혜택을 받지 못했다. 물론 개자추는 다른 신하들과 다르게 생각했다. 그는 신하가 태자와 왕을 모시고 충성하는 것은 지극히 당연할 일이므로 사사로이 특혜를 바라고 충성한 것은 아니라고 생각했다. 그래도 문공의 옛 부하들은 저마다 충신이라며 문공의 입지를 나날이 좁혀갔다. 하지만 그럴 때 개자추는 어머니를 모시고 도읍에서 먼 산시성 면산綿山의 깊은 곳으로 은거해버렸다. 개자추의 친지는 그런 상황을 보고 분개하여 다음과 같은 글을 지어 궁문宮門에 붙여놓았다.

"거처를 잃은 한 마리 영특한 용龍이 다섯 마리 배암(뱀)을 이끌고 한동안 천하를 헤매어 다녔노라. 어느 날 용이 굶주려 쓰러지니 다섯 뱀중 한 마리가 자신의 허벅지에서 베어내어 바친 살을 먹고 죽음을 면할 수 있었노라. 이윽고 용은 자신의 거처인 깊은 못(궁궐)로 돌아와 편히 쉴 수 있게 되었노라. 그를 따르던 네 마리 배암도 저마다 거처할 구멍을 얻었다. 그럴진대 용의 굶주림을 면하게 해준 한 마리 배암만은 들어가 거처할 구멍을 얻지 못해 깊은 산 속에서 울고 있도다!"

이 글을 본 문공은 크게 뉘우치고 당장 사람을 보내 개자추를 찾았지만 이미 면산에 깊이 숨어버린 그를 찾을 길이 없었다. 그러자 문공은 면산에 불을 지르면 개자추가 나올 줄로 생각하고 면산을 불태우라고 지시했다. 그러나 개자추는 끝내 면산을 나오지 아니하고 늙은 노모와 함께 타죽고 말았다. 문공은 개자추의 죽음을 애석하게 여겨 "불만 지르지 아니했어도……"라고 탄식하면서 해마다 그날에는 백성들의 화식火食(불로 익힌 음식)을 금지하고 차가운 음식을 먹도록 명령하면서 면산을 개산介山으로 고쳐 부르게 했다고 전해진다.

개자추 초상

이 이야기에 오늘날 우리나라 정치인들을 비추어보면, 마치 큰 황소 한 마리를 잡아놓고 서로 더 많이 먹으려고 으르렁대는 이리떼와 흡사하지 않은가! 우리나라에는 언제쯤 개자추 같은 충신이 태어나려나.

인간은 떳떳이 최후를 맞이해야 한다

권력투쟁에서 희생된 아버지의 원수를 갚고자 한 윤백원

윤백원尹百源은 1528년(중종 23) 군기시첨정을 지낸 윤원로尹元老와 이량李亮의 딸 사이에서 태어나 중종의 맏딸인 효혜孝惠공주의 딸 김씨와 혼인했다. 1562년(명종 17) 별시문과에 을과로 급제한 윤백원은 이듬해 세자시강원 필선을 거쳐 사간원 대사간으로 승진했다.

명종의 어머니 문정왕후文定王后가 윤백원의 고모였기 때문에 윤

윤원로묘비

백원은 왕실의 외척이었다. 그러나 윤백원은 작은아버지 윤원형尹元衡이 세력다툼 끝에 자신의 아버지 윤원로를 죽이자 윤원형에게 원한을 품었다. 윤원형을 견제하던 윤백원은 윤원형의 횡포가 극심해지자 아버지의 원수를 갚을 호기로 여겨 이량의 일파가 되었다. 이량의 후원을 등에 업은 윤백원은 문과에 급제한 지 1년 만에 사간이 되어 세력기반을 점차 확고히 다져갔다. 그러나

1563년(명종 18) 을사사화를 일으
켜 소윤을 완전히 제거하려던 이
량 일파의 음모가 대제학 기대항
奇大恒에게 발각되면서 이량의 계
획은 물거품이 되었다. 또한 윤백
원은 이량, 이감, 신충헌慎忠獻, 권
신, 이영분李翎分 등과 함께 6간奸
으로 지목되어 파직당하고 함경도
회령으로 유배되었다.

윤백원묘비

윤백원은 1565년(명종 20) 문정
왕후의 유언을 따라 가까운 곳으로 이배되었고, 1577년(선조 10)
에는 간성으로 이배되었다가 풀려났다. 그렇지만 1589년(선조 22)
불행히도 집안의 불화 때문에 가족들에 의해 독살되었다.

윤백원의 본관은 파평坡平이고 자는 거용巨容이며 묘소는 경기
도 파주시 교하면 당하리에 있다. 그의 할아버지는 윤지임尹之任
이고 증조부는 윤욱尹頊이다.

세상을 보는 지혜
행복은 있는 그대로 만족할 때만 가능하다.
모든 사물은 충만하면 쇠퇴하지 않는 것이 없다.

'김포'라는 지명의 유래

형제우애를 위해 금덩이도 강물에 던져버린
이억년·이조년 형제의 교훈적인 일화
취한 세상에서 깨어있던 사람들

조선 후기의 문신 황덕길黃德吉(1750~
1827)의 시문집 『하려집下廬集』에는 성주
星州(경산京山) 이씨李氏 가문의 이억년李億
年·이조년李兆年(1269~1343) 형제에 관한
일화가 기록되어있다. 그 일화는 개성유
수(오늘날 시장市長에 해당하는 직급)를 지냈
던 이억년이 벼슬을 버리고 경상도 함양
으로 낙향할 때 그의 동생 이조년이 한강
나루 건너 공암진孔巖津까지 배웅하던 과

이조년선생초상

이억년선생묘소

정에서 겪은 일들에 관한 것이
다. 공암진터는 오늘날 서울
시 강서구 가양동 구암공원龜
巖公園(구암龜巖은 허준許俊의 호
號이다)에 있는데, 그곳 안내문

에도 이억년 · 이조년 형제의 일화가 소개되어 있다.

이조년의 자는 원로元老이고 호는 백화헌百花軒 또는 매운당梅雲堂이며 이장경李長庚의 다섯 아들 중 막내였다. 이조년의 형들은 이백년李百年, 이천년李千年, 이만년李萬年, 이억년이었는데, 이조년을 포함한 5형제가 모두 문과에 급제했다. 그들 형제의 우애는 남달랐다고 한다. 특히 이조년이 넷째 형 이억년과 나눈 우애를 대변하는 '형제투금탄兄弟投金灘'으로 알려진 일화는 유명하다.

고려 공민왕 때 이억년 · 이조년 형제가 함께 길을 걸어가던 중이었다. 그때 길에서 금덩이 두 개를 주운 아우 이조년은 한 개를 형 이억년에게 주었다. 그리고 나루터로 간 형제는 함께 배를 타고 건너는 중이었다. 그런데 아우가 갑자기 금덩이를 강물에 던져버렸다. 괴이하게 여긴 형이 아우에게 까닭을 물었다. 그러자 아우가 대답했다.

"제가 평소에 형님을 돈독히 사랑했는데, 이제 금을 나누어 가지고 나니 형님을 꺼리는 마음이 갑자기 생깁니다. 그런 고로 이것은 상서롭지못한 물건이니 강물에 던져버리고 잊어버리는 것이 낫다고 생각했기 때문입니다."

그러자 형도 "네 말이 참으로 옳다!"면서 자신이 가진 금덩이를 강물에 던져버렸다. 그 때 형제와 함께 배를 타고 있던 사람들은 모두 어리석어서 아무도 그 형제에게 성씨姓氏와 거주지를 물어보지 않았다고 한다.

이 일화는 『신증동국여지승람新增東國輿地勝覽』제10권 「양천현陽川縣 산천조 공암진」편에 나오는데, 현재 초등학교 국어교과서에도 실려있다.

이억년·이조년이 활동할 당시의 공암진은 지금과 달리 경기도 김포에 속해있었다. 그들이 금덩어리를 포구에 던진 후부터 공암진은 투금포投金浦로 불리다가 어느 땐가부터 김포로 개명되었다고 한다.

성주이씨 시조 이장경의 초상

의심은 의심을 낳기 마련이다

혜음령에 얽힌 이야기

혜음령惠陰嶺은 한양에서 의주로 가는 길에 있는 경기도 광탄면 용미리의 벽제관을 넘나드는 고개인데 옛날 이 고개 중턱 좌측에는 혜음사惠陰寺가 있었다는 데서 유래한 지명이다.

혜음령원지

옛날에는 혜음령 주위의 삼림이 울창하고 으슥해서 산적들이 수시로 나타나 행인들을 괴롭혔다고 한다. 그런 산적들 중 유달리 힘센 산적 한 명이 있었다. 어느 날 그는 강탈한 많은 재물을 으슥한 곳에 숨겨두고 자신과 같이 산적질을 하던 두 명에 재물을 나누어 갖자고 했다. 그러나 욕심 많은 두 산적은 저마다 그 재물을 독차지하고 싶어서 흉계를 꾸미고 힘센 산적에게 술을 한 잔 먹고 재물을 분배하자고 제안했다. 그러자 흉계를 꾸민 두 산적중 한 명이 술을 사오겠다며 산 아래 마을로 내려갔다. 그는 술을 사서 독약을 타고 그것을 가지고 산채로 오르고 있었다. 그때 그와 같이 흉계를 꾸민 다른 산적은 술을 사러간 산적을 죽이기로 결심했다. 그는 칼을 품고 산채를 몰래 빠져나와서 산채로 오르는 길가의 숲에 숨어서 술을 사오는 산적을 기다렸다. 이윽고 그는 술을 사오는 산적을 몰래 등 뒤에서 칼로 찔러 죽였다. 그리고 흥이 한 그는 술을 가지고 산채로 가서 그 술을 마시다가 죽어 버렸다. 결국 두 산적은 모두 욕심 때문에 죽고 말았던 것이다.

사람의 언행은 명쾌하여
남에게 신뢰를 줄 수 있어야 한다.

승려 보우와 정난정

선악의 끝은 피치 못하는 것이다

　조선 명종조때 활동한 선승禪僧 보우普虛는 매우 불행한 승려였다. 금강산의 장안사와 표훈사에서 6년간 수련을 쌓고 학문을 닦으며 정진한 끝에 마음을 자유롭게 하는 법력을 얻은 보우는 유교에 대한 조예도 깊었고 그 당시 유명한 유학자들과도 깊이 교유했다. 그런 유학자들 중 보우와 특히 친했던 재상 정만종鄭萬鍾은 보우를 문정왕후에게 소개했다. 보우의 인품과 넓은 도량에 깊이 감동한 문정왕후는 그를 봉은사 주지로 임명했다. 보우가 봉은사 주지로 부임한 후 어느 날 유생들이 절간으로 침입하여 난동을 부리고 물건을 훔쳐갔다. 그러자 보우는 『경국대전經國大典』에 명시된 '선왕릉 침범 등에 관한 법규' 같은 유교법을 적용하여 유생들을 벌하려는 전략을 구사하여 봉은사에 잡인의 출입을 금하는 방榜을 붙이는 식으로 유생들의 횡포를 막았다. 그러나 조선시대에 들어서 처음 벌어진 그런 사찰의 '행태'에 유생들은 격하게 반발했고, 보우와 유생들이 치열한 암투를 벌였는데, 하여간 그 결과 봉은사의 선례를 따라 전국의 사찰은 위급할 때면 방을 붙임으로써 보호받을 수 있게 되었다.

보우는 1550년 선종禪宗과 교종敎宗을 모두 부활시켰고, 이듬해에는 승과僧科를 설치했다. 임진왜란에서 활약한 고승들인 서산대사 휴정休靜과 사명대사 유정惟政도 승과를 통해 발탁되었다. 그러나 유생들의 상소가 끊이지 않았다. 불교의

사명대사화상

선종과 교종을 부활시킨 보우를 처벌하라는 상소가 6개월 동안 무려 423건이 조정에 올라왔고 "역적"보우를 죽이라는 계도 75건에 달했지만, 보우는 "지금 내가 없으면 후세에 불법佛法이 영원히 끊길 것"이라는 말로 불교중흥을 밀어붙이며 종단을 안정시키고 나서 주지를 사임했다. 그러다가 종단에서 다툼이 일

보우사리탑으로 추증(경기도 양주 회암사지)

자 복귀했지만 사찰불법증축사건에 휘말려 물러났다가 다시 복직했다. 그러나 문정왕후가 사망하자 유생들의 잇단 상소에 밀린 보우는 승적을 박탈당하고 제주도로 유배된 후 피살되었다.

정난정의 어머니도 관비출신이었고 정난정 자신도 관비였다. 그러나 정난정은 윤원형에게 접근하여 첩이 된 다음 곧바로 문정

왕후에게 평생 복종을 맹세하고 궁중에 무상출입하면서 윤원형의 집권에 결정적으로 기여한 덕분에 문정왕후의 더욱 돈독한 환심을 샀다. 1551년(명종 6년) 윤원형의 정실 김씨를 축출하고 적처嫡妻가 된 정난정은 곧이어 김씨를 독살하고 정경부인 작호를 받았다. 보우와도 밀접한 관계를 맺고 불교 진흥에도 큰 역할을 하면서 상권을 장악하여 모리謀利를 일삼기도 하던 정난정은 문정왕후가 사망하자 윤원형과 함께 유배되었고, 그러 와중에 김씨 독살사건마저 탄로 나자 사사賜死될 줄을 알고 "금부도사가 오면 알려달라"고 여종女從에게 일렀다. 이윽고 여종이 금부도사가 금교역을 통과했다고 알리자 자살을 주도하여 윤원형과 함께 독을 마셨다.

정난정은 물론 가증스러운 요부妖婦이기도 했지만 여걸女傑이기도했다. 천한 신분출신에다가 여성이었지만 그런 두 가지 신분제약을 모두 극복하고 일세를 풍미하여 문정왕후뿐 아니라 윤원형조차 그녀의 치맛바람에 놀아났다. 그런 만큼 정난정의 생애는 조선유교사회의 두 가지 폐단을 적나라하게 드러낸다. 그리고 어찌 보면 외척문제 자체가 유교적 여성 천대풍조의 왜곡되면서도 당연한 결과였기 때문에 고려시대 외척문제와 사회적으로 구별된다. 문정왕후가 사망하자 명종은 을사사화의 희생자들을 모두 복권시키고 사림士林을 대대적으로 기용하면서 퇴계退溪 이황李滉을 조정으로 불렀는데, 그때 이황의 나이 예순일곱 살이었다!

퇴계이황선생의 초상

하루를 즐거운 마음으로 시작합시다

사람들 중에는 자기의견을 지나치게 고집하는 사람들도 있습니다. 물론 자기의견이 옳다고 믿어서 고집하는 경우도 있겠지만 어떤 경우에는 자기의견이 잘못되었다는 것이 드러났는데도 그것을 옳다고 계속 고집하곤 합니다. 그런 태도는 자존심을 세우는 일도 아니요 지조를 지키는 일도 아닙니다. 솔직하지 못한 아주 잘못된 태도입니다.

또 설혹 자기의견이 옳다고 확신하더라도 그것을 과신過信하거나 고집하는 태도는 오류를 범하기 쉽다는 것을 알아야 합니다. 세상사에서는 절대진리가 있을 수 없기 때문입니다. 어떤 일이든 그 상황에서는 옳게 보였어도 상황이 바뀌면 옳지 않게 보이는 경우도 허다합니다. 또한 보는 입장과 서있는 자리에 따라 이렇게도 보이고 저렇게도 보이는 것이 세상사의 이치이자 인간의 삶이기 때문에 옳고 그름은 확고부동한것이라고 할 수 없는 것입니다.

즉 옳은 것을 옳게 보고 그것을 옳게 생각하며 실천한다는 것이 문제가 아니라, 그 옳음을 절대적인 것으로 고집하면서 그것을 받아들이지 않는 상대는 무조건 옳지 않다는 생각과 의견을 고집한다는 것이 문제라는 말이지요.

그래서 인간에게는 '진리 앞에서 겸손할 수 있는 자세'가 필요한 것입니다.

예컨대, 옛날에 인간은 지구가 평면이고 그 위로 태양이 떠올라서 서 편으로 진다고 생각했지요. 그리고 그것을 절대진리로 인정하지 않는 사람들은 처형당하기도 했지요. 그러나 세월이 흘러 지구가 둥글다는 사실과 스스로 자전하면서 태양을 공전하는 일개 행성에 불과하다는 사실이 인간에게 알려지면 옛 진리는 무너졌습니다.

지금도 우리가 모르는 일은 너무나 많습니다. 그리고 지금까지 진리로 알려진 것들은 언제 오류로 밝혀질지 아무도 모릅니다. 그러니까 여러분은 자신의 생각과 의견을 지나치게 고집하지 말고 진리 앞에 겸손하면 좋을 것입니다.

한토막 이야기 한국사

영의정 성석린이 곤란한 순간을
거짓말로 모면한 일화의 교훈

조선 태종 때 영의정 성
석린成石璘 때문에 생겨난
'함흥차사咸興差使'라는 유
명한 일화가 지금까지 구
전口傳되어온다. 그 당시
태종은 함흥에 칩거하던

성석린묘소 (경기도 포천)

태조 이성계를 모셔오라고 함흥으로 차사差使를 연달아 파견했지
만 매번 허탕만 치고 돌아왔다. 이성계가 함흥에 칩거한 까닭은
정치에 대한 환멸감 때문이었다. 1396(태조7) 세자 방석芳碩이 이
른바 '왕자의 난'에 휘말려 사망하자 정치에 환멸을 느낀 이성계
는 왕위를 둘째 아들 방과芳果(조선 제2대왕 정종定宗)에게 넘겨주었
다. 그러고도 격분을 삭히지 못한 이성계는 고향 함흥으로 가서
칩거해버렸다. 1398년부터 1400년까지 단 2년간 재위한 정종은
말이 왕이지 언제나 동생 정안대군 방원芳遠의 눈치를 살펴야 할

정도로 나약한 임금이었다. 그런 왕위마저도 은근히 강요하는 방원에게 넘겨주고 말았다. 그렇게 조선 제3대왕에 등극한 방원은 이성계의 다섯째 아들이었다. 그런데 문제는 실질적인 임금노릇을 한 방원에게는 임금의 상징인 옥새가 없었다. 왜냐면 이성계가 옥새도 함흥으로 가져가버렸기 때문이다. 그래서 방원이 차지한 왕위에는 명분이 부족했고, 그것을 늘 불안하게 여긴 방원은 어떻게든 이성계와 부자관계를 회복하여 옥새도 물려받고 싶었다.

그리하여 태종은 이성계를 한양으로 모셔올 사람을 물색했다. 그때 영의정이던 성석린이 군신지간君臣之間의 도리를 다하기 위해 함흥으로 가겠다고 자청하여 태종의 윤허允許를 받았다. 그러나 성석린은 아무리 자청했더라도 까딱 잘못하다가는 목숨을 잃을 수도 있었기 때문에 고심할 수밖에 없었다. 그래서 생각해낸 묘안이 망아지 딸린 암말 한 필을 함으로 가져가는 것이었다. 그렇게 망아지와 암말을 끌고 수행원들과 함께 함흥으로 간 성석린은 호랑이보다 더 무서운 이성계를 만났다.

이성계보다 세 살 어린 성석린은 당장에는 이성계와 군신지간이었지만 지난날 이성계를 용상에 올리는 데 공을 세운 9공신에 속했을 정도로 이성계와 막연한 관계였다. 그러나 어느덧 서로의 위상이 달라져서 성석린은 자신을 영의정에 제수한 태종에게 충성할 수밖에 없었다. 그런 상황에서 성석린은 태종의 명을 받아 함흥으로 와서 이성계를 만나기는 했지만 그 만남은 고양이와 쥐가 마주친 격이나 마찬가지였다.

이성계는 성석린이 무엇을 얻으러 왔는지 잘 알았다. 그때 성석린이 강 건너 숲에 남겨둔 어린 망아지가 어미말을 찾는 울음소리가 처절하게 들려왔다. 그러자 성석린이 이성계의 집으로 데려와서 마당에 매어둔 어미말이 망아지에게 울음으로 답했는데, 그 울음소리가 어찌나 애절한지 이성계도 한참 말없이 있다가 이윽고 입을 열었다.

"그대는 지금 막중한 영의정 자리를 한 시각도 비울 수 없을 터인데 어찌하여 한가로이 이곳까지 왔느냐?"

이성계의 하문에게 당황한 성석린은 벌벌 떨면서 떠듬떠듬 대답했다.

"전하. 전하께서 계시지 않은 틈에 소신은 영상자리를 내어놓고 지금 은 한가로운 시간을 보내는 중이옵니다."

이 말을 들은 이성계는 그간의 사정을 잘 몰라서 반신반의하다가 다짐하듯 재차 성석린에게 물었다.

"정말 그래서 이곳까지 왔는가?"

그러자 성석린은 자신의 결백을 증명하기 위한 거짓말을 꾸며대기 시작했다.

"전하께옵서 정말이냐고 하문하시오니, 어찌 소신이 하늘같은 전하께 거짓을 고하리까? 만약 소신이 전하께 지금 올리는 말씀이 거짓이라면 후일 소신의 자손이 모두 장님으로 태어날 것이옵니다."

이성계는 이렇게까지 무시무시한 언약을 하는 성석린을 믿기로 했다.

그리고 이성계가 성석린에게 물었다.

"마당에 매어놓은 말이 어찌 저렇게 우느냐?"

그러자 성석린이 대답했다.

"젖먹이 망아지는 강을 건널 수 없어 저 건너 숲에 놓고 왔나이다. 아마 저 말 못하는 미물인 망아지도 모자의 정이 그리워 저렇게 우는 것으로 아옵니다."

그러자 눈치 빠른 이성계는 성석린의 의중을 금방 알아차렸다. 이윽고 이성계는 성석린의 충성심을 갸륵히 여겨 함께 한양으로 돌아왔다.

그런데 한양에 도착한 이성계는 믿었던 성석린에게 자신이 속았다는 것을 알아차렸다. 분노한 이성계는 성석린을 자신에게 보낸 아들 방원의 소행을 용서할 수 없었다. 이성계는 그것 뿐 아니라 여러 가지 빌미를 만들어 다시 함흥으로 돌아갔다. 그러면서 이성계는 다시는 누구에게도 속지 않을 것이고 또 자신을 속이는 자는 살려두지 않겠다고 굳게 다짐하면서 함흥에서 칩거했다.

그러나 여전히 옥새를 넘겨받지 못한 태종의 심사는 답답하기 그지없었다. 그래도 방원은 줄기차게 함흥으로 차사들을 파견했지만 그들은 가는 족족 실패하고 돌아왔다. 일설에는 많은 함흥 차사들이 죽었다고 전해지지만, 실제로는 박순朴淳 한 명만 희생됐다고 한다.

박순은 충성스런 신하였다. 그는 1388년(고려 우왕 14) 고려군대가 요동 정벌에 나섰을 때 이성계의 휘하에서 종군했고, 위화도회군에 앞서 이성

충신박순단비 (경기도 고양)

계의 명을 받아 회군승인을 얻기 위해 제일 먼저 우왕에게 갔으며, 1392년 조선이 개국開國하자 상장군이 되었다.

태종이 그렇듯 누차에 걸쳐 함흥으로 차사를 보내어 이성계에게 귀궁歸宮하기를 청했지만 이성계는 요지부동이었다. 그런 태종의 딱한 처지를 신하로서 모른 채하고만 있을 수 없던 충신 박순도 차사가 되기를 자원하여 함흥으로 가서 이성계에게 귀궁하기를 간곡히 청했다. 그의 청을 차마 못이긴 이성계가 마침내 돌아가겠다고 말했다. 그렇게 이성계로부터 귀궁하겠다는 확약을 거듭 받은 박순은 귀로에 올랐다.

그런데 한양으로 돌아가던 박순은 불행히도 갑자기 병에 걸리는 바람에 시간을 많이 지체하게 되었다. 그때 함흥에는 이성계에게 여전히 충성하는 무장들이 많았다. 그들은 박순을 처치하자고 강경하게 주장했다. 일찍이 그들에게 약조한 바가 있던 이성계는 그리하지 말라고 그들에게 강경하게 말할 수 없었다. 그렇게 오랫동안 침묵하던 이성계가 입을 열었다.

"박순에게 지금까지 충분한 시간을 준 셈이니 용흥강龍興江(함흥에서 한양으로 가는 길목에 있는 강)을 기준으로 박순이 용흥강을 이미 건넜으면 살려두되 만약 건너지 않았으면 죽여도 되리라."

그러자 무장들은 박순을 추적하기 시작했다. 그때 급병急病에 걸려 많은 시간을 지체한 박순은 겨우 나룻배를 탔다. 그런 박순을 발견한 무장들은 박순이 아직 강을 건너지 못했다고 판단하고 "어명이요!"라고 외치면서 배를 세워 박순의 목을 쳐버렸다.

태종은 박순의 충성을 높이 평가하여 박순의 식솔들에게 관직과 토지를 하사하면서 자손들을 관직에 등용하라고 하명했고, 남편의 부음訃音을 듣고 자결한 부인 장흥長興 임任氏에게는 묘지를 내렸으며, 박순의 고향(경기도 고양시 감천)에 충신忠臣과 열녀烈女를 기리는 정문旌門 두 개를 세우게 했다. 오늘날 부사문촌婦死文村으로 불리는 그곳에는 훗날 송시열, 민유중閔維重(인현왕후의 친정아버지), 홍석주洪奭周, 김재찬金載瓚 등이 지은 묘표墓表와 상량문上樑文과 제문祭文 등이 남아있다.

그러나 박순과 달리 성석린은 거짓말을 해서라도 이성계를 귀궁시킬수는 있었다. 물론 그러기 위해 성석린은 이성계에게 "만약 소신의 말이 거짓이라면 소신의 자손이 모두 장님으로 태어날 것이옵니다"라는 무시무시한 장담을 해버렸다. 그런데 그런 장담이 단순한 설득용 허언은 아니었던 듯하다. 실제로 그의 후손들 중 여러 명이 장님으로 태어났다고한다. 그래서 하늘의 뜻으로 탄생한다는 일국의 임금에게 성석린이 한 약속은 결국 하늘에 한 약속이니만치 성석린이 아무리 불가피한 상황에서 거짓말을 했어도 그 응보는 피치 못했다는 말도 전해지는 것이리라.

그리하여 성석린의 큰아들 성지도成至道와 손자 성귀수成龜壽도 젖먹이 때 모두 졸지에 두 눈이 멀어버렸다고 전해진다.

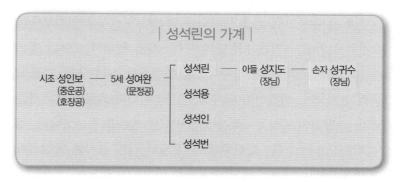

| 성석린의 가계 |

시조 성인보
(중윤공)
(호장공)
— 5세 성여완
(문정공)
— 성석린 — 아들 성지도 — 손자 성귀수
　　　　　(장님)　　　　(장님)
　성석용
　성석인
　성석번

민주주의를 이해하고 민주의 나무를 키워갑시다

원시사회에서는 강력한 육체적 힘을 지닌 자가 지도자가 되었습니다.

육체적으로 약한 자는 옳든 그르든 힘센 지도자의 말을 순종하고 따를 수밖에 없었습니다. 그러나 인간사회가 발달하여 많은 경험과 지식이 축적되고 활용되면서 힘만 센 자보다는 지식과 경험을 많이 겸비한 슬기로운 자가 지도자가 되는 경우가 많아졌습니다. 경험과 지식이라는 새로운 능력들이 육체적 힘을 이기고 군림하게 된 것입니다. 그러다가 근세로 접어들면서 정치의 힘(관권)과 자본의 힘(금권)이 어우러져 새로운 힘으로 등장했습니다. 그런데 문제는 그런 힘들은 사회를 발전시키는 데 쓰이기보다는 그것들을 가진 개인이나 집단의 사리사욕을 위해서 쓰이는 경우가 많았다는 것입니다. 역사적으로 봉건사회, 군주사회, 나폴레옹의 전제국가, 히틀러의 나치국가, 무솔리니와 프랑코의 파시즘국가, 스탈린의 공산독재국가 등에서 그런 예들을 발견됩니다.

그래서 오늘날에는 민주주의, 민주제도, 민주정치를 발전시켜서 어느 개인이나 소수집단이 힘들을 독점하지 않도록 행정부(정부), 입법부(국회), 사법부(법원)로 분산시키고, 선거를 통해 다수국민의 동의를 받아 법의 테두리 안에서 국민을 위해 그 힘들을 행사하도록 함과 동시에 국민의 감시와 심판을 받도록 하게 된 것입니다.

이런 민주정치의 원리가 잘 운영되면 권력은 부패하지 않고 모두가 사회발전과 국민복지를 위해 일할 수 있게 될 것입니다.

여기서 중요한 것은 국민의 선택과 국민의 지원 그리고 국민의 지혜로운 힘입니다. 국민이 선거를 통해 나랏일을 맡을 사람들을 뽑을 때 잘 판단하여 올바른 사람을 뽑을 수 있어야 하고, 일단 선택한 사람들에게 일을 맡기면 그들을 전폭적으로 신뢰하고 그들이 일을 잘 할 수 있도록 마음으로부터 그들을 지원해야 좋을 것입니다.

옳지 못한 일을 하면서도 그 때문에 자기의 이름을 더럽히지 않을까
두려워하는 것은 간교하고 어리석은 일이다.
그런 마음가짐으로 남을 속일 수는 있더라도
결국은 더욱 옳지 못한 일을 하게 된다.

지극한 효성으로 아비를 구한 딸
김취매의 슬기와 끈기

옛날 충청도 공산현의 아전衙前 김성달金聲達은 산성에서 환곡창고를 지키는 일을 했다. 그러던 어느 날 그는 장부를 고쳐서 쌀 사백 석을 훔쳤는데, 그것이 들통이 나서 몇 년간 옥살이를

공산현

했고, 또 그의 죄에 연루되어 집안이 박살난 그의 족속도 수십 명이었다.

그때 관찰사 홍공이 장차 법에 따라 그를 처형하고자 장계를 써서 문서로 봉하여 그날로 조정으로 보내려고 했다. 그런데 밤중에 한 소녀가 관사로 찾아와서 문을 두드리며 매우 슬피 울었다. 비장裨將이 괴이하게 여겨 물으니 그녀가 바로 김성달의 딸 취매翠梅였다. 그녀는 호소장 한 장을 들고 와서 울며 말했다.

"비옵건대 제 아비를 살려주소서."

그녀의 호소장에 적힌 내용이 찬찬하고 자세하며 슬퍼서 비장이 차마 읽을 수 없을 정도였다. 그러나 이미 어쩔 도리 없는 상황이었다. 그래서 비장은 결국 확답 대신에 둘러대는 말로 소녀를 달래서 돌려보냈다.

이튿날 홍공은 남녀백성 수백 명이 관아의 뜰로 몰려와서 시끌벅적한 광경을 목격했다. 그들의 맨 앞에는 머리카락을 풀어헤친 한 소녀가 있었는데 전날 밤 관사를 찾아와서 읍소하던 취매였다. 그녀는 곧장 섬돌에 올라서서 큰소리로 외치기 시작했다.

"저는 감옥에 갇힌 김성달의 딸입니다. 비옵건대 은혜를 베푸시어 제아비를 살려주소서!"

얼굴빛을 바꾸고 소녀의 호소를 듣던 홍공이 그곳에 모인 백성들에게물었다.

"너희들은 누구냐?"

그러자 백성들이 대답했다.

"성달이 나라의 곡식을 훔친 죄는 죽어도 아까울 것이 없사옵니다. 저희들이 그 친척붙이들은 아니오나 그 딸의 정황이 하도 불쌍한 까닭에 사람마다 곡식 한 가마씩 내었더니 모두 수백 가마나 되었사옵니다. 바라옵건대, 이것으로 그의 죽음을 없이하여주시옵소서."

홍공이 말없이 한참 있다가 말했다.

"내가 장차 생각하여 처리하겠노라."

백성들은 곧 물러갔지만 취매는 여전히 땅바닥에 엎드려 눈물을 흘리며 물려가려고 하지 않고 말했다.

"비옵건대 은혜를 베푸시어 제 아비를 살려주소서."

그러자 곁에 있던 사람들이 전날 밤의 일을 홍공에게 자세히 아뢰었다. 측은하게 여긴 홍공은 장계를 파기하고 조정에 올리지 않았다.

그렇게 아비를 구한 취매는 아비가 처음 옥에 갇힐 때부터 아침저녁으로 직접 음식을 가지고 옥으로 찾아가서 아비에게 주었다. 몇 년을 마치 하루같이 그리했다. 그러던 어느 날 자신이 죽게 되었다는 소식을 들은 아비는 그날부터 아무 것도 먹지 않았다. 그러자 취매는 머리를 감옥의 문에 부딪치며 말했다.

"음식을 드시지 않으시려거든 저를 먼저 죽게 해주셔요."

취매는 이렇게 속여 꾸미는 말로 아비를 달래보았지만, 아비는 그 음식을 바라보기만 할 뿐 곧 내놓았다. 그때부터 취매는 백성들에게 곡식을 얻으려고 밤낮으로 미친 듯이 돌아다녔다. 그녀는 수백 집을 두루 찾아다니며 애걸하여 사람들의 마음을 감동시켰다.

그런데 이런 취매의 일화와 흡사한 일화가 중국에도 전해진다.

중국의 한漢나라 문제文帝 때 제영緹縈이라는 효녀가 있었다. 어느 날 그녀의 아비 순우의淳于意가 죄를 저질렀는데, 그녀는 아비의 죄를 대신하여 노예가 되기를 원한다는 편지 한 장을 써서 아비의 형벌을 면하게 했다고 한다. 한나라에는 조아曹娥라는 효녀도 있었다. 어느 날 그녀의 아비 우盱가 물에 빠져죽었는데 그 시체를 찾지 못해서 17일 동안이나 밤낮으로 강가에서 울던 그녀는 자신도 죽고자 강물로 뛰어들었다.

그런데 그녀는 닷새 만에 아비의 시체를 끌어안고 강물에서 나와서 많은 칭송을 받았다고 한다.

그러나 취매는 한마디 말로 백성 수백 명을 능히 감동시켰고 하루아침에 곡식 수백 가마를 얻어서 아비의 죄를 벗게 만들었다. 이런 취매의 효성은 제영이나 조아의 효성과 견주어보아도 우열을 가리기가 어려울 것이다. 그렇듯 열일곱 살 나이로 아비를 구한 슬기와 끈기를 겸비한 효녀 취매의 행적은 앞으로도 사람들에게 많은 교훈을 줄 것이다.

남을 사랑하는 마음이 풍부했던 옛 사람들에 비해
요즈음 사람들은 남을 미워하는 마음이 강하다.
남을 사랑하면 그 때문에 상대방도
자기에게 애정을 느끼면 자기의 말에
귀를 기울이게 된다.

의리와 약속은 지켜질 때 아름답다

의로운 다모, 김 소사의 행신

김 소사召史(평민 이하 여성에 대한 호칭)는 한성부
漢城府의 다모茶母였다.

김소사

임진년(1832)에 경기도와 호서지방과 황해도에
큰 기근이 들었다. 한성부에서는 밀주제조를 금
지하는 명령을 내렸고, 어기는 자는 죄의 경중을
가려 유배를 보내거나 벌금
을 물리거나 했다. 밀주제
조자를 일부러 감춰주고 체
포하지 않는 아전에게도 벌
을 내리고 용서하지 않았
다.

김소사

그러자 죄인으로 몰릴까
봐 전전긍긍하던 아전들은 급기야 백성들로 하여금 밀주제조자
를 자신들에게 밀고토록 했고, 밀고자에게는 벌금의 2할을 나누

어주었다. 그랬으니 밀고자들이 아주 많았고 그런 덕분에 아전들은 밀주제조자를 귀신같이 적발할 수 있었다. 하루는 한성부 아전들과 관원들이 남산 아래 어느 골목의 외진 곳에 몸을 숨겼다. 그리고 다모를 불러 다리 곁의 몇 번째 집을 가리키며 말했다.

"저기는 양반집이라서 우리가 감히 곧바로 쳐들어갈 수 없다. 네가 우선 집안에 들어가 버려진 것까지 수색해보고 밀주제조자를 잡았다고 크게 외쳐라. 그러면 우리가 곧 좇아 들어갈 것이다."

다모는 관원들이 시키는 대로 했다. 까치발을 하고 들어가 집안 깊숙한 곳까지 수색했다. 그러다가 다모는 새로 빚은 막걸리가 담긴 석 되들이쯤 되는 단지를 발견했다. 다모가 그 술단지를 안고 나오려는데 주인 할미가 놀라고 겁에 질려 땅에 엎어졌다. 할미의 눈자위는 빛을 잃었고 입가로는 침이 흘렀으며 사지는 마비되었고 얼굴은 파랗게 질렸는데, 기절한 것이었다. 다모는 술단지를 버리고 할미를 안았다. 그리고 급히 더운물을 가지고 와서 할미의 입에 넣어주었더니 잠시 후 할미가 깨어났다. 그제야 다모는 꾸짖었다.

"조정의 명이 어떠한데, 양반으로서 금령을 어기다니 어찌 된 일이오?"

주인할미는 사죄하며 말했다.

"우리 집 노생원님이 본디 숙환이 있어 아무것도 마시지 못하고 있다네. 곡기를 통 넘기지 못하니 병이 더욱 심해지셨다네. 가을부터 겨울까지 끼니를 잊지 못한 것이 여러 날이었는데, 어제 쌀 몇 되를 얻어 와서는 노인네 병구완을 해볼 요량으로 송구스러움을 무릅쓰고 금령을 어기게 되었네만, 어찌 들킬 거라고 생각이나 했겠는가? 부디 보살님 같은 착한마음으로 내 사정을 좀 측은히 봐주게나. 그 은혜는 결코 잊지 않겠네."

다모는 할미가 불쌍하다는 생각이 들어 단지 속의 술을 두엄의 잿더미에다가 쏟아버리고는 사기주발 하나를 들고 문을 나왔다. 그러자 관원들이 물었다.

"그래, 밀주 빚은 자를 잡지 않았는가?"

다모는 웃으며 말했다.

"밀주 빚은 자를 잡기는 고사하고 장차 초상을 치르게 생겼우."

그리고 곧장 콩죽 파는 가게로 가더니 콩죽 한 주발을 사서 돌아와 할미에게 주면서 말했다.

"마님 댁에서 밥을 못해 드신다니 제가 불쌍해서 드리는 겁니다."

그리고는 밀주 담근 걸 누가 아느냐고 다모가 묻자 할미가 대답했다.

"쌀도 이 늙은이가 찧었고, 누룩 섞은 것도 이 늙은이만 알지. 이 늙은이가 이 집을 지켰고, 다른 사람들은 아무도 모른다네."

"정말 그렇다면, 이 술을 누구한테 판 적은 있는가요?"

"이 늙은이가 노생원님 병구완 하느라 술을 담갔을 뿐이라네. 술단지도 겨우 몇 주발 들 갈 정도 크기밖에 안 되는데, 만일 다른 사람에게 판다면 장차 얼마나 남아서 우리 노생원님께 드리겠는가? 하늘의 해를 두고 맹세컨대 진실로 거짓이 아니라네."

"정말 그렇다면, 그 술을 맛본 사람도 없는가요?"

"젊은 생원님인 우리 시숙이 어제 아침에 성묘하러 가는데, 가난한 집에 양식이 없어 아침밥도 못 지어드리고 빈속으로 떠나게 생겨서 내 손으로 한 사발을 권했네만, 그밖에 다른 사람에게는 준 적이 없다네."

"감히 여쭙습니다만, 젊은 생원님과 늙은 생원님은 한 어머니에게서 난 형제인가요?"

"그렇다네."

"젊은 생원의 나이는 어느 정도인가요? 얼굴 생김새는 어떠하며 몸은 살쪘는지 말랐는지요? 키는 몇 척인지요? 수염은 얼마나 났는지요?"

할미는 다모가 묻는 말에 일일이 대답해주었다. 그러자 다모가 말했다.

"잘 알았습니다."

그리고 다모는 밖으로 나와서 관원에게 말했다.

"양반집이라 정말 밀주 같은 건 없었소이다. 주인마님이 나를 보고 놀라 기절했는데, 내가 마님을 겁주어 죽게 한 건 아닌가 걱정이 되어 깨어나기를 기다렸다가 이제 막 나온 거라오. 그래서 늦었을 뿐이오."

다모가 관원을 따라 한성부로 가는 길에 젊은 생원이 뒷짐을 지고 네거리에서 어정대며 관원이 돌아오기를 기다리고 있었다. 그의 용모는 주인할미가 말했던 것과 똑같았다. 다모는 그의 뺨을 때리고는 꾸짖었다.

"네가 양반이냐? 양반이라는 자가 형수가 밀주를 빚었다고 일러바쳐서 고발하고 벌금을 받아먹으려 한단 말이냐?"

이렇게 다모가 생원을 꾸짖는 소리에 놀란 길거리 사람들이 두 사람 주위에 울타리처럼 둘러서서 구경했다. 그때 관원이 다모에게 말했다.

"너는 어찌하여 주인할미의 꼬드김에 넘어가서 나를 속이고 밀주 빚은 것을 몰래 숨겨주려 하고서는 도리어 알려준 사람을 꾸짖는단 말이냐?"

그리고 관원은 곧장 다모를 붙잡아 주부主簿 앞으로 끌고 가서 사실을 고했다. 주부가 다모를 다그치며 묻자 다모는 정황을 설명했다. 그러자 주부는 일부러 노한 척하며 말했다.

"너는 밀주 빚은 죄를 숨겨주었으니 용서하기 어렵다. 태형笞刑 스무대에 처한다!"

그리고 유시酉時에 관아가 파하자 주부는 조용히 다모를 불러 엽전 열꿰미를 주며 말했다.

"네가 국법을 어긴 자를 숨겨준 사실을 내가 용서하면 법의 기강이 바로 서지 않을 것이었다. 그래서 태형을 내린 것이다. 그러나 넌 의로운 사람이다. 내가 그것을 가상히 여겨 상을 주는 것이다."

다모는 상금을 받아들고 밤에 남산 아래 그 양반집으로 가서 주인할미에게 주며 말했다.

"내가 상관에게 거짓으로 고했으니 태형을 당한 것은 당연한 일이오.

그러나 마님께서 밀주를 빚지 않았다면 내가 어찌 상금을 탈 수 있었겠소? 그러니 상금을 마님께 드리는 것이오. 내가 보건대, 마님께서는 너무 가난하니 이 천 냥을 받아서 절반은 땔감을 사고 절반은 쌀을 사면 족히 겨울을 나고 굶주림과 추위를 면할 수 있을 것이오. 그러니 다시는 밀주를 빚지 마시오."

주인할미는 부끄러워하기도 하고 기뻐하기도 하면서 고마워했다.

"참으로 그대가 나를 가련히 여겨 베풀어준 은혜로 벌금을 면하는 것만으로도 족하거늘, 무슨 낯으로 그대의 상금을 받겠는가?"

주인할미는 이렇게 말하고 한참 동안이나 돈 받기를 사양했다. 그러나 다모는 주인할미 앞에 그 돈을 몽땅 던져두고는 뒤도 돌아보지 않고가버렸다. (송지양宋持養,「다모전茶母傳」,『낭산문고朗山文稿』.)

인정이 없는 것으로 안정이 있는 것을
움직이려고 하면 반드시 실패를 면하지 못한다.

자신만 생각하는 사람이 되지 맙시다

　친구를 사귈 때 친구의 처지나 감정은 아랑곳하지 않고 자기만 위해 달라는 사람들이 있습니다. 그런 사람들은 대체로 어렸을 때부터 너무 지나치게 응석받이로 키워져서 그 버릇을 버리지 못한 사람들일 것입니다. 그들이 받은 상처를 극복하지 못하고 그것에 너무 집착하면 타인의 어려움이나 상처를 진정으로 이해하고 받아들이지 못하는 사람들이 될수도 있습니다. 친구를 사귀고 다른 사람들과 어울려 살아야 하는 사회생활에서 이런 태도나 버릇은 친구나 지인들과 멀어지는 요인으로 작용하여 여러 가지 곤란을 유발할 것입니다.

　자신만 생각하다가 보면 남을 생각할 여유를 잃어버리기 때문에 상대방은 섭섭하게 여길 것입니다. 그래서 자신만 위해달라는 사람과 친구의 우정도 금이 갈 것입니다.

　세상 사람들 모두 저마다 좋은 것과 좋은 자리만 독차지해야 한다고 여기면서 자신만 생각한다면 세상이 어떻게 되겠습니까? 아수라장이 되지 않겠습니까? 서로 다투고 서로 빼앗으려는 난장판이 되지 않겠습니까?

그래서 우리는 '오로지 자신만!' 위하는 이기심을 버려야 합니다. 물론'자신을 생각한다'는 것이 나쁜 것일 수는 없습니다. '자신'은 곧 '자신 삶 의 주체'이기 때문입니다. 그러나 '자신만 생각한다'는 것은 결코 좋은 것일 수 없습니다. 자신만 생각하면 타인들 즉 친구나 이웃의 존재가 사라지기 때문입니다.

　자신을 생각하는 만큼 친구를 생각할 수 있어야 합니다. 자신이 소중한 만큼 타인도 소중하다는 것을 알아야 합니다.

　자신보다 타인을 더 생각하고 소중히 여겨야 한다고는 말하지 않겠습니다. 그것은 봉사와 희생의 고귀한 차원이라서 실천하기 쉽지 않기 때문입니다. 저의 부탁은 여러분이 자신을 생각하는 만큼 친구나 이웃을 생각할 수 있는 인간으로 살아달라는 것일 따름입니다.

세상에는 남에게 자랑할 만한 것이 하나도 없다.
그래서 누구나 겸손해야 한다.

한토막 이야기 한국사

정의를 외면하는 수수방관袖手傍觀은
독침보다 무섭다

수수방관이라는 말은 '소맷자락에 손을 넣고 보고만 있다'는 뜻
으로 풀이된다. 즉 어떤 일에도 상관하지 않는다는 표현이다.

인간의 삶이란 결국 다양하고도 연속적인 인간관계 속에서 역
시 다양한 욕구들을 충족시키려고 노력하는 과정이기도 할 것이
다. 그 과정에서 부딪히는 문제들을 앞에 둔 사람에게는 옳은 것
과 그른 것을 판별하고 그런 이유를 따져볼 수 있는 올바른 판단
력과 합리적인 사고가 필요할 것이다.
그래야만 어떤 문제나 사태를 직면해도

남이장군묘비(경기 화성시)

유자광묘소(전북 남원)

그것들을 해결하는데 필요한 이치를 따져보고 합리적인 의사결
정을 할 수 있을 것이기 때문이다.

지금으로부터 540년 전 조선 제8대 임금인 예종 때 조정은 권
력다툼에 휩싸여 살얼음판 같은 나날을 보내고 있었다. 그럴 때
남이南怡, 강순康純, 유자광柳子光이 실타래 같이 얽히고설키며 사
건이 발생했다. 그 사건은 생사의 갈림길로 고단한 세월이 흐르
는 가운데 간악한 마음과 권모술수로 무장한 간신의 입에서 발단
되었다.

1457년(세조3년) 무과에 급제한 남이(태종의 외증손자이자 권신權臣
권람權擥의 사위)는 이시애李施愛의 난亂을 진압하고 건주위建州衛의
여진족女眞族을 정벌할 때 서정장군西征將軍 강순 휘하에서 우장군
右將軍을 맡았다. 선봉에 서서 소임을 다한 남이는 세조의 각별한
총애를 받고 적개공신 공훈1등에 책록되어 26세 약관에 병조판
서에 제수되었다. 많은 백성들과 조정대신들의 부러움을 한 몸에
받다가 청천벽력처럼 불운한 운명 앞에 무릎을 꿇고 사라진 젊은
남이는 자신의 운명을 예견했을지
도 모른다.

13년간 재위하면서 철권통치를
실시한 세조에게는 예종이 세자일
때 마음속으로 마땅찮게 여긴 젊은
인물이 둘 있었는데, 한 명은 세조
의 조카이자 예종의 사촌인 귀성군
龜城君 이준李浚이었고 다른 한 명은
병조 판서로 재임할 세조의 각별한

귀성군이준묘비(경기 고양시)

신임을 받던 남이 장군이었다.

세조가 승하하고 왕위에 오른 예종은 영의정 귀성군 이준(예종 원년에 경상도 영해부로 유배되어 10년 후에 사망)을 몰아내고 이시애의 난을 평정한 강순(당시 79세)에게 영의정을 제수하고 남이를 제거해야겠다는 마음을 굳히고 있었다.

때마침 간신 유자광(당시 정5품 병조정랑)은 예종의 심중을 헤아린 듯 예종에 접근했다. 유자광은 서출庶出이라는 운명적인 자신의 신분 때문에 항상 마음 깊이 불만을 품고 살면서 누군가를 희생시켜야만 출세할 명분을 얻을 수 있다고 여기던 인물이었다.

그리하여 유자광은 역모라는 명분을 가지고 예종에게 고변할 것이 있음을 알렸다. 그것이 바로 남이가 자신의 뒤바뀐 운명을 원망하면서도 어찌할 도리 없이 생의 최후를 감수해야만 했던 슬픈 역사의 서막이었다. 간신 유자광의 고변은 자신이 이시애의 난을 진압하고 건주위를 정벌할 때 우장군 남이의 휘하에서 종군했다는 말로 시작되었다.

삭풍이 몰아치는 국토의 변방에서 남이는 국가의 운명을 지키려는 소명을 마음 깊이 새기던 어느 날 밤 두만강 강변에서 남아의 기개와 포부를 시로 읊었다. 그날 밤 읊은 시가 훗날 남이를 죽음을 부르는 불씨가 될 줄 아무도 몰랐다. 그 시의 "남아이십 미평국(未平國)"이라는 구절을 유자광이 "남아이십 미득국(未得國)"으로 왜곡하여 예종에게 고변했던 것이다.

남이의 죽음을 부른 또다른 불씨는 혜성彗星사건이었다. 남이가 유자광을 각별히 여겨 술자리를 자주 열 무렵, 어느 날 밤하늘에 갑자기 혜성이 나타나자 남이가 "제구포신지상除舊布新之上"이라고 말했다. 그것은 "옛것은 가고 새것이 올 징조이니 위로는 임금께 충성하고 백성들께는 훌륭한 지도자가 되자"는 뜻으로 한 말이었다. 그런데 유자광은 그 말을 "옛것은 임금이요 새것은 남이 본인이다"고 풀이하여 예종에게 고해버렸던 것이다.

예종은 그 기회를 놓치지 않고 남이에게 바로 형벌을 내렸다. 남이는 영문도 모르고 국문청에 끌려와 변명의 여지도 주지 않는 형리들에게 극심한 고문과 형벌을 받았다. 고통을 못 이긴 남이는 비명을 지르면서도 자신이 어느 정도 예견했던 함정에 걸려 빠져나올 수 없다고 직감했다. 그때 남이는 임금 바로 옆자리에 서있는 영의정 강순을 발견했다.

남이는 전쟁터에서 생사고락을 함께한 강순에게 진실을 밝혀서 유자광의 모함을 벗어나게 해달라고 요청했다. 그러나 강순은 남이의 비명을 들으면서도 관복도포에 손을 집어넣고 서서 자신도 혹시 역모사건에 연루될까 염려하며 마음을 졸이던 터라 고개를 돌리고 남이의 요청을 못들은 척해버렸다.

일인지하만인지상의 지위에 있는 강순의 태도를 야속하게 느끼는 남이를 향한 예종의 호령소리는 높아갔고, 이글거리는 인두가 자신을 지져댈 것을 예견한 남이는 마지막으로 강순에게 "여든 살이나 되신 대감께서는 무슨 미련이 남아 옳고 그름을 밝히지 못하시오?"라고 외쳤다.

그래도 강순은 반응하지 않자 남이는 마음을 굳게 닫아버렸다. 강순 같은 우유부단한 위인은 영의정자리를 지키지 못할 사람이라고 판단한 남이는 상감에게 모든 것을 실토하겠다고 선언했다. 그리고 남이는 "나는 역적모의를 여러 해 전부터 추진해왔으며 동조자는 바로 상감 옆에 서있는 영의정 강순이외다!"라고 고변하고는 즉각 자신의 혀를 깨물어 잘라 버렸다. 강순은 아니라고 극구 변명했지만 그것은 받아들여지지 않았고 사건이 종결될 때까지 수십 명의 애매한 신하들이 죽어나갔다. 역사는 이 사건을 '강순 모반사건'이라고 했으니 후인들은 이 사건을 다시없는 교훈으로 삼았을 것이다.

그러나 540년이 지난 오늘날에도 수수방관하는 사람들은 사라지지 않고 있다. 불량청소년을 못 본 척하고, 잘못되어가는 정치판을 그저 방관하며, 향락에 빠져 허우적거리는 사회를 방관하는 것은 바람직한 일이 아닐 것이다.

우리 모두는 정의를 바탕으로 삼는 올바른 마음가짐을 몸소 실천하여 후세에 부끄럽지 않게 넘겨줄 수 있는 유산을 마련해야 할 것이다.

자기가 지혜로운 체하면 할수록
다른 사람은 어리석게 보인다.
자기가 뛰어난 체하면 할수록
다른사람은 더욱 초라하게 보인다.

불의와 부정에 정당하게 맞섰던 의녀
유혈낭자한 을사사화의 원흉 정순붕과
노비 갑甲의 이야기

　정순붕鄭順朋은 이기李芑와 함께 갖은 음모를 꾸며 반대자들을 처단하고 가신의 세력을 확장하여 을사사화의 원흉으로 지목받았다. 정순붕의 아들 정렴鄭磏은 을사사화 당시 정순붕이 윤원형의 수족이 되어 많은 사람을 죽이자 울면서 악행을 중단하라고 정순붕에게 극구 간하며 말렸다. 그러자 정순붕이 대꾸했다.

　"그러나 만일 내가 지금 가만히 있거나 저쪽 편을 들면 한 집안이 다 멸망하는 화를 당할 것이니, 내가 불행히도 이런 큰 변을 당하여 어찌할바를 모르겠다."

　정순붕도 자신이 저지르는 행동의 의미를 분명히 알았던 것이다. 그는 권력을 흠모하여 악행을 저지르면서도 자신이 누리는 권력을 두려워했다.

　정순붕은 1484년(성종 15) 헌납獻納 정탁鄭鐸의 아들로 태어났다. 정순붕의 할아버지는 지평持平 정충기鄭忠基였고 형은 형조판서 정백붕鄭百朋이었으며 아내는 양녕대군의 후손인 봉양부정鳳陽副

正 이종남李終南의 딸이었다. 정순붕은 1504년(연산 10) 별시문과에 병과로 급하여 사림과 교유하던 중 1516년(중종 11) 조광조趙光祖, 박상朴祥, 김정金淨 등과 같이 사유師儒로 선발되었고, 이어 이조판서 송천희宋千喜의 천거로 장령掌令에 임명되었다. 정순붕은 1518년에는 김정국金正國, 신광한申光漢 등과 경연강독관으로 선발되었고 이듬해에는 좌부승지와 충청도관찰사를 지내고 형조참의에 이르렀다.

그해(1519년) 기묘사화가 일어나 사림이 대참사를 입으면서 정순붕도 연루되어 전주 부윤으로 좌천되었다가 1520년 파면되었고 이듬해 삭탈관직되었다. 1531년(중종 26) 영의정 정광필鄭光弼 등에 의해 등용이 논의되었지만 성사되지 못하다가 권신 김안로金安老 일당이 제거되고 기묘사화로 투옥되었던 사람들이 풀려나면서 정순붕도 등용되었다.

정순붕은 1539년(중종 34) 공조참판에 제수되어 명나라에 다녀왔고 명나라에서 구한『황명정요皇明政要』과 『요동지遼東志』6권을

정순붕묘비(경기도 양주)

나라에 바쳤다. 이어서 정순붕은 형조참판과 강원도관찰사를 역임했고, 이듬해 다시 공조참판이 되었으며, 그 뒤 한성부윤으로 자리를 옮겼다가 1542년(중종 37) 형조판서로 승진했고, 얼마 후 호조판서가 되어 국가재정을 주관했다. 1544년에 정순붕은 의정부우참찬으로서 내의원제조를 겸임하다가 대사헌이 되었고, 인

종이 즉위하여 대윤大尹이 득세하자 의정부우참찬에서 지중추부사로 체직되었다.

명종이 즉위하여 문정왕후가 수렴청정하면서 문정왕후의 동생 윤원형은 같은 소윤 일파인 이기 등과 함께 을사사화를 일으켰다. 그때 정순붕도 이기 등과 어울려 많은 사람을 죽이고 귀양 보내는 데 앞장섰다. 그 공으로 정순붕은 보익공신保翼功臣 1등에 책록되었고, 온양溫陽 부원군에 봉해졌으며, 의정부우찬성에 제수되어 지경연사知經筵事를 겸했고, 이후 우의정에 이르렀다. 정순붕은 또한 을사사화의 공로로 유관柳灌의 가족들을 적몰하여 자신의 노비로 삼았는데, 그 노비들 중 갑甲이라는 여종이 주인 유관의 원수를 갚으려고 정순붕에게 염병染病을 전염시켜 1548년(명종 3) 죽게 만들었다. 1578년(선조 11) 관직과 훈작을 모두 삭탈당한 정순붕의 본관은 온양溫陽이고, 자는 이령耳齡이며, 호는 성재省齋이다.

유관의 원수를 갚은 노비 갑

조선 중기에는 공신이 된 자는 죄를 입어 죽은 자의 가산家産을 차지하는 것이 관행화되어 있었다. 우의정 정순붕은 사사된 좌의정 유관의 집과 재산을 차지했고 노비들도 모두 정순붕 소유가 되었다. 그런데 노비들 가운데 갑이라는 열네 살 난 여종이 있었다. 정순붕은 예쁘고 총명한 갑을 무척 귀여워했다. 갑은 주인의 뜻을 미리 간파하여 만사를 주인의 뜻대로 잘 처리했을 뿐더러 유관에 대해서도 이렇게 말하는 것이었다.

"그자들이 저를 학대하더니 저 꼴로 보복을 받은 것입니다."

그랬으니 정순붕은 갑을 의심하지 않았다. 정순붕의 여종이 된 지 3년이 지나자 갑은 여인의 매력도 제법 풍기기 시작했다. 정순붕의 집에는 원래 유관의 상노床奴였던 돌쇠도 있었는데, 돌쇠는 갑을 마음에 두고 있었다. 그러던 어느 날 갑이 돌쇠에게 백년가약을 맺자고 약속하면서 그 정표로 허리춤에서 은기銀器를 꺼내어 주었다. 주인집에서 아끼는 은기를 갑이 훔쳤다느냐며 돌쇠가 놀랐다. 그러나 갑은 돌쇠의 질문을 무시하고 자신에게도 정표를 달라고 돌쇠에게 말했다. 갑이 원한 정표는 황당하게도 염병을 앓다가 죽은 송장의 어깨뼈였다. 갑의 말에 질색하는 돌쇠에게 갑은 송장의 어깨뼈를 자신에게 주지 않으면 다른 사람과 혼인하겠다고 말함으로써 결국 돌쇠의 승낙을 얻어냈다. 돌쇠가 갑에게 그 뼈의 용처用處를 묻자 갑이 대답했다.

　"대감을 죽이는 약에 쓸 거야."

　염병에 걸려 죽은 사람의 어깨뼈를 잘라다가 베갯속에 넣어두면 그 베개를 베고 자는 사람이 염병에 걸려 죽는다는 말이 있었다. 갑과 혼인하고 싶었던 돌쇠는 정순붕 몰래 백방으로 수소문하여 마침내 염병에 걸려 죽은 사람이 묻힌 무덤을 알아냈다. 돌쇠는 한밤중에 몰래 무덤으로 가서 파헤치고 송장을 들어내어 염을 풀고 썩은 살을 뜯어 어깨뼈를 빼냈다. 돌쇠가 주는 뼈를 받은 갑은 기뻐하며 정순붕이 베고 자는 베갯속에 그 뼈를 넣어두었다. 염병에 걸려 죽은 자의 어깨뼈가 정말 효험이 있었던 것인지, 정순붕은 며칠이 지나지 않아 인사불성으로 앓더니 염병에 걸려 덜컥 누워버렸다. 멀쩡하던 정순붕이 점점 죽어가자 집안사람들은 정신을 차리지 못했다. 여기저기 점쟁이까지 수소문해서 물어

보니 집안에서 누가 저주하고 방자해서 생긴 병이라는 점괘가 나왔다. 점쟁이의 말을 들은 정순붕의 아내는 반신반의하며 이것저것 살펴보다가 평소에 들은 가늠이 생각나서 남편의 베개를 뜯어보았다. 아니나 다를까

베갯속에서 정말로 사람의 뼈가 튀어나왔다. 집안은 발칵 뒤집혔고, 마침내 정순붕의 방을 가장 잘 드나드는 갑을 잡아 문초했지만 갑은 모른다고 딱 잡아뗐다. 갑은 온몸이 피투성이가 되어서야 비로소 죽어가는 정순붕의 방을 가리키며 소리쳤다.

"네가 나의 옛 주인을 죽였으니 너는 나의 원수이다. 우리 옛 주인의 원통한 원수를 갚았으니 이젠 죽어도 여한이 없다."

정순붕의 아내는 갑을 더는 문초하지 않았지만, 이미 몸이 상할 대로 상한 갑은 1548년(명종 3) 정순붕과 같이 세상을 하직했다. 충노忠奴 갑의 정신과 육신은 유관을 포함한 문화文化 유씨의 가족묘지에 함께 안장되었다.

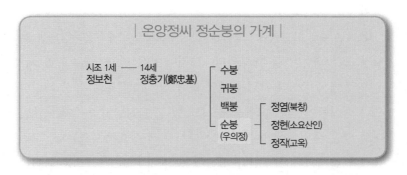

| 온양정씨 정순붕의 가계 |

시조 1세 — 14세
정보천   정충기(鄭忠基) ┌ 수붕
                         ├ 귀붕
                         ├ 백붕
                         └ 순붕   ┬ 정염(북창)
                           (우의정)├ 정현(소요산인)
                                   └ 정작(고옥)

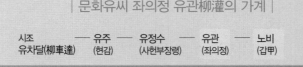

| 문화유씨 좌의정 유관柳灌의 가계 |

시조   — 유주 — 유정수   — 유관   — 노비
유차달(柳車達)   (현감) (사헌부장령)   (좌의정)   (갑甲)

해유령蟹踰嶺의 석양은 붉기만 한데

무책임했던 두 위정자에게서 무엇을 배우랴

조선시대부터 백성들이 살기가 좋았다는 경기도 양주시는 본래 고구려 영토로서 매성군買省郡으로 불렸다. 그 후 신라에 복속되면서 내소來蘇라는 아름다운 지명을 얻은 매성군은 전국을 통일한 고려가 군郡에서 한 단계 높은 주州로 승격시켜 견주見州가 되었던 곳이다.

1394년(태조 3) 조선이 도읍을 한양부漢陽府 양주목陽州牧으로 옮길정도로 양주는 길지吉地였다. 그러나 1504년(연산군 10) 연산군은 양주에서 주州의 지위를 빼앗아 그 땅 대부분을 유흥장소로 삼으니 백성들이 심한 고통을 겪기도 했다. 1511년(중종 6)에는 옛날대로 땅을 주인들에게 돌려주고 다시 주州로 회복시켰는데, 그런 상태가 현재까지 이르렀다. 양주는 토양이 비옥하고 교통이 편리하여 많은 농산물을 한양에 공급할 정도로 살기가 좋은 곳이 되었고, 그래서인지 많은 문화유적과 선현들의 유택들이 남아있다. 특히 양주에서 생산되는 밤[栗]은 외톨밤 이라서 수량은 많지 않았지만 맛이 뛰어나 한양의 귀족들에게는 귀한 대접을 받았다고 한다.

이렇게 신神이 내린 땅과 같은 양주도 위기에 처한 경우가 많았다. 특히 1592년(선조 25) 임진왜란 때 양주 백성들은 비참함은 극에 달했다.

그것은 조선이 개국한 후 꼬박 2백 년을 안일한 생각으로 살아온 대가代價였다. 그러나 왜병들에게 양주를 빼앗길 수는 없었다. 그래서 분연히 일어난 의병들과 백성들은 양주를 목숨 걸고 사수했다. 그럴 즈음 양주의 해유고개(해유령)에서는 기이한 사건이 벌어졌다.

눈을 감지 못한 부원수副元帥 신각申恪의 혼령

경기도 양주시 백석白石에서 파주 광탄으로 넘어가는 나지막한 해유령은 옛날의 국도國道였고, 지금까지도 많은 사람들이 빈번하게 왕래하는 고개이다. 해유령 정상부근에는 높이 세운 대리석 위령탑이 우람한 자태로 위용을 자랑한다. 그 탑이 세워진 연대와 사연을 알려면 지금으로부터 421년 전에 발생한 사건을 먼저 알아야 한다.

해유령 부근에 있는 연곡리蓮谷里 입구는 삼태기처럼 나지막한 구릉丘陵을 좌우로 끼고 있어서 그곳으로 진입하려는 적을 포위하여 섬멸할 수 있는 매복지로서 적합한 전략적 요충지이기도 했다. 1977년 4월 21일 이 고개 아랫길 옆에 해유령전건비解踰嶺戰捷碑가 세워졌는데, 그것은 임진왜란 때 부원수 신각 장군이 이 고개에서 왜군과 싸워 거둔 최초의 승전을 기념하기 위해 6,600제

곱미터(2,000평)의 부지에 화강석으로 제작하여 세운 높이10.6미
터, 기단면적 132제곱미터(40평)짜리 사각주탑四角柱塔 형태의 비
석이다.

이 비석의 휘호는 최규하 국무총리가 쓴 것이고, 비문은 이현종
李鉉淙 국사편찬위원회 편사실장이 지어서 송성용宋成鏞 국전심사
위원이 쓴것이다.

해유령의 슬픈 역사

1592년(선조25) 4월 임진왜란이 발발한 지 한 달도 지나지 않아
한양을 점령한 왜군은 쉬지 않고 북진을 계속했다. 그럴 때 부원
수 신각 장군이 지휘하는 군사들이 왜군의 선봉부대를 요격하여
왜군 70여 명의 목을 벰
으로써 난중에 조선군이
첫 승리를 거둔 유서 깊은
곳이 해유령이다.

그 당시 한강 방어를 책
임진 도원수都元帥(사령관)
김명원金命元은 끝내 방어

김명원묘소(경기도 고양)

선이 무너지자 속수무책
으로 임진강으로 달아났
다. 그러나 무조건 도주
하면 전쟁에서 이길 승산
이 없다고 생각한 부원수
(부사령관) 신각은 김명원

이양원사당(충남 당진)

을 따라가지 않고 유도대장留都大將 이양원李陽元과 함께 양주인근에 숨었다가 왜군을 재공격할 준비를 위해 양주의 산중으로 들어가 흩어진 병사들을 모아 진陣을 쳤다.

그때 마침 그곳에 도착한 함경남도 병사 이혼군李渾軍의 지원군과 합진合陣한 신간의 부대는 한양에서 대적없이 북상하는 왜군을 해유령 어귀에서 격퇴함으로써 조선군의 사기와 적개심을 충천시켰다. 그런 반면에 싸워보지도 않고 임진강으로 도망친 김명원은 선조에게 바친 장계에 신각은 도원수인 자신의 말을 듣지 않고 명을 어겼으며 제멋대로여서 교만하고 건방지기 짝이 없다고 적었다. 그러면서 신각이 자신에게 복종치 않고 다른 곳으로 숨어버렸다며 패전의 책임을 신각에게 전가했다. 그러자 우의정 유홍兪泓은 상황을 제대로 파악하지도 않은 채 신각을 주살誅殺하라고 주청했는데, 그것은 경솔하기 짝이 없는 작태였다.

후회하는 임금 선조

우의정 유홍의 경솔한 주청을 믿은 선조는 선전관宣傳官을 보내어 신각을 주살하라는 어명을 내렸다. 그런데 선전관이 현장으로 떠나고 나서야 해유령 승전보가 어전에 도착했다. 그러자 선조는 몹시 후회하면서 신각의 사형집행을 중단시키기 위해 현장으로 급히 전령을 보냈지만, 사형은 이미 집행되고 말았다. 전란 중에 도원수 김명원과

유홍묘소(경기도 하남)

우의정 유홍의 심술과 경솔 때문에 충신이요 명장인 신각을 어이 없이 잃은 선조는 가슴을 쳤다.

그래도 김명원은 나중에 우의정까지 역임했다. 그렇게 자신의 책임을 전가하는 허위장계로 부하장수를 죽음으로 몰아간 그가 우의정까지 승진하는 동안 또 얼마나 많은 애꿎은 사람들을 위해했을지는 김명원 자신만이 알 것이다. 그런 한편으로 유홍은 우의정에서 좌의정으로 승차했지만 참언(허물을 지적함)을 당하여 관직을 사직했다. 그 당시 그런 악행을 저지른 자들에 대한 백성들의 성토와 비난이 얼마나 심했을지는 충분히 짐작될 만하다.

421년이 흐른 오늘도 아침에 솟았다가 저녁에는 붉은 노을을 토해내는 힘없는 태양도 충신 신각 장군의 넋을 위로하듯 해유령 마루에서 머뭇거리곤 한다. 참으로 슬픈 역사의 사건을 조장한 이토록 비인간적인 민족성을 청산하지 않으면 국력은 쇠하기 마련일 것이다.

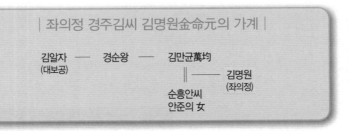

| 좌의정 경주김씨 김명원金命元의 가계 |

김알자 ── 경순왕 ── 김만균萬均
(대보공)   ║ ── 김명원
                               순흥안씨   (좌의정)
                               안준의 女

| 좌의정 기계유씨 충목공 유홍俞泓의 가계 |

시조 신라 호장 ── 유여림俞汝霖 ── 유관俞綰 ── 유홍俞泓
유삼재俞三宰   (선조때 좌의정)

전란 중에 명분 없이 도망만 다니던 비겁했던
위정자들 틈에서 핀 한 송이 충화

고성 기생 월이의 지혜

　15세기 후반 차츰 동쪽으로 세력을 확장하던 서구 열강들을 따
라 유럽상인들이 유입된 일본에서는 신흥 상업도시가 발달하면
서 종래의 봉건지배체제를 위협하기 시작했다. 그럴 때 일본에서
는 도요토미 히데요시(豊臣秀吉)가 득세하여 혼란기를 수습하고 전
국시대를 통일하면서 봉건지배권을 강화하기 위해 노력했다. 일
본통일에 성공한 히데요시는 장기간 내전을 지속하는 과정에서
얻은 제후들의 강력한 무력을 해외로 방출시켜 국내의 통일과 안
전을 도모하고 신흥 산업세력을 억제하기 위해 대륙침략을 꿈꾸
었다. 그리하여 그는 대마도對馬島(쓰시마 섬) 도주島主 소 요시시게
(宗義調)에게 조선의 사신을 일본으로 불러서 수호조약을 체결하
라고 명령했다. 히데요시의 의도는 조선과 동맹을 맺고 명明나라
를 침공하려는 것이었다. 요시시게는 일본과 수호조약을 체결할
조선의 통신사를 일본에 보내달라는 서신을 조선조정에 보냈다.
조선은 그때 비로소 일본 국내정세가 변했다는 사실을 알았지

만 요시시게의 서신에 오만무례한 구절을 빌미로 삼아 그의 요구를 거절했다. 히데요시는 재차 대마도를 통해 교섭을 청하되, 교섭이 뜻대로 성사되지 않으면 조선을 침략할 뜻을 품고 조선으로 미리 첩자를 밀파했다.

첩자의 임무는 조선침략을 위해 미리 조선의 해안지역, 육상도로, 정치현황, 민심을 탐지하는 첩보활동이었다. 그는 먼저 접근하기 쉬운 울산의 해안에 상륙하여 남행하면서 해안지도를 작성함과 동시에 조선의 정세와 민심을 탐색했다. 그는 동래, 부산, 김해, 낙동강, 진해, 마산을 거쳐 고성固城에 발을 디뎠다. 그가 당항포 해변과 당동, 통영을 지나 무학동에 이르자 이미 해는 서산으로 기울고 땅거미가 내리고 있었다. 그때 그는 수남동 해변을 따라 삼천포 쪽으로 빠지려고 하다가 해가 저물자 잠자리를 찾아 주막집이 많은 무기정舞妓亭의 곱세 집에서 하룻밤을 기숙하게 되었다. 곱세는 주막집 주인의 이름이었다. 곱세 집에는 사교에 능하고 재치 있으며 용모가 아름다운 기녀 몇 명이 있었다. 첩자는 몇달간 홀로 임무만 수행하느라 조선 기생들의 다정한 언행에 마음이 동했다. 그러나 맡은 임무를 잊지 않고 먼저 임무부터 완수한 후에 즐거움을 만끽하기로 마음먹은 첩자는 다음날 아침에 돌아오기로 기생들에게 약속하고 무기정을 나섰다. 그리고 첩자는 삼천포를 지나 남해의 노량진, 하동, 여수, 목포를 거쳐 평양까지 북행했다가 육로로 다시 남행했다.

다시 만나기로 약속한 기생들의 모습이 눈앞에 아른거려 아쉬워하던 첩자는 어느덧 임무도 완수했겠다, 무학정 곱세 집을 다시 찾아갔다. 그때는 이미 해가 바뀌어 늦가을로 접어들 무렵이

었다. 무기정을 다시 찾은 첩자를 본 기녀들은 그의 얼굴을 기억
해내고는 요란을 떨며 반갑게 맞이했다. 아리따운 기녀들이 그의
옆자리에 앉아 비위를 맞춰주자 그동안 쌓였던 긴장이 풀린 그는
이내 취하기 시작했다. 그 기녀들 중에도 '월'이라는 기녀는 그 첩
자가 평범한 왜인이 아니라는 느낌을 받았다. 그래서 월이는 첩
자를 놓아주지 않고 오래도록 술을 마시도록 아양을 부렸다. 결
국 사경四更이 될 무렵 첩자는 오랜만에 마신 술에 취해 그만 월
이의 품에 녹아 떨어졌다. 그가 깊은 잠에 빠진 것을 확인한 월
이는 그의 몸을 뒤져보기 시작했다. 예상대로 그의 품에서 무명
비단보에 겹겹이 싸인 보자기 하나가 나왔다. 보자기에는 한눈에
봐도 알아볼 수 있는 조선의 해로와 육로가 상세히 기록된 지도
가 있었다. 왜국이 비밀리에 조선의 지도를 이토록 상세히 기록
한 이유는 머지않아 조선을 침범하려는 준비가 분명하다는 생각
이 월이의 뇌리를 스쳤다.

월이는 깊은 생각에 잠겼다. 비록 자신은 기생의 몸이지만 조
선은 자신이 태어난 나라였고 부모형제들이 살고 있는 땅이었다.
월이는 정신을 가다듬고 첩자가 지도를 그릴 때 사용하던 붓을
찾아들어 조심스럽게 수남동과 지소강只所江(경남 고성군 마암면 삼
락리 간척지)을 연결하고 통영군과 동해면과 거류면을 섬으로 만들
어놓았다. 그리고 기생 월이가 보자기를 조용히 원래대로 정리하
는데, 잠자던 첩자가 몸을 뒤척이며 잠꼬대를 했다.

"일 년 후면 이 고을의 군주가 될 것이다."

그의 잠꼬대를 들은 월이의 심장이 멎을 뻔했다. 그가 눈치 채
지 못하게 겨우 보자기를 전과 같이 꾸려놓은 월이는 조용히 자

신의 방으로 돌아왔다. 그리고 날이 새도록 곰곰이 생각해 봐도 만족할 만한 해결책이 떠오르지 않았다. 기녀의 몸으로 현령에 알린다고 해도 오히려 웃음거리가 될까봐 두려웠다. 잘못하면 목숨이 위태로울지도 몰랐다. 월이는 어찌 할 줄 모르고 전전긍긍하며 몇 달을 보내고 말았다.

그러던 어느 날 부산성을 함락시킨 왜군이 고성으로 쳐들어온다는 소문이 파다하게 퍼졌다. 1592년(선조 25) 임진년 6월 5일이 되자 당항포 앞바다에는 집 채 만한 2층짜리 대형 전함 한 척과 중소형 전선 30여 척이 지소강으로 접근했다. 소소포召所浦(마암면 두호리) 앞에 도달한 왜 군함대는 더 나아갈 통로가 없다는 것을 알고 원을 그리며 서너 바퀴를 돌더니 북과 징을 울리기 시작했다. 전쟁이 시작됐다고 생각한 고성 주민들은 뒷산으로 피난하느라 바빴다. 그리고 사시巳時쯤 되자 아자음포阿自音浦(지금의 동해면)쪽에서 소형 범선 한 척이 나타났는데, 근해에서 원을 그리며 맴돌던 왜군전함은 소형 범선이 조선의 선박임을 확인하고 쫓기 시작했다. 그러자 범선은 뱃머리를 돌려 아자음포 쪽으로 달아났고, 왜군전함은 당항포 앞바다에서 전열을 정비하여 북과 징을 치며 기세를 올리기 시작했다. 그런데 조선 범선이 돌아간 아자음포 쪽에서 거북선을 앞세운 범선 15~16척이 느닷없이 나타나서 왜군진영으로 비호같이 돌진하면서 당항포해전이 벌어졌다. 왜군함대는 예기치 못한 조선함대의 공격을 받아 산산조각이 났고, 목숨을 건진 왜군들은 해안으로 기어올라 도망치기 바빴다. 또한 왜군의 시체 수백 구의 머리가 바다에 떠다니다가 썰물에 밀려 소소포쪽으로 밀려왔는데, 그때부터 소소포는 '머리 두頭'

자가 붙은 두호頭湖로 불리게 되었다고 한다.

　당항포해전에서 왜군이 패한 이유는 왜군의 첩자가 작성한 지도에만 의존하여 조선을 침략하려고 했기 때문이었다. 그 지도에 그려진 좁은 해로를 따라 소소포에 도착하니 진로가 막혀있어 전세가 불리해져도 도망칠 수 없는 처지에 몰렸던 것이다. 또한 소소포 앞바다에서 북과 징을 울리며 동정을 살피던 왜군은 조선범선을 발견하고 소소포보다 넓은 당항포로 가서 진을 치고 있다가 오히려 조선수군에게 일망타진되었던 것이다.

　당항포해전에서 승전한 당사자들은 조선수군들이었지만, 만약 기녀 월이가 왜군첩자의 지도를 몰래 수정해두지 않았더라면 고성 일대는 왜군에게 쉽사리 점령되어 아비규환이 되었을지도 모른다.

　월이는 나라를 위해 큰 공을 세웠지만, 기녀의 몸이었기 때문에 아쉽게도 그녀에 관한 기록은 남아있지 않다. 다만 옛날에는 무학동이 기녀촌이었고, 그곳에 살던 월이라는 기녀가 왜군첩자의 지도를 몰래 수정했다는 전설만 전해질 뿐이다. 하여간 임진왜란이 끝나자 당항포 앞바다는 그곳에서 왜군들이 속았다고 하여 '속싯개'로 불렸다고 하는데, 이 일화는 최근까지도 노인들에 사이에서 구전되어왔다.

　기녀신분으로 천한 대접을 받았던 기녀 월이는 나를 구할 수 있는 중대한 정보를 알고도 그것을 조정에 제대

당항포구

유성룡초상

로 알리지 못했다. 그 까닭은 그당시 조정대신들의 작태를 감안하면 충분히 짐작되고 남는다. 임진왜란이 터지고 전세가 급격히 불리하게 돌아가자 다급해진 선조와 조정대신들은 백성과 궁궐을 포기하고 피난길에 올랐다. 북쪽으로 걸음을 재촉하던 그들은 4월 30일 저녁 임진강변에 도착했다. 그날에는 하루 종일 큰비가 내렸고 밤에는 칠흑같이 어두워서 강을 건널 수 없었다. 그런 궁지에 몰린 선조와 조정대신들의 처지는 『선조실록宣祖實錄』과 유성룡柳成龍의 『징비록懲毖錄』, 박동량朴東亮의 『기재잡기寄齋雜記』, 오운상吳允常의 『영재유고寧齋遺稿』, 윤선각尹先覺의 『문소만록聞韶漫錄』등의 기록들에 묘사되어있다.

박동량선생묘소(경기도 시흥)

박쥐는 어디로 가야 하나

  우리가 살아가는 이 우주공간을 지배하는 대원칙으로 여겨지는 것은 모든 생물체는 어떤 경우에도 서로 협력하고 인정하면서 살아간다는 것이다. 만물의 영장이라는 인간세상에서도, 약육강식이 난무하는 정글에서도, 사나운 금수(짐승)들의 사회에서도 그 대원칙은 예외 없이 적용되는 듯하다. 그런데 인간세상에는 소속을 자기 편한 데로 옮기면서 말과 행동을 마음대로 하기를 일삼는 사람들이 있는데, 오늘날 한국사회에도 그런 사람들이 없지 않다. 그런 사람들은 흔히 박쥐같다고 말해진다. 그들은 실제로 어떻게 말하고 행동하기에 박쥐같다고 치부되는지 그 연유를 살펴보자.

  흔히 사람들은 피부색을 기준으로 문명을 구분하곤 한다. 마찬가지로 동물들도 여러 부류로 구분된다. 그렇게 구분되는 동물들 중에는 포유류와 조류도 있다. 그런데 겉보기만 봐서는 딱히 한 가지 부류로 분별되지 않는 동물도 있는데, 그런 동물들 하나 박쥐이다. 『이솝우화집』에는 그런 박쥐의 이중적인 특징을 비유한 우화도 실려 있다.

어느 날 길짐승들(포유류)와 날짐승들(조류) 사이에 싸움이 벌어졌다.

양쪽의 군대가 모이자 박쥐는 어느 편에 설까 망설였다. 날짐승들은 박쥐에게 자신들의 군대에 동참하라고 부탁했다. 그러나 박쥐는 "나는 길짐승이야"라고 말하며 거절했다. 그러자 이번에는 길짐승들이 박쥐에게 자신들의 군대에 동참하라고 부탁했다. 그런데 박쥐는 이번에는 "나는 날짐승이야"라고 말하며 거절했다. 그렇게 시간이 흘러 양측이 화해하여 싸움이 멎고 평화가 찾아왔다. 그러자 박쥐는 날짐승들과 기쁨을 함께하려고 했다. 하지만 날짐승들은 박쥐를 배척했고 박쥐는 그들을 떠날 수밖에 없었다. 날짐승들한테 쫓겨난 박쥐는 이제 길짐승들을 찾아갔다. 그러자 길짐승들은 박쥐를 잡아 죽이려고 했다. 그리하여 박쥐는 들짐승들과도 어울리지 못하고 도망칠 수밖에 없었다. 그렇게 외톨이가

박쥐

된 박쥐는 들짐승들과 날짐승들을 피해 음습하고 어두운 동굴 같은 곳에서 거꾸로 매달려 살아갈 수밖에 없었다고 한다.

이 우화는 이리저리 눈치만 보고 요령만 피우며 절대 손해 보지 않고 살아가려는 편의주의적이고 기회주의적인 사람들에게 성찰을 촉구하는 교훈을 담고 있다.

약자를 괴롭히지 말고 강함을 뽐내지 맙시다

　여러분들의 주위에는 다양한 친구들이 있을 겁니다. 그들은 저마다 나름대로 개성을 지녔고 다종다양한 성격과 재능을 지녔을 겁니다. 친구를 사귀는 일은 바로 그런 다양성 속에 어우러져 조화를 이루는 경험과 방법을 습득할 수 있기 때문에 매우 유익한 일이랍니다.

　하지만 그런 조화를 깨는 친구들도 가끔 있지요. 그런 친구들 중에서도 가장 흔한 유형이 약한 친구를 골리고 괴롭히며 자신이 강하다고 뽐내는 친구입니다.

　약한 사람의 유형은 여러 가지입니다. 몸에 기력이 부족하여 허약한사람, 신체의 일부가 부자유한 사람, 마음이 여려서 매사에 소극적인 사람, 부끄럼을 잘 타서 연약하게 보이는 사람, 가정형편이 어려워서 위축된 사람, 정신적 · 정서적 불안에 시달리는 사람 등 약한 사람들이 많이있습니다. 이런 사람은 친구들 중에도 있을 것입니다. 그런데 유감스럽게도 친구들 중에는 힘이 좀 세다고 해서, 건강하다고 해서, 집안이 부유하거나 권세가 있다고 해서 뽐내고 으스대면서 자신보다 약한 친구들을 깔보거나 괴롭히는 친구들이 있습니다.

그런 친구들은 "진정한 강자란 약자를 괴롭히는 자가 아니라 약자를 보호하는 자"라는 것을 알아야 합니다. 예컨대, 영국의 기사도 정신, 신라의 화랑도 정신, 중국 묵자의 협객정신이 바로 이런 원칙에 입각하여 발전한 것들입니다.

만약 자신에게 뽐낼 타고난 힘이 있다고 느껴진다면 그것은 타고난것이니 하늘이 자신에게 선사한 축복이라는 것을 알아야 합니다. 그런 복된 힘을 약한 자를 괴롭히는 데 사용한다면 그것은 하늘의 뜻을 거스르는 일이 결코 옳은 일이 되지 못할 것입니다.

더구나 잠시만 주변을 돌아봐도 약한 사람들이 많이 보이는데, 그들은 우리의 힘을 필요로 하므로 그들을 힘껏 돕는 일이야말로 우리의 타고난 힘을 보람 있게 사용하는 일일 것입니다.

> 화난 말에 화난 말로 되받지 마라.
> 싸움은 언제나 두 번째의 화난 말에서
> 시작되는 것.
> 지혜로운 사람이란 향나무처럼
> 자기를 찍는 도끼에게 향을 내뿜는 그런
> 사람이다.

인간이 걸어야 할 참된 길을
벗어난 자를 엄습하는 어둠과 빛

"넓고 굳센 뜻을 세워서(홍의입지
弘毅立志) 너그러운 마음과 간편한
정책으로 백성을 다스리며(관간어중
寬簡御衆) 공정한 마음으로 사물을
공평하게 바라보고(공심일시公心一視)
어진 인재를 등용하고 유능한 인재
를 활용하라(임현사능任賢使能)."

이것은 1744년(영조20년) 사도세
자思悼世子의 관례冠禮(오늘날의 성인식

영조대왕어진

成人式) 때 영조가 지어준 훈유訓諭이다. 영조는 세자에 대한 자신
의 소망과 기대를 강조하면서 이 글을 읽은 세자가 크게 감명 받
아 일상적으로 실천하라고 덧붙여 당부했다. 그러나 영조의 소
망과 당부는 그 당시의 정치적 상황과 맞물리면서 세자를 비극

적 최후로 몰아가는 배경
의 일면을 이루었다. 세자
가 관례를 치른 때는 영조
20년이었다. 그때 영조는
큰아들이 참담하게 죽어
가고 자신의 치세가 향후

한중록

32년이나 더 지속되리라고 짐작하지 못했을 것이다.

사도세자의 비妃 혜경궁 홍씨는 세자가 뒤주에 갇혀 죽어간 참
상의 전말을 일기로 남기고 그것에 『한중록閑中錄』이라는 제목을
붙였다. 『한중록』은 조선궁중문학의 효시이자 한글로 쓰인 가장
비극적인 기록이다.

하여간 사도세자가 사망한 후에도 당쟁은 계속되었고 당쟁을
해소하기 위한 영조의 노력도 계속되었다. 그 과정에서 조정대신
들은 사도세자를 동정하는 시파時派와 그들에게 반대하는 벽파·
派로 갈라졌다. 두 파벌의 무자비한 당쟁은 끊이지 않았다.

사도세자가 죽어간 후 영조는 세자의 아들 네 명 중 한 명만 아

홍봉한초상

은언군의 안내판

끼고 나머지 셋을 보살피지 않았다. 영조가 도외시한 왕세손들의 곤란한 생활을 보다 못한 외할아버지 홍봉한洪鳳漢은 한양 상인들에게 외상으로 구입한 물건들을 외손자들에게 주었다. 그러자 영조는 홍봉한에게 외상으로 물건을 판매한 상인들을 잡아들여 이실직고하는 상인들은 방면했지만, 외상판매를 하지 않았다고 속인 상인들에게는 태형을 내렸으며, 왕세손들 중 은신군恩信君과 은언군恩彦君을 유배시켰고, 홍봉한을 파직하여 폐서인했으며, 사도세자를 동정하는 시파들을 모두 벌했다. 그 후 은언군은 유배지 제주에서 세상을 떴고, 홍봉한은 사면되어 재등용될 참이었다. 그때 김관주金觀柱와 김귀주金龜柱 등이 홍봉한의 등용을 반대했고, 최익남崔益男도 가세하여 "왕세손이 사도세자의 묘를 참배하는 것이 옳지 않다"는 주장을 폈다. 그러자 영조는 세손을 넘보고 수작을 부린다는 죄목으로 최익남을 제주로 유배시켰다. 그 결과 사도세자 동정론을 폈던 신하들의 기세가 오르며 정세는 일거에 시파 쪽으로 기울었다.

그런 와중에도 영조는 1772년 과거시험에 탕평과蕩平科를 설치하고 동색금혼패同色禁婚牌를 집집마다 걸게 하여 당색의 결집을 경계했으며, 1774년에는 사형私刑을 엄금하고 신문고를 재설치했다.

어느덧 여든 살을 넘긴 영조는 왕위를 갓 스물네 살인 세손에게 물려주고 싶었다. 그러자 벽파는 왕세손은 아직 어려서 국사를 친정親政하기 힘들다면서 반대하고 나섰다. 영조는 하는 수 없이 세손에게 대리청정을 맡기고 정치일선에서 물러났다. 그런데 대리청정을 맡은 세손은 대담하게도 벽파를 물리치고 영의정과 좌의정에 시파를 전격 임명해버렸다. 그렇듯 세손에게 뒤통수를 얻어맞은 벽파는 영조에게 상소했다.

하지만 영조는 오히려 벽파의 상소를 기각해버리고 상소자들을 유배시켜버렸다.

83세를 일기로 세상을 떠난 영조는 재위 30년이 되는 1754년에 왕으로서 자신의 정통성을 천명하는 『천의소감闡義昭監』을 반포했다. 이 사실로 미뤄보면 영조는 즉위 후에도 아주 오랫동안 왕의 정통성을 의심 받았던 것으로 보인다. 그런 와중에도 영조는 슬기로운 탕평정국을 운용함으로써 정세를 유리하게 이끌면서 다방면으로 조선부흥의 기틀을 마련한 현군이 분명했다. 그러나 현군 한 명이 역사의 흐름을 바꾸기에는 역부족이었다.

영조에게 왕위를 물려받은 세손 정조는 당쟁 때문에 아비를 잃은 슬픔과 분노를 가슴 깊이 품고도 영조를 능가하는 업적을 이루었지만, 결국 의문의 죽음을 맞이하고 말았다.

김구주묘소(경기도 여주)

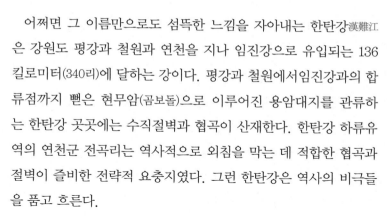

삐뚤어진 애욕이 근심을 낳는다

어쩌면 그 이름만으로도 섬뜩한 느낌을 자아내는 한탄강漢灘江은 강원도 평강과 철원과 연천을 지나 임진강으로 유입되는 136킬로미터(340리)에 달하는 강이다. 평강과 철원에서 임진강과의 합류점까지 뻗은 현무암(곰보돌)으로 이루어진 용암대지를 관류하는 한탄강 곳곳에는 수직절벽과 협곡이 산재한다. 한탄강 하류유역의 연천군 전곡리는 역사적으로 외침을 막는 데 적합한 협곡과 절벽이 즐비한 전략적 요충지였다. 그런 한탄강은 역사의 비극들을 품고 흐른다.

후삼국시대에 왕건王建의 병사들에게 쫓겨 금강산으로 가기 위해 한탄강을 건너는 궁예弓裔의 심정은 몹시 했다. 그래서 한탄강은 한탄강恨歎江으로도 불렸다.

또한 임진왜란에서 패전을 거듭하다가 첫 승전을 기쁨을 선조에게 안겨주었지만 도원수 김명원과 우의정 유홍의 시기와 모략에 휘말려 희생당한 신각 장군도 한탄강에 슬픈 사연을 남겼다.

왜군이 진격해오자 김명원은 도망쳐버렸지만 신각은 독자적으로 왜군에게 응전하기 위한 진지를 구축하고 있었다. 그때 신각이 군율을 어겼다는 김명원과 유홍의 모함을 믿은 선조는 신각을 처형하라는 어명을 내렸다. 그러나 곧 김명원과 유홍이 신각을 모함했다는 사실을 안 선조는 급히 전령을 보내어 신각의 처형을 중단하라고 명했지만, 한탄강변에 전령이 도착했을 때는 이미 사형이 집행된 상태였다.

조선의 어느 부패한 관리도 한탄강에 일화를 남겼다.

한탄강 상류협곡에는 높이 19미터에 달하는 폭포가 있다. 그 폭포 인근의 고을에는 폭포 위에 걸쳐진 외줄을 타고 재주를 부려 먹고 사는 천민賤民에 속하는 재인才人 한 명이 살았다.

어느 날 그 고을에 새로 부임한 탐욕스러운 현감이 (아마도 우연하게) 재인의 아름다운 아내를 보고 그녀의 미모에 반해서 그녀를 범하려고 들었다. 하지만 그녀는 거세게 반항하면서 말했다.

"쇤네는 주인이 있는 아낙입니다."

그러자 색욕에 불타는 현감이 그녀에게 다그쳐 물었다.

"너의 서방은 뭘 하는 놈이냐?"

그녀가 자랑스럽게 대답했다.

"이 고을에서 제일로 소문난 외줄타기 재인입니다."

이 말을 들은 현감은 재인을 죽여서라도 그녀를 차지하고 싶었다. 그래서 현감은 줄타기 대회를 열었고, 재인을 죽이기 위해 칼집을 내서 폭포 위에 매어놓은 줄을 타게 했다. 줄을 타던 재인이 마침내 줄에서 떨어져서 죽으니 현감이 그녀에게 말했다.

"이제는 네 남편이 없으니 나와 같이 살아도 되지 않겠느냐?"

그러면서 현감은 자신의 수청을 들라고 그녀에게 강요했다. 현감의 명령을 도저히 어길 수 없던 그녀는 그날 밤 현감의 수청을 들겠다고 말했다. 밤이 되자 현감은 그녀를 범하려고 접근했다. 하지만 그녀는 현감의 코를 물어뜯고 자결하여 절개를 깨끗이 지켰다고 한다. 그때 재인이 줄을 타던 폭포는 지금도 '재인폭포'라고 불려진다.

오늘날 한국사회의 퇴폐풍조가 극에 달했다고 걱정하는 사람들도 적지 않다. 그런 풍조의 유혹에 사로잡혀 탈선의 길목에 서 있는 남녀들도 한탄강에 어린 이 비극적 사연들을 스스로 마음을 다스릴 수 있는 계기로 삼을 수 있을 것이다.

한탄강 재인폭포(경기도 연천)

의와 불의를 분별한 인종의 넷째 후궁 김씨의 지혜

인종의 첫째 후
궁 숙의淑儀 나씨羅
氏와 둘째 후궁 숙
의淑儀 장씨張氏는
왕자를 낳지 못했
다. 또한 윤원량尹
元亮의 딸이자 인종
의 셋째 후궁인 동

인종(효릉)

궁 내명부의 양제良娣 윤영尹瑛도 왕자를 낳지 못했다.

　인종의 넷째 후궁 양제良娣 김순아金順娥는 수원부사水原府使 김
동원金東遠의 딸이었다. 전해지는 야설野說에는 인종이 세자일 때
양제김씨는 궁인으로 동궁에 들어갔는데, 그때 검소한 성격의 세
자 인종은 김씨가 옷을 너무 화려하게 입는다면서 김씨를 출궁시
켰다. 그렇게 출궁당한 김씨는 어느 날 사가私家의 우물에서 물을

깃고 있었다. 그때 마침 그곳을 지나던 젊은 선비가 김씨에 물을 청했다. 그녀는 고개를 옆으로 돌려 숙이고 선비에게 물 한 바가지를 떠주었다. 그 물을 받아 마시고 그녀에게 가볍게 목례한 후 가던 길로 걸어가는 선비의 뒷모습을 바라보던 그녀는 그 선비가 미복微服차림으로 저자에 홀로 나선 세자라는 것을 알아보았다. 곧바로 남장男裝을 하고 세자를 쫓아간 그녀는 세자와 같은 여사旅舍에서 잠을 자게 되었다. 그런데 밤중에 그녀는 세자와 동행한 시복侍僕이 여사주인과 공모하여 세자의 밥에 독을 넣어 죽이자는 말을 엿들었다. 아침이 되자 시복이 세자의 방으로 밥상을 들여가고 있었다. 바로 그때 시복을 막아선 그녀가 손으로 밥상을 쳐서 마당에 엎어버렸다. 마당에 떨어진 밥상이 박살나자 큰 소동이 일었다. 그 와중에 엎어진 밥상으로 달려온 개 한 마리가 마당에 흩어진 음식을 주워 먹다가 즉사하면서 사건의 진상이 폭로되었다. 그 사실이 관아에 발고되었고, 그 결과 세자가 저자로 미행微行을 나왔다는 사실과 시복이 여사주인이 세자를 독살할 음모를 꾸몄다는 사실이 백일하에 드러났다. 그렇게 세자의 목숨을 구한 그녀는 다시 동궁에 들어가서 세자의 총애까지 받으며 종2품 내명부 양제로 승진했다. 또한 그녀의 아버지 김동원도 어명을 받아 일약 수원부사에 제수되었다. 그 후 세자를 불태워 죽이려는 세력들이 동궁에 불을 지르는 방화사건이 발생했는데, 세자가 잠자던 방의 문이 밖에서 잠겨 열고나올 수 없는 위기에 처했다. 그때 위험을 무릅쓰고 세자의 방으로 달려가서 잠긴 방문을 열고 세자를 구출한 사람도 바로 그녀, 즉 양제 김씨였다.

기쁨은 나누면 배가되고 슬픔은 나누면 반감됩니다

  친구와 더불어 나누는 기쁨은 배가되고, 친구와 더불어 나누는 슬픔은 반감된다는 말이 있습니다.

  사람들은 이 말의 뜻을 잘 알고 또 옳다고 생각합니다. 그러나 실제생활에서 이 말대로 실천하는 사람은 그리 많지 않은 듯합니다.'사촌이 논을 사면 배가 아파진다'는 말도 있지요. 그런데 사촌이 논을 사면 잘된 일이니 당연히 기뻐해주어야지 배가 아파서야 되겠습니까? 그래서 이 말은 남의 기쁨을 진심으로 기뻐해주지 않고 시샘하고 속상해하는 잘못된 세상인심을 꼬집는 말이겠지요. 친구들 간에도 혹시 이런 일이 없는지 반성해보아야 할 것입니다. 그리하여 친구의 기쁜 일을 진심으로 축하해줄 줄 아는 사람이 되면 좋을 것입니다.

  친구의 기쁨보다 더 마음을 써줘야 하는 것은 친구의 슬픔입니다. 물론 친구의 슬픔이, 그 정도(定度)와는 무관하게, 내 몸이나 마음의 아픔처럼 내게 전달된다는 경우는 흔하지 않을 것입니다. 그래도 최소한 친구의 아픔은 알아차릴 수 있어야 하고, 그의 친구인 내가 그의 아픔을 덜어주기 위해 해줄 수 있는 일을 찾아보는 마음자세가 필요할 것입니다.

　친구의 슬픔을 조금이라도 더 나눠가지자는 마음을 품을 때 여러분은 그의 참다운 친구가 될 수 있을 것입니다.

　그런데 우리 주변에는 자신의 기쁨이나 슬픔을 친구에게 잘 나타내지 않으려는 친구들이 있습니다. 자존심이 강해서 그렇든지 아니면 부끄럼을 잘 타는 내성적인 성격 탓일 겁니다. 그래서 어떤 경우에는 친구에게 무슨 일이 있는지를 전혀 모른 채 지나치기도 하고, 나중에 친구의 일을 듣고는 왜 알려주지 않았느냐고 화를 벌컥 내는 친구들도 있습니다. 그런 경우에도 문제는 친구에게 있는 것이 아니라 바로 여러분 자신에게 있다는 것을 알아야 합니다. 친구라고 자부하면서 여러분은 친구에게 얼마나 관심을 갖고 마음을 썼는지 반성하면 좋을 것입니다.

마음의 고통을 어찌 보지 못하는가
행하고 짓는 것은 모두 내가 받는 것이다.
기도하고 수행하여 마음 닦을지어라
삶으로부터 자유롭기 위해
굳이 버려야 한다면
먼저 자기 자신을 버려야 한다.

원숭이와 저공 이야기

옛날 중국 춘추전국시대에 송宋나라 사람들은 원숭이들을 사육하여 식용했다. 그들 중에는 원숭이 사육으로 생업을 이어가는 저공狙公이라는 사육사가 있었다. 그런데 어느 해에 가뭄이 들고 기후가 불순하여 원숭이들의 먹이인 도토리가 부족해졌다.

원숭이

그동안 원숭이들은 하루에 마리당 아침저녁 두 번씩 도토리 여덟 톨을 먹었는데, 한 번 먹을 때마다 네톨씩 먹는 셈이었다. 그러나 도토리 생산량이 줄어든 그해에는 저공이 계산해보니 원숭이들에게 도토리를 하루에 마리당 일곱 톨밖에 먹일 수 없었다. 그런데 문제는 원숭이들에게 도토리를 방법이었다. 도토리 일곱 톨을 아침저녁 두 번으로 나눠먹어야 하는데, 세 톨씩을 제외한 나머지 한 톨을 반으로 쪼개어줄 수는 없는 노릇이었다. 그렇게 고민하던 저 공이 원숭이들에게 말했다.

"사정이 곤란해져서 아침과 저녁 두 끼 중 한 끼는 도토리 세 톨밖에 주지 못하니, 일단 낮에는 활동을 많이 하므로 아침에는 네 톨을 주고 밤에는 잠을 자므로 저녁에는 세 톨을 주겠다."

그러자 원숭이들이 일제히 반대하면서 주인의 제안에 승복할 수 없다고 시위했다.

"그렇다면 어떤 방법이 좋겠느냐?"

이렇게 주인 묻자 원숭이들은 아침에 도토리 네 톨을 먹어버리면 자신들에게 매우 불리하니 차라리 아침에 세 톨 저녁에 네 톨씩 달라고 주장했다. 저공은 가만히 생각하다가 원숭이들의 뜻대로 해주겠다고 약속했다. 그러자 원숭이들이 안심했다고 한다.

이『장자莊子』에 나오는 이 우화는 조삼모사朝三暮四라는 유명한 고사성어를 탄생시켰다. 이 우화는 눈앞의 차이만 따지다가 결과는 같다는 것을 망각하는 사람들을 풍자한 것이다. 흔히 빤한 잔꾀로 남을 속이고 농락하려는 자를 '모사'스러운 사람이라고 하는데 '모사'는 조삼모사의 준말이다.

오늘날 한국에서도 바로 이런 조삼모사 같은 공약과 정책을 남발하며 유권들을 혼란스럽게 정치인들이 많은데 유권자들은 그들의 공약과 정책을 꼼꼼히 따져볼 수 있어야 할 것이다.

> 즉시현금卽時現金 갱부시절更無時節
> 때란, 바로 지금이 있을 뿐…

섬김과 나눔의 정신을 실천합시다

　가정생활, 학교생활, 사회생활에서 화합과 평화를 이루려면 '섬김의 정신'과 '나눔의 정신'을 생활화해야 할 필요가 있습니다.

　'섬김의 정신'이란 이 세상에 '나'라는 존재만 있지 않고 '너'라는 존재도 있다는 것을 깨달아서 내가 만나고 아는 '너'(친구, 이웃)를 배려하고 아껴주며 존경할 뿐 아니라 '너'에게 필요한 일을 해주려는 정신이라고 할 수 있습니다. 이 세상의 모든 '나'라는 존재가 제각각 자신만 생각하고 '너'라는 존재를 무시하거나 배척한다면, 사회를 이루는 '나'들과 '너'들은 '우리'가 되지 못하고 지리멸렬하게 흩어져 서로 갈등하고 헐뜯으며 자신만의 이익을 쫓다가 자멸하고 말 것입니다.

　'나눔의 정신'이란 마음과 지식, 경험과 슬기, 능력과 기술, 지위와 재물 등을 독점하지 않고 그것들을 필요로 하는 친구와 이웃에게 나눠주려는 정신이라고 할 수 있습니다. 우리가 세상에 태어날 때 우리는 아무것도 가진 것이 없었습니다. 그러나 세상에 살면서 우리는 많은 것을 가지게 됩니다. 즉 우리가 가진 것들은 모두 이 사회에서 얻은 것들이죠.

그러므로 사회에서 얻은 것들을 사회와 더불어 나누는 일은 당연한 일이겠습니다. 재벌들의 재산을 사회로 환원해야 한다는 말에는 이런 나눔의 뜻이 담겨있습니다.

그렇게 가정생활, 학교생활, 사회생활, 교우交友생활을 통해 섬김과 나눔의 정신을 실천하는 사람들의 마음은 넉넉해질 것이고 그런 넉넉한 마음 덕분에 가정, 학교, 사회, 친구들도 넉넉해질 것입니다.

그러나 어찌 된 일인지 요즘 우리 사회는 매우 삭막해지고 있는 듯합니다. 서로를 믿고 아끼며 상대를 존중할 줄 모르고 일신의 안일과 영달만 생각하는 사람들이 많아 보입니다. 그런 만큼 사회에는 섬김과 나눔의 정신이 필요한 것입니다.

사랑은 붉어서 퇴색하기 쉽고
순결은 희어서 물들기 쉽고,
우정은 초록이라 영원하리라.

한토막 이야기 한국사

큰일을 하려면 사사로움에 얽매이지 말아야 한다

의리를 위해 목숨까지 내놓은 부자父子와 노비奴婢

가잠성椵岑城의 성주였다. 611년(진평왕眞平王 33) 겨울 백제의 대
군이 가잠성을 공격하자 진평왕이 지원군을 파병했지만 소용없
었다. 가잠성이 포위된 지 백 일이 지나자 식량이 떨어지고 식수
가 고갈되어 성의 주민들은 시체를 뜯어먹고 오줌을 마실 지경이
었다. 책임을 통감한 찬덕은 눈을 부릅뜨고 나무에 머리를 들이
받고 자결했다. 그 후 여러 해가 지나서 찬덕의 아들 해론奚論이
가잠성을 탈환했다. 그러나 백제는 곧 바로 지원군을 파병했다.
해론을 그런 백제군에 응전하기 위해 단검을 꺼내 들고 적진으로
달려가 여러 명을 죽인 끝에 전사했다. 해론이 전사할 당시 나이
는 스무 살이었다.

그 후 647년(진덕여왕 1년) 백제군이 신라의 무산성茂山城과 감물
성甘勿城 등의 성들을 공격했다. 그때 신라의 김유신 장군은 보병
과 기병 10,000명을 거느리고 백제군과 싸웠다. 그러나 백제군이
워낙 강해서 고전을 면치 못하던 김유신은 부하장수 비령자丕寧子

를 불러 함께 술을 마시면서 부탁했다.

"그대는 장병들의 사기를 다시 드높일 수 있으리라."

그때 비령자는 아들 거진擧眞과 종 합절合節도 전장에 데리고 나와 있었다. 비령자가 합절을 불러 말했다.

"내가 나라를 위해 죽을 것인데, 거진이 걱정된다. 거진은 어리지만 곧은 뜻을 품어서 나를 따르려 할 것이다. 아들마저 죽는다면 아내는 누구를 의지할 것인가? 부디 네가 막아다오. 네가 거진과 함께 나의 시신을 거두고 마님을 위로해드려라."

그리고 창을 꺼내든 비령자는 말을 타고 박자를 가해 적진으로 내달려 적군 두어 명을 죽이고 전사했다. 그러자 거진이 아버지의 뒤를 쫓으려고 했고 합절이 말렸지만 거진은 합절의 팔을 칼로 잘라버리고 적진으로 내달려 결국 전사하고 말았다. 곧이어 합절도 적진으로 달려가서 싸우다가 전사했다.

해론, 비령자, 거진, 합절뿐 아니라 신라군인 눌최訥崔, 화랑 반굴盤屈과 관창官昌도 백제군을 향해 돌진하여 싸우다가 장렬히 전사한 신라의 인물들이다.

천년이 흘러도 잊히지 않는 신라충신 박제상

박제상朴堤上은 신라의 시조 박혁거
세朴赫居世의 후손이자 신라 제5대 파
사이사금婆娑尼師今의 5대손으로 내물
마립간奈勿麻立干(내물왕)과 눌지訥祇마
립간(눌지왕)을 섬긴 신하였다. 그의
시대에 신라의 형편은 무척 어려웠다.
왕이 무능해서 그런 것은 아니었다.
신라보다 훨씬 강성한 백제가 신라를
위협했기 때문이었다. 신라는 백제를
견제하기위해 고구려와 왜국에 군사

박제상선생초상

원조를 요청할 수밖에 없다. 그러나 신라는 고구려와 대등한 관
계에 있지 않았으므로 굴욕적인 조건을 감수해야 했다. 402년에
는 내물마립간의 셋째아들 미사흔未斯欣을 왜국에, 412년에는 둘
째아들 복호ト好를 고구려에 볼모로 보냈다. 그러나 고구려와 왜

국의 원조는 시원찮았고, 오히려 볼모를 이용하여 공공연히 신라의 내정을 간섭했다. 그리하여 내물왕의 첫째아들 눌지는 마립간으로 즉위하자마자 두 동생을 구출하기로 결심했다. 눌지마립간은 그 위험한 임무를 수행할 적임자를 물색했다. 신하들은 모두 박제상을 천거했다. 박세상은 지혜와 언변, 담력과 충성심을 두루 겸비했고 외국정세에도 밝았다. 게다가 그는 죽음보다 고통스러우면서도 길고 지루한 '고난의 역정力征'을 감내할 만한 인내력의 소유자였다.

그리하여 우선 고구려로 간 박제상은 장수왕長壽王을 설득하여 복호를 구출하여 귀국했다. 하지만 박제상은 집에도 들르지 않고 곧장 왜국으로 향했다. 그는 신라에서 반역죄를 저지르고 망명한 나그네 행세를 하며 기회를 엿보았다. 그 무렵 백제에서 돌아온 왜국사신이 고구려가 신라와 연합하여 왜국을 침공하리라는 예견을 피력했다. 그러자 신라를 선제공격하기 위해 출병한 왜군은 미사흔과 박세상을 향도嚮導로 삼았다. 그렇게 왜군과 함께 신라로 향하던 박제상은 왜군의 감시가 소홀한 틈을 타서 미사흔을 탈출시켰지만 자신은 붙잡히고 말았다. 왜왕은 충신 박제상을 신하로 삼으려고 온갖 회유를 했지만 소용없었다. 박세상은 신라의 개나 돼지가 될지언정 결코 왜국의 신하가 될 수 없다고 단언했다. 자존심을 크게 다친 왜왕은 박제상에게 온갖 협박과 고문을 자행해도 박제상이 뜻을 굽히지 않자 급기야 박제상의 발바닥을 피부를 벗기고 쇠못판 위를 걷도록 하는 잔혹한 형벌을 가했다. 그래도 박제상이 신하가 되기를 거부하자 왜왕은 끝내 그를 불태워죽이고 말았다.

| 충신 영해박씨 박제상 가계 |

박혁거세(시조왕)
朴赫居世(始祖王)

|

파사왕婆娑王

|

6세

|

중시조中始祖 1세
제상堤上

|

문량文良 (백결선생百結先生)

|

황璜 25세

|

명천命天 (평장사)

|

윤倫

|

태고太古 ┌ 용재 – 회의 – 송비松庇 – 엄열 – 득주 – 문규
        │   (문화시중)
        │
        └ 용량 – 릉겸 – 인근 – 세통世通 – 홈무 – 함
                              (평장사)   (좌복사)

부귀영화를 거부하고 근검절약으로 모범을 보인,
선조의 넷째 딸 정숙옹주

선조의 넷째 딸 정숙옹
주가 세상을 뜨자 선조
의 부마이자 정숙옹주의
남편인 동양위東陽尉 신
익성은 직접 행장行狀을
지어 장유에게 비명碑銘
을 부탁했다. 행장을 받

장유묘소(경기도 안산시)

아서 읽어본 장유는 행장은 실로 훌륭하게 핵심을 언급하는 글로
작성되었으니 더 보탤 것이 없다고 생각했다. 그래서 장유는 그
행장에 약간의 교정을 가하고 이렇게 비명을 붙였다.

"옹주의 신분을 잊고 한 집의 며느리로서 최선을 다한 삶."

정숙옹주는 선조와 사헌부 감찰 김한우金漢佑의 딸 인빈仁嬪 김
씨金氏 사이에서 1575년(선조 9) 3월 무신일戊申日에 창경궁에서 태
어났다.

옹주는 어려서부터 남다른 소질을 보였다. 그래서 옹주가 조금 자라자 선조는 옹주에게 직접 글을 가르치기도 했다. 그런 덕분에 옹주는 고금의 득실에 자못 통달했지만 그것을 문사文辭로 드러내 보인 적은 없었다.

옹주는 아홉 살에 봉작을 받으면서 정숙이라는 이름을 하사받았다.

열세 살에 평산平山 신씨 가문의 신익성과 혼인했다. 평산 신씨는 동양東陽(황해도 평산平山의 옛 지명)의 대성大姓이었는데, 그 가문은 고려의 태사台司 신숭겸申崇謙의 후예들이었다.

처음에 선조가 옹주의 뛰어난 자질을 아껴 훌륭한 배우자를 골라주려고 했다. 그런데 당시에 신익성의 부친 신흠이 문장과 아망雅望으로 선조의 지우知遇를 받고 있었을 뿐 아니라 신익성은 소년시절부터 영특한 자질을 소유한 준재여서 부마도위駙馬都尉로 선발되었던 것이다.

정숙옹주와 신익성이 혼인한 3년이 지나자 선조는 비로소 궁중 밖으로 나가 살라고 딸과 사위에게 명했다. 그때 나이 열다섯 살이던 옹주가 집안 살림을 주도적으로 처리하고 규문閨門 안의 질서를 분명히 바로잡으니 각종 대소사를 막론한 모든 일이 제대로 다스려졌다. 신씨 가문은 예로부터 예법의 가문으로 유명했는데, 옹주가 시부모를 그지없이 근실하게 모시고 외친에게도 친근히 대했으므로 먼

신숭겸장군상

친척들도 모두 격의 없이 지냈다.

선조가 승하한 지 6년이 지난 계축년癸丑年 화변禍變이 발생했다. 그때 신흠도 감옥에 갇히는 몸이 되었는데, 옹주는 시어머니의 뒤를 따라 거적을 깔고 맨땅에 거하면서 일체의 음식을 물리치고 입에 대지 않은채 여러 날을 보냈다. 그런 덕분에 신흠은 사면되어 김포의 시골집에 칩거했는데, 옹주는 백리도 넘게 떨어져 있는 시아버지를 때마다 꼬박꼬박 찾아가서 문안했다고 한다. 그러던 어느 해 춘천의 황량한 벽지로 유배된 신흠은 거칠고 부족한 음식 때문에 이따금 곤란을 겪었다. 그러자 옹주는 밤낮으로 관심을 쏟아 시부모에게 쌀과 소금 등을 넉넉히 공급하여 걱정을 끼쳐드리지 않았고, 흔히 맛보기 힘든 귀한 음식이 있으면 반드시 급히 보내드리곤 했다. 또 가묘가 한성에 그대로 있었으므로 옹주는 철마다 매번 제향을 모시며 직접 제사음식을 올리곤 했는데, 한 번도 예법에 어긋나게 한 적이 없었다. 그러던 어느 날 신익성의 누님이 춘천 사돈어른에게 문안드리러 가던 도중에 갑자기 병에 걸려 죽었다. 그 소식을 들은 옹주는 하던 일을 중지하고 즉시 장례용 의금衣衾을 만들고 제반 장례용품을 모두 마련한 준 덕분에 장례를 제대로 치를 수 있었다. 시어머니가 세상을 떠났을 때도 합당한 형식과 내용으로 상례를 치렀다. 또 신익성의 막내 여동생이 처녀로 집에 있을 때는 옹주가 매우 돈독히 보살펴주었고, 시집갈 때는 혼수일체를 손수 마련해주었으며 심지어 여종들까지 나눠주며 따라가게 했다.

옹주는 늘 검소한 복장을 했어도 태도는 오히려 의연했다. 또한 그녀는 자녀들을 매우 엄하게 교육했고 자녀들에게 옷을 만들어

입힐 때도 화려한 옷감은 일절 사용하지 않았다. 언제나 근검절약을 몸소 실천한 그녀는 종일 나태한 모습을 보이지 않았다.

궁궐에서 부왕을 알현하는 날이면 여러 귀척貴戚들은 서로 경쟁하듯이 호화스럽게 꾸미고 입궐했어도, 옹주만은 검소한 복장으로 입궐하여 그녀를 모시는 자들이 부끄럽게 여기기도 했지만 옹주는 담담하게 처신했다.

또한 옹주는 효심과 우애심을 타고났다. 궁중에서 인빈을 모실 때는 거역하는 기색을 전혀 보이지 않았고, 형제를 대할 때도 못마땅하게 여기는 말을 한 번도 하지 않았다.

광해군은 궁중에서 연회를 베풀 때마다 모든 귀척을 꼭 참석시키곤 했는데, 어느 해 연회석에서 자전慈殿(대비大妃)이 기막힌 곤욕을 당하는 장면을 목격한 옹주는 그 후 10년간 차마 연회에 참석할 수 없어서 궁중에 발길을 끊었다. 그러던 중에 광해군이 장차 대비를 폐하려고 하자 신익성은 헌의獻議하지도 않고 정청政廳에도 참여하지 않은 채 대문을 닫고 벌이 내리기만 기다렸다. 그러던 어느 날 밤 어떤 객이 집을 찾아와 길흉화복을 운위하며 신

익성을 꾀이기도 하고 매우 사납게 어르기도 했지만 신익성은 응하지 않았다. 객이 가고 나자 옹주가 신익성을 위로하며 말했다.

광해군 묘 안내판

광해군 때 대북파大北派의 음모로 선조의 계비 인목대비仁穆大妃가 폐비가 되고 그녀의 아들 영창대군이 살해된 사건을 가리킨다.

"아까 객이 하는 이야기를 듣고 혹시 마음이 움직이지는 않았는 지요?

죽고 사는 것은 운명이니 군자는 정도를 잃으면 안 되는 법입니다. 더군다나 꼭 죽게 되는 경우도 아닌 데야 더 말해 무엇 하겠습니까? 궁벽한 산골짜기나 황량한 바닷가로 가게 된다한들 못 살 것이 뭐가 있겠습니까? 부군이 가시는 대로 나도 따라가겠습니다."

그리고 대비와 공주의 처지를 염려하던 옹주는 오래도록 눈물을 흘렸다.

뿐만 아니라 능창대군綾昌大君이 위리안치圍籬安置되었을 때도 감히 그를 위문한 귀척이 아무도 없었지만 옹주만은 홀로 눈물을 흘리며 그를 더욱 보살펴주었고, 의창군義昌君이 두문불출할 때도 역시 그리했으니, 인仁을 바탕으로 삼고 의義를 중시한 옹주의 성품이 고스란히 실천으로 옮겨진 셈이었다.

옹주는 평소 병치레를 하지 않았다. 그러나 정묘년 11월에 갑자기 병에 걸렸고 그 이튿날에 급격히 위독해져 결국 세상을 뜨고 말았다. 향년 41세였다. 옹주의 부음이 전해지자 임금이 애도하며 이틀간 철조撤朝했고, 부의賻儀와 이봉移封도 보통규정보다 성

---

3) 능창대군은 선조의 손자이자 인조의 동생이다. 광해군 7년(1615) 신경희申景禧의 추대를 받아 왕이 되려고 한다는 소명국蘇鳴國의 무고로 교동喬桐에 위리안치되었다가 사형되었다.
4) 선조의 여덟 번째 서자庶子로 허성許筬의 딸과 결혼했는데, 광해군 10년(1618) 모반죄로 죽은 처족 허균許筠의 사건에 연루되어 훈작을 삭탈당하고 유배되었다가 인조반정으로 풀려났다.
5) 『시경詩經』 「소아小雅」 편에 수록된 시 "상상자화裳裳者華"를 가리키는데, 재능과 미덕을 겸비한 인물을 찬탄하는 내용이다.
6) 『시경』 「소남召南」 편의 "하피농의何彼穠矣"는 주周나라 공주를 왕희가 제후諸侯에게 시집갈 때 감히 귀한 신분임을 내세워 남편과 그의 가족들에게 교만하지 않았던 것을 찬양한 시이다.

대하게 했으며, 네 전殿에서도 각각
중사中使를 보내어 조문하고 호상케
했다. 그리하여 유사有司가 관아에
서 장례물품들을 마련해주었고 정
묘년 12월 신유일申酉日에 광주의 읍
소재지 동쪽 고랑리 유좌酉坐의 언
덕에서 장례를 치렀다.

옹주는 자녀 13남매를 두었지만
생존자는 9남매였는데, 생원시에
제1명으로 입격한 맏아들 신면申冕

김좌명신도비

과 그의 남동생들인 신변申昪, 신경申炅, 신최申最, 신향申㝂, 그리
고 맏딸 신혜순申惠順, 홍명하洪命夏에게 출가한 신경강申敬康, 신
순강申順康, 김좌명金佐明에게 출가한 신지강申止康이 그들이었다.

아름다운 내면과 외면을 겸비한 여인

아름다운 내면과 외면을 겸비한 여인장유는 정숙옹주의 묘비
명을 쓰면서 다음과 기록을 남겼다. "내가 나름대로 살펴보건대,
전대前代의 귀주貴主들 중 제대로 예의를 지켰다고 소문이 난 자
를 찾아보기가 매우 힘들다. 이것이 어찌 타고난 바탕이 모두 보
통사람들보다 못해서 그런것이겠는가. 귀한 신분과 부유한 생활
이 교만함과 사치한 생활을 불러일으킨 데다 법도 있는 가르침으
로 인도받지 못했기 때문이었다. 그런데 본조의 가법이야말로 가
장 엄정 하다고 할 만하다. 옹주가 일단 영숙榮淑한 자질을 품부稟

賦 받고 나온 위에 어려서부터 성조聖祖에게서 수신제가의 교화를 훈습 받았을 뿐 아니라 덕망 있는 가문에 출가하여 훌륭한 시부모의 가르침도 받았다. 그리하여 선천적인 성품과 후천적인 학습이 서로 조화를 이루면서 안팎으로 모두 아름다운 경지를 다투게 되었으니 '활짝 핀 꽃처럼 아름답도다'라는 시야말로 바로 옹주를 두고 말하는것이 아니겠는가. 왕희王姬의 아름답고 공손한 모습을 시인도 찬미했듯이 옹주에 대해서는 더더욱 명銘하지 않을 수가 없다. 현헌공玄軒公 신흠은 현재 영의정이고, 동양공東陽公 신익성은 고문사古文事에 능한데 나와 친하다. 그래서 다음과 같이 묘지명을 짓노라.

높고도 귀한 신분
광채 안으로 수렴한 채
부왕의 가르침 직접 받고
양갓집 며느리 되었도다
복록은 당연한 일
번영은 구가해야 마땅하거늘
어찌하여 오래도록 살지 못하고
이렇듯 갑자기 떠나가셨나
수목 울창한 이 묘소
안식처 그윽한데
후손 반드시 번창하여
묘지명이 사실임을 증명하리라.

| 선조대왕 = 인빈김씨 |

서2녀 정혜옹주貞惠翁主
(1584~1638)

윤방尹昉

윤신지尹新之 해평인海平人
(1582~1657)

서3녀 정숙옹주貞淑翁主
(1584~1638)

신승서申承緒

신흠申欽

신익성申翊聖 평산인平山人
(1588~1644)

은진송이수女

서5녀 정안옹주貞安翁主
(1590~1660)

박동량朴東亮

박미朴瀰 반남인潘南人
(1592~1645)

서6녀 정휘옹주貞徽翁主
(1592~1653)

유열柳悅

유정량柳廷亮 전주인全州人
(1591~1663)

남의 어려움은 몰래 돕고 받은 도움에는
감사할 줄 알아야 합니다

친구의 어려움을 알았을 때 능력이 있어서 친구를 돕는 일보다 좋은 일은 없을 것입니다.

사람들이 살다보면 여러 가지 어려운 일을 당할 때가 있기 마련입니다. 그리고 어떤 때는 그 어려움을 혼자의 힘으로는 도저히 극복할 수 없을 때가 있습니다. 그럴 때 친구의 도움은 큰 힘이 되어 난관을 극복 할 수 있게 해줄 것입니다.

그런데 친구끼리 돕고 도움 받는 관계가 자칫 잘못하면 우정에 금이 가게 만드는 경우도 생길 수 있습니다. 돕는 사람이나 도움 받는 사람의 마음자세 때문에 그런 일이 생길 수 있다는 말이지요.

그런 경우들 중 하나는 도움을 주는 친구가 도움을 준다는 사실을 크게 생색내거나 다른 친구들에게 떠들며 자랑하는 경우입니다. 그럴 때 도움을 받는 친구의 마음은 도움을 받는다는 사실 자체만으로도 가뜩이나 떳떳하지 못하겠지요. 그런데도 그 사실이 공개된다면 도움을 받는 친구의 마음이나 자존심이 상처 입기 쉬울 겁니다. 따라서 친구에게 도움을 줄 때는 다른 친구들이 모르게, 그리고 친구의 자존심에 상처를 주지 않게, 조용히 도움을 주면 좋을 것입니다. 그래서 예수는 "너의 오른손이 하는 일을 왼손이 모르게 하라"고 말했던 것이지요.

또한 도움을 받는 사람도 마음을 써야할 것이 있습니다. 친구의 도움을 받지 않고 스스로 문제를 해결하는 것이 원칙이겠지만, 정말 최선을 다했는데도 역부족이라서 고민을 해결하지 못했다면, 능력 있는 친구의 진심어린 도움을 받더라도 그것은 우정의 차원에서 결코 부끄럽거나 자존심 상하는 일이 아닙니다. 누구에게나 어려울 때가 있기 마련이듯이 친구의 도움을 받아야 할 때도 있기 마련입니다. 그래서 친구의 도움을 진심으로 고맙게 받아들이고 언젠가는 그 친구에게 보답하겠다는 마음을 다짐하는 일은 더욱 중요합니다.

이런 마음을 가진다면 도움이 필요한 친구에게 진정한 도움을 줄 수 있는 멋진 사람이 될 수 있을 것입니다.

머리에는 지혜 마음에는 사랑, 손에는 신중함을.

사해死海의 연원

  지구상에는 유명한 산맥도 많고 유명한 바다도 많다. 지중해, 흑해, 남중국해 같은 바다들은 지금도 모두 살아 숨 쉬며 존재한다. 그런 반면에 '사해'즉 '죽은 바다'라고 불리는 호수도 있다. 그렇다면 어쩌다가 사해가 생겨났을까? 다른 바다들은 모두 살아있는데 유독 사해만은 죽음이라는 절망적인 이름을 얻었을까?

  사해의 이웃에 있는 갈릴리 호수는 항상 새로운 물을 공급받으면서 사해에도 그 물을 공급해준다. 그 물이 공급되는 통로가 바로 요르단 강이다. 갈릴리 호수에서 흘러나오는 물은 팔레스타인과 이스라엘에서 흘러나오는 물과 함께 요르단 강에서 합류하여 사해로 흘러들어간다. 그렇듯 사해는 이웃호수와 강들의 도움으로 항상 맑은 물을 공급받는데도 그렇게 도움을 주려고 모인 맑은 물들마저 왜 사해에서는 모두 죽고 마는 것일까?

  그 답을 비유적으로 말하자면 사해는 욕심쟁이 바다이기 때문이라고 말할 수 있다. 즉 사해는 이웃들로부터 항상 많은 물을 받기만 하고 이웃들에게는 한 방울의 물도 나눠주지 않는 폐쇄적인 호수이기 때문이다.

사해로 흘러드는 물은 다른 곳으로 흘러나가지 못해서 고였다가 증발하기만 해서 결국 염분함유량이 지나치게 많아진 바람에 생물이 살 수 없는 죽은 호수가 되어버린 것이다. 사람들은 호수의 그런 욕심쟁이 바다에서는 아무도 살지 못한다는 것을 알고 죽은 바다라는 이름을 붙였던 것이다.

그러나 사해는 사실 다른 이웃호수들보다 낮은 저지대에 위치하기 때문에 물을 이웃호수들에게 흘려보내주려 해도 줄 수 없었다. 그런 실정을 잘 모르는 사람들은 다만 눈에 보이는 현상만 따졌기 때문에 사해라는 이름을 붙였던 것이다.

세상을 지배한다는 신神이 인간들에게 항상 좋은 말과 행동을 하라고 충고해도 인간들은 그 충고를 쉽게 받아들이지 않았다. 그래서 신은 지구상에 사해 같은 호수를 만들어서 인간들에게 교훈을 주고자 했다. 그 교훈은 남으로부터 받기만 하고 받은 것을 돌려주지 않거나 가진 것을 나눠주지 않으면 모두가 부패하여 결국은 죽음에 이른다는 것이었다.

신은 인간들에게 이런 교훈을 금과옥조로 삼아 평화와 행복을 서로 나누며 함께 살아가라고 충고했다. 그러므로 요르단 강을 젖줄로 삼는 중동의 화약고 이스라엘과 팔레스타인 사람들도 이런 교훈을 잊지 말아야 할 것이다.

우연이라는 것은 기대할 만한 것이 못 되는 데도 그 우연에 사로잡혀 당연히 해야 할 의무까지도 소홀히 한다.

신의를 지키는 정직한 우정과 도리를 키워갑시다

우리에게 친구가 있는가? 친구가 있다면 누가 참다운 친구인가? 이런 물음을 스스로 해 본 적이 있습니까?

이것은 참으로 대답하기 어려운 물음입니다. 왜냐하면 참다운 친구가 되기도 참다운 친구를 얻기도 쉬운 일은 결코 아니기 때문입니다.

『이솝우화집』에도 친구에 관한 이야기가 나옵니다.

어느 날 아주 다정한 두 친구가 산길을 가다가 곰과 마주쳤다. 곰을 먼저 발견한 친구는 길가의 커다란 나무 위로 잽싸게 올라갔다. 뒤늦게 곰을 발견한 다른 친구는 머뭇거리다가'곰은 죽은 동물을 잡아먹지 않는다'는 말을 퍼뜩 떠올리고 그 자리에 드러누워 죽은 척했다. 그러자 곰은 죽은 척한 친구 옆에 다가와서는 그 친구의 얼굴에 코를 대고 냄새를 맡는 듯하더니 아무 해코지도 하지 않고 제 갈 길로 어슬렁어슬렁 가버렸다. 곰이 사라지자 나무에서 내려온 친구가 죽은 척하던 친구에게 물었다.

"곰이 자네 귀에 대고 무어라고 하던가?"

그러자 그 친구가 대답했다.

"저런 의리 없는 친구하고는 앞으로 사귀지 말라고 했다네."

비교적 널리 알려진 이 짧은 우화는 친구관계를 다시 생각하게 만듭니다. 친구 사이에 신의를 지킬 수 있다는 것, 정직할 수 있다는 것, 서로를 진심으로 존경하고 배려할 수 있다는 것은 참다운 친구의 핵심덕목들일 것입니다.

친구에게 한 약속은 어떤 일이 있어도 지켜야 합니다. 쉽게 약속을 어기는 사람은 친구의 신의를 잃어버릴 것입니다. 친구에게는 정직하고 솔직해야 합니다. 친구를 속이고도 죄의식이 없는 사람은 결국 진실한 친구들을 모두 잃고 말 것입니다.

참된 우정은 참된 사랑만큼 세상과 우리의 삶을 훈훈하게 해줍니다.

그러므로 여러분의 참된 우정의 나무를 정성껏 키워 가시기 바랍니다.

한토막 이야기 한국사

바른길이 아니면 가지 않았던
선비의 고매한 정신과 높은 기상

조선 초기의 문신 정효
전鄭孝全은 파주시 교하면
오도리에서 태어났다. 그
의 본관은 영일延日이다.
그는 판서를 지낸 정진鄭
鎭의 아들이다.

신빈신씨묘소

조선 태종과 신빈信嬪 신씨辛氏 사
이에서 태어난 숙정옹주淑貞翁主와 혼
인한 정효전은 1422년(세종 4) 일성군
日成君에 봉해졌다. 정효전은 1433년
에는 사은사謝恩使로, 1450년(문종 1년)
에는 진하사進賀使로 명나라에 다녀왔
다. 그 후 병조판서를 거쳐 삼군도진
무사에 제수되었다.

김종서집터(서울 충정로)

1453년(단종 1) 계유정난癸酉靖難 때 김종서金宗瑞 등 여러 중신이 살해되자 병을 핑계로 관직에 나가지 않다가 파직되었다. 여생을 대부분을 가슴 치는 통곡의 시간을 보내다가 피를 토하면서 죽었다고 전해진다. 그가 사망한 이듬해 조정에서 그의 죄가 다시 추론되면서 부관참시剖棺斬屍에 처해졌는데, 그때 형과 아들도 처형되었다. 그는 성종 때 신원伸寃되었고 단종묘에 배향되었다. 그의 시호는 충경忠景이다.

계유정난 당시 정효전은 한명회韓明澮와 권람이 이끄는 무리에 합류했다면 부귀와 영화를 보장받을 수 있었을 것이다. 그러나 무엇이 옳고 그른지 명확히 알았던 정효전은 한명회와 권람 일파가 옳지 않다고 생각하여 수많은 역경과 수모를 겪다가 끝내 목숨을 잃었고, 그것도 모자라 부관참시까지 당한 위인이었다. 세인들은 그의 충심과 곧은 품성을 기억하기는커녕 그의 이름마저 잘 알지 못한다. 그 당시 정치판에서 형언할 수 없는 분탕질을 일삼던 수양대군의 하수인들은 정효전과 비교하면 실로 비겁한 간신들이었다. 일신의 부귀영화에 눈멀었던 그들보다는 이름과 신분을 잊고 은인자중했던 정효전의 고매한 정신과 높은 기상은 오늘날 우리 모두의 길잡이가 되고도 남을 것이다.

순간은 영원으로 통한다는 진리이리니

윗사람의 도리에 보답한 아랫사람과
곡산 노씨(율곡선생부인) 묘소에 얽힌 사연

경기도 파주시 자운서원紫雲
書院 맞은편에 율곡栗谷 내외의
분묘가 앞뒤로 자리한 사연에
관한 전설 하나가 전해진다.

임진왜란이 일어나자 왜적
들은 조선의 방방곡곡을 휩쓸
고 다니면서 양민학살과 부녀
자 강탈 등 온갖 만행을 자행

자운서원(경기도 파주)

했다. 율곡은 임진왜란이 일어나기 전인 1584년(선조 17) 세상을
떠나면서 부인에게 유언을 남겼다. 그때 부인 곡산 노씨가 남편
율곡에게 물었다.

"나는 난리피신을 어찌한단 말이요?"

그러자 율곡이 말했다.

"권율權慄을 찾아 부탁하시오."

부인이 재차 물었다.

"거절한다면요?"

"그러면 혹시 내 무덤 뒤에 와보면 난리를 피할는지……."

이렇게 말한 율곡은 곧 운명하고 말았다. 임진왜란이 일어나자 부인은 행주산성으로 권율을 찾아가서 사연을 말했다. 그러자 권율이 말했다.

"나 역시 식솔의 생사도 모를 뿐더러 전세도 불리한데 어찌 감히 사모님의 피신을 책임진다고 하겠습니까?"

그러자 부인은 하는 수 없이 왜군들에게 쫓기면서 율곡의 묘소에 이르렀다. 변을 당할까 두려워한 부인은 거느리던 하녀를 물을 떠오라고 아랫마을로 보낸 다음 율곡의 신주神主를 묘소 앞에 소중히 묻고 국운을 걱정하고 통곡하면서 남편을 참배했다. 그때 왜군이 몰려와서 부인을 겁탈하려고 했다. 그러자 부인이 크게 호통쳤다.

"이놈들아! 동방예의지국인 우리나라를 어찌 무단침범하여 행패를 부리느냐?"

그리고 부인은 율곡 묘소의 용미龍尾에서 비수로 자결했다. 물을 떠가지고 돌아오다가 숲에 숨어서 그 광경을 지켜본 하녀는 아랫마을로 달려가서 목격했던 참상을 마을사람들에게 알리고 다시 율곡의 묘소로 달려가서 부인의 옆에서 자결했다. 얼마 후 마을의 율곡문하생들이 부인의 시신이 있던 곳에 그대로 흙을 덮어 가다듬어놓았다.

그 후 의주義州에서 환궁한 선조는 율곡 부인이 자결한 사연을 알게되자 그녀의 갸륵한 열의에 감동하여 열녀문을 하사하고 율곡 묘소의 용미에 봉분을 만들라고 하명하니 율곡문하생들이 몰려와서 치장했다고 한다.

율곡이이묘비

上.배곡산노씨묘 下.율곡이이선생묘(경기도 파주)

군중심리에 휩쓸리면 판단력이 흐려집니다

　개인적으로는 자기주장을 떳떳이 하지 못하면서도 여럿이 모인 곳에서 한 명이 선동하면 쉽사리 그 선동대로 행동하는 사람들이 있습니다.

　그런 군중행동은 옳고 그름에 대한 주체적 판단을 따른 행동이 아니라 감정적으로 분위기에 휩쓸리는 행동입니다. 그런 과정이 바로 이른바 군중심리에 휩쓸리는 과정입니다. 그렇게 개인이 어떤 무리나 집단에 속하여 움직이면 익명성을 얻기 때문에 평소에는 발휘하지 못하던 대담한 용기를 발휘할 수 있다고 합니다. 그런 경우는 우리가 일상생활에서도 자주 목격할 수 있는 현상입니다. 학교 또래들의 패싸움, 이해관계로 얽힌 동민洞民들이나 시민들의 다툼, 선거철의 선거운동원들, 각종 시위와 파업, 각종 단체나 조직의 내부알력다툼 등이 대체로 군중심리를 강하게 드러냅니다. 물론 군중에 속해서도 소신을 갖고 행동하려는 사람도 있지만 대부분의 군중은 소신 없이 덩달아 행동하는 경향을 강하게 드러냅니다.

　그럴 때 우리가 생각해야 할 것은 누가 옳은지 여부가 아니라 무엇이 옳은지 여부입니다. 즉 사람을 판단할 때 이 사람은 나와 가깝고 나에게 잘해주니까 옳고, 저 사람은 나와 멀고 나에게 잘해주지 않으니까 그르다는 식으로 판단하면 안 된다는 말이지요. 아무리 나와 가까운 사람일지라도 그가 그르면 따르지 말아야 하고, 아무리 나와 먼 사람일지라도 그가 옳으면 그를 옳다고 인정해야 한다는 말입니다.

대체로 우리 사회의 갈등이나 다툼은 무엇이 옳고 그른지 여부보다는 누가 옳고 그른지 여부에서 비롯되는 경우가 훨씬 많은 듯이 보입니다.

그래서 우리는 누가 옳고 그른지 여부는 무엇이 옳고 그른지 여부를 가려서 자신의 의견이나 행동을 결정짓는 주체적이고 이성적인 인간이 될 수 있도록 노력해야 합니다.

어떤 집단이나 군중이 나의 편이라는 이유로 혹은 다수라는 이유로 그들 속에 자신을 무모하게 내던지지 말고 자신만의 분명한 판단력을 발휘하여 행동하면 좋을 것입니다.

인승아하해 人勝我何害 아승인비복 我勝人非福
다른 사람이 이겼다고 어찌 해로움이랴
내가 이겼다고 어찌 복이랴

혼탁한 사회에는 맑은 샘물이 필요합니다

　요즘 사람들은 우리 사회가 혼탁해져서 큰일 났다고들 말합니다. 부정부패가 만연하고 비리와 편법이 판치며, 나만 잘살고 보자는 이기심이 널리 퍼져있다고 말합니다. 너나없이 부동산투기에 열을 올리고, 살집이 있으면서도 아파트를 여러 채 분양받으며, 밤이면 환락가에 엄청난 돈이 뿌려지는데다가 흉포한 범죄, 교활한 사기, 무분별한 약물남용이 비일비재하다는 것은 물론 가짜를 만들어 파는 데 정신이 팔려있다

　는 것을 지적하기도 합니다. 이런 말들을 듣거나 이런 현상들을 보노라면 현기증을 느낄 정도로 어지럽고 살맛이 나지 않기도 합니다.

　"어째 이런 일이……"라고 탄식하면서도 한편으로는"아니, 모든 게 우리 기성세대, 어른세대의 잘못인 걸……"이라면서 자책하고 반성하기도 합니다.

　그래도 우리가 좌절하지 않는 까닭은, 그리고 좌절해서도 안 되는 까닭은, 오늘날 우리 사회의 모습이 어른들의 잘못된 과거에서 비롯된 것이라면 오늘날 우리가 하기에 따라서 우리의 내일은

결코 이렇게는 되지 않으리라는 확신과 희망이 있기 때문입니다. 우리에게 내일이 없다면 아마도 오늘 우리 현실의 모습만 보고 "이제 끝장이구나!"라며 좌절하고 절망할 수밖에 없을 것입니다.

여러분, 우리에게 희망과 용기를 줄 수 있는 내일이란 무엇이겠습니까? 시간적으로만 보면, 내일은 다가오는 미래를 의미할 수도 있겠지만, 다른 차원에서 얘기하면, 내일은 곧 그 미래를 만들어 갈 내일의 주역들, 즉 오늘의 청소년들이고 바로 여러분들입니다. 따라서 우리의 내일은 오늘 우리 속에 존재하고 살아가는 여러분 청소년들이라는 말이지요.

혼탁해진 호수가 맑아지려면 어디선가 맑은 샘물이 호수로 흘러들어야 합니다. 청소년 여러분이 우리의 맑은 샘물이 될 수 있어야 합니다.

그 외에 다른 희망은 우리에게는 없다는 대답이 정답일 것이기 때문입니다.

得之本有득지본유
失之本無실지본무
얻게 됐다면
본래 있던 것이다.
잃게 됐다면
본래 없던 것이다.

생명보다 앞서는 약속을 지킨 설씨 처녀

옛날 신라의 율리栗里마을에 설씨녀萵氏女(설씨의 딸)라는 처녀가
살았다. 그녀의 집안은 예전에는 귀족집안이었지만 어느덧 몰락
하여 근근이 생계를 유지했을 뿐 아니라 친척도 별로 없었다. 그
런 집안의 무남독녀로 태어난 그녀는 소녀티를 벗자마자 동네청
년들의 흠모를 한 몸에 받았다. 그러나 그녀의 아버지가 매우 엄
한 사람이라 누구도 그녀에게 말을 함부로 붙이지 못했다. 어느
날 그녀의 집안에 청천벽력이 닥쳤다.

늙고 병든 아버지가 정곡正谷(지금의 경남 산청읍 정곡리正谷里)의
국경수비대로 차출되었다. 정곡은 백제군과 호랑이의 출몰이 잦
은 지역이라서 아버지가 그곳으로 끌려가면 살아서 돌아오기 힘
들 것이라고 여긴 설씨녀는 자신이 대신 정곡으로 갈 수도 없어
서 난감했다. 그러던 차에 홀연 사량부沙梁部(지금의 경북 경주시) 사
람 가실嘉實이 그녀의 아버지 대신 국경수비대로 가겠노라며 자청
하고 나섰다. 설씨녀를 줄곧 혼자 흠모하던 가실이 용기를 냈던

것이다.

　그녀가 너무 기뻐 아버지께 고하니 아버지는 그 보답으로 딸을 줄 터이니 아내로 삼으라고 말했다. 소원을 성취한 가실은 뛸 듯이 기뻤다.

　어느덧 가실이 입대할 날이 임박했고 설씨녀의 아버지는 딸의 혼인 날짜를 빨리 잡으려고 했다. 그러자 설씨녀는 가실을 찾아가서 말했다.

　"우리는 아직 젊고, 결혼은 인륜지대사입니다. 제가 당신과 결혼하기로 마음을 먹었으니 죽어도 변함은 없을 것입니다. 군역을 마치고 돌아온 후에 좋은 날을 잡아 결혼식을 올려도 늦지는 않을 것입니다."

　그녀는 자신의 품에서 거울을 꺼내 반으로 갈라서 한 쪽을 가실에게 주고 계속 말했다.

　"이것은 우리 믿음의 징표입니다. 후일 당연히 합쳐질 것입니다."그녀의 말에 동의한 가실이 정곡으로 떠나는 날 세상에 보기 드문 좋은 말 한 필을 끌고 와서 그녀에게 말했다.

　"이것은 저의 가장 큰 재산입니다. 이곳에 두고 갈 테니 잘 보살펴서 훗날 쓰게 해주십시오."

　가실을 떠나보내는 그녀의 눈에 눈물이 그렁했다. 그녀는 어느새 그를 사랑하게 되었던 것이다.

　그렇게 3년이 지났어도 가실은 돌아오지 않았다. 신라는 백제와 고구려를 상대로 전쟁을 계속하고 있었다. 다시 3년이 더 지나도 가실이 오지 않자 아버지는 딸이 결국 혼기를 놓쳐버릴까 싶어서 걱정에 휩싸였다. 그녀는 마을에서 이미 노처녀에 속했고 가실이 살아서 돌아올 가능성은 희박했다. 중매쟁이가 자꾸 아버지를 꼬드기자 아버지는 마침내 딸에게 말했다.

"그만하면 너도 할 도리는 다했다. 기약한 것은 3년인데 두 배를 기다렸으니 누구도 너더러 약속을 어겼다고 하지는 못할 것이다. 너도 이제 네 짝을 만나 가정을 이뤄야지. 마침 괜찮은 청년도 있고."

그러나 설씨녀의 결심은 단호했다. 이미 가실을 자신의 남편으로 여기던 그녀는 남편이 죽었으리라는 생각을 꿈에도 해본 적이 없었다.

"아버님. 이 오랜 세월 동안 가실 그분이 얼마나 모진 고생을 치르고 있겠습니까? 그런 말씀 두 번 다시 마옵소서."

아버지는 덜컥 겁이 났다. 평생을 과부로 살 각오를 한 듯이 보이는 딸을 강제로라도 혼인시키기로 마음먹은 그는 중매쟁이가 소개한 청년과 몰래 약혼하여 혼인날을 잡고는 청년을 집으로 데려왔다. 그녀는 싫다고 펄펄 뛰었지만 소용없었다. 급기야 그녀는 도망치려고도 해봤지만 실패했다. 혼인 전날 그녀가 마구간으로 가니 정성스레 보살핀 탓에 윤기가 짜르르하고 용모가 말끔한 말이 아는 체했다. 그녀가 말머리를 쓰다듬어주자 기분이 좋아진 말이 푸르륵거리니 그녀 눈에서 눈물이 하염없이 쏟아졌다. 그랬다. 그녀는 기다린 세월만큼 사랑을 키워왔던 것이다.

바로 그때 누군가 마구간으로 들어왔다.

"누, 누구?"

그녀가 소스라쳐 놀라며 뒤로 물러서는데, 누더기를 걸치고 나무껍데기처럼 비쩍 마른 피골상접한 얼굴의 새카만 사내가 그녀를 더듬었다.

"나, 나요."

"누구?"

"나요, 가실. 당신 아버지를 대신하여 군대에 나갔던 가실. 나를 모르겠소?"

가실은 자신의 몰골을 본 설씨녀가 자신을 어떻게 맞이할지 자신할 수없던 것이 분명했다. 그가 반쪽짜리 거울을 꺼내 그녀 앞에 던졌고 그것을 집어든 그녀는 다시 눈물을 흘렸다. 그러면서 엉거주춤하던 그녀가 자신의 품에서 나머지 반쪽거울을 꺼내어 맞추어보니 딱 맞았다. 하긴 그것은 쓸데없는 확인이었다. 누가 6년간이나 헤어졌던 가실을 대신해올 수 있겠는가. 설씨녀는 가실에게 달려가 품에 와락 안겼다. 그렇게 돌아온 가실의 건강이 회복된 후 두 사람은 모든 마을사람의 축복을 받으며 혼인식을 치르고 백년해로했다.

미인은 거울이 자신의 추함을 알려
스스로를 자기 자만에서 벗어나게 할 때 까지
기다리지 않는다.
그녀는 자신의 모습이 가장 아름다울 때
거울을 깨뜨린다.

숙부와 간신을 분별하여 숙부를 비판한 충신

　이원록李元祿은 판중추부사 이행李荇의 아들로 이기는 그의 숙부가 된다. 그는 1514년(중종 9)태어나 1540년(중종 35)에 생원시에 합격했고, 1541년 별시문과에 을과로 급제하여 사관에 발탁되었으며, 1543년에는 저작을 역임했고, 1544년에는 부수찬과 정언 등을 거쳐 사가독서 했으며, 1545년에는 지평과 교리를 역임했다.

　이원록이 이조정랑으로 재직하던 중에 을사사화가 일어나 많은 사림이 화를 입었다. 그러자 이원록은 당시 권신이던 숙부 이기를 비판하고 이황과 정황丁熿 등 많은 선비들의 목숨을 구했다.

　이원록은 병조정랑에 재직하던 1549년(명종 4) 이기의 전횡을 비난한 일로 임백령林百齡의 탄핵을 받고 장류杖流당한 뒤 평안도 강계에 안치되었으나 이황 등 많은 사림의 상소로 풀려났다. 그때 이원록은 노수신盧守愼, 유희춘柳希春, 김난상金鸞祥, 유담柳湛 등과 함께 복직되어 영흥부사에 이어 사인, 판교, 공조참의 등을 역임했다.

1574년(선조 7) 세상을 떠난 이원록의 본관은 덕수德水이고 자는
정서廷瑞이다.

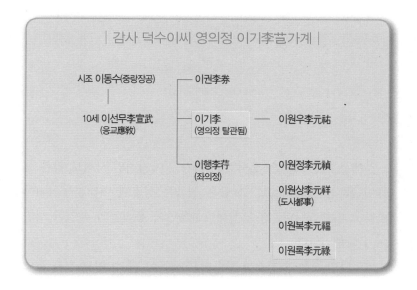

| 감사 덕수이씨 영의정 이기李芑 가계 |

시조 이동수(중랑장공) ─ 이권李券

10세 이선무李宣武 ─ 이기李 ─ 이원우李元祐
(응교應敎) (영의정 탈관됨)

─ 이행李荇 ─ 이원정李元禎
(좌의정)
이원상李元祥
(도사都事)

이원복李元福

이원록李元祿

이기묘소

오늘의 청소년이 맑은 샘물이 되는 길

앞에서 저는 오늘의 혼탁한 사회가 맑아지려면 사회로 맑은 샘물이 흘러들어야 하고, 그 맑은 샘물은 청소년 여러분들이어야 한다고 말했습니다. 청소년 여러분들만이 우리들의 유일한 희망이기 때문입니다.

그렇다면 오늘의 청소년들이 맑은 샘물이 될 수 있는 길은 무엇일까요? 그것을 논하기 전에 먼저 맑은 샘물이란 무엇을 의미하는지부터 생각해보기로 하겠습니다.

우리가 이해하는 샘물의 특징은 계속 솟아오르고 계속 흐르기 때문에 언제나 맑고 신선하다는 것입니다. 그 솟음이나 흐름은 중단되지 않으므로 혼탁해지거나 부패할 틈이 없는 것입니다. 우리 사회에 이런 샘물이 필요하다는 말은 곧 맑고 신선한 정신과 마음을 지닌 사람들이 필요하다는 말입니다. 바꿔 말하면 도덕적으로 결코 타락하지 않은 정신, 사심私心을 버리고 대의大義에 봉사하려는 정신, 인간과 생명에 대한 사랑을 담은 정신, 오로지 진리의 편에 서서 정의와 평화를 받드는 정신을 지닌 사람들이 이 사회를 만들어가야 한다는 말이지요.

머리와 마음이 이미 굳어진 어른들에게서 이토록 맑고 신선한 정신을 기대하기는 매우 어렵습니다. 그러나 청소년들은 이미 고정되어 바뀔수 없는 존재가 아니라 앞으로 무엇인가 되려는 존재, 혹은 무엇이든 될수 있는 존재이므로, 청소년 여러분에게 맑고 신선한 정신을 기대하는 것입니다. 여러분은 우리의 가능성이기 때문입니다.

그 길은 여러 가지가 있을 수 있겠지만 제가 제시하고 싶은 길은 여러분에겐 '젊음'이 있기 때문에 그 젊음을 바탕으로 고결한 정신, 넓은 마음, 건강한 육체를 닦아가는 길입니다. 즉 부패하거나 타락하지 않는 정신, 인간과 자연을 끌어안는 넉넉한 마음, 대의를 위해 헌신할 수 있는 몸을 닦아감으로써 여러분은 우리의 맑은 샘물이 될 수 있으리라고 확신합니다.

숲속에서 열매를 찾아 헤매는 것이 인생이다.

살아있는 정신이 바른 사회를 만듭니다

사람들은 무언가 실수했을 때 "너는 정신이 있냐, 없냐?"고 말합니다.

또한 "정신이 나갔군!" "너, 정신이 바로 박혔냐? 그런 썩은 정신 갖고 무얼 한다는 거야?"라는 말도 합니다. 이런 말들로 미루어 볼 때 사람에게는 '정신'이 사고하고 행동하는 데 가장 중요한 요소로 작용한다는 것을 알 수 있습니다.

그런데 사람의 정신 중에는 살아있는 정신도 있고 죽어있는 정신도 있다고 합니다. 살아있는 정신은 올바르고 사람다운 정신이요, 죽어있는 정신은 부패하고 타락하여 사람답지 못한 정신입니다.

따라서 그 사회가 바르게 되려면 올바른 살아있는 정신을 가진 사람들이 많아야 하고, 그 사회가 망가지려면 올바르지 못한 썩어서 죽어있는 정신을 지닌 사람들이 어지럽게 활보하는 것입니다.

살아있는 정신은 기본적으로 세 가지로 세분될 수 있습니다.

첫째는 고귀한 이상과 큰 뜻을 바라보고 그것을 실현하기 위해 매진하는 정신입니다. 눈앞의 현실과 사사로운 이익만을 생각하지 않고 인간으로서 지향해야 할 바람직한 이상을 추구하는 정신이야말로 진정 살아있는 정신이기 때문입니다.

둘째는 불의와 타협하지 않는 불굴의 정신입니다. 이런 정신을 가진 인간은 결코 부패하거나 타락할 수 없을 것입니다. 그래서 불의와 타협하는 정신은 살아있는 정신이라 할 수 없을 것입니다.

셋째는 자신의 현재에 안주하지 않고 끊임없이 더 나은 것을 추구하면서 자신을 발전시키는 진취적인 정신입니다. 이런 정신은 날로 새로워지는 정신인데, 새로움에 대한 도전 정신이야 말로 살아있는 정신이라 할 수 있습니다.

이렇듯 이상을 향해 달리고 불의에 굴복하지 않으며 날로 새로워지는 살아있는 정신을 지닌 사람들이 우리 사회를 구제할 수 있으리라고 저는 믿어 의심치 않습니다.

넓게 열린 마음이 평화로운 사회를 만듭니다

　언제부터인지 알 수 없지만 사람들의 마음이 작아지고 닫힌 듯이 보입니다. 믿어야 할 가까운 사람들이 서로를 믿지 못하게 되었고, 작은 일도 오해하고 다툼하는 경우가 많아졌습니다. 사람들의 너그러움은 자취를 감추고 각박함만 눈에 뜨입니다. 못 가진 자는 가지려고 마음을 모질게 하고, 가진 자는 더 가지려고 욕심을 부립니다. 길거리를 나다니는 사람들의 마음은 들떠있고 불안하게만 보입니다. 도시인들에게서 너그러움이나 넉넉함과 평화로움을 찾아볼 수 없는 게 오늘날 우리 사회가 아닌가 생각됩니다.

　우리 사회가 갈등이나 다툼, 불신과 분열을 이겨내고 평화롭게 화합하는 사회를 이루려면 우리 모두가 '마음'을 바로잡아야 할 것입니다.

　모든 것은 마음에서 비롯된다고 합니다. 마음만 먹으면 못할 것이 없다고 말하기도 합니다. 마음이 가난한 자가 천국을 볼 수 있다고 했습니다. 그릇된 마음을 가진 자가 그릇된 인간이 되고, 올바른 마음을 가진 자가 올바른 인간이 되는 법입니다.

여러분, 우리 모두 넓은 마음을 갖도록 노력합시다. 바다 같이 넓은 마음, 하늘의 별들과 이 우주를 끌어안는 넓고 큰마음을 가져봅시다. 너그럽고 넉넉한 마음을 품어서 우리가 서로를 이해하고 관용하고 용서하고 화해할 수 있다면, 척박한 사람들의 마음도 따뜻해지고 부드러워져서 평화로워질 수 있지 않겠습니까!

여러분, 우리 모두 마음의 문을 열고 친구와 이웃을 맞이해봅시다. 이 세상에 나만 존재하지는 않을진대, 이기심과 불신의 벽을 헐어버리고 마음을 활짝 열어 따뜻한 미소를 보내며 대화를 나누어봅시다. 그렇게 열린 마음들의 만남에서 화합의 합창이 울려 퍼지면 사랑과 평화의 새 역사와 새 사회가 시작될 수 있을 것입니다.

할 일 없이 보낸 오늘 하루가
어제 죽어난 이가 그토록
살고 싶어 하던 내일이었다.

아마추어 정신, 프로 정신, 스포츠 정신

　스포츠는 우리에게 건강과 활력을 주고 서로 이해하여 협력할 수 있는 기회나 마당을 제공할 뿐 아니라 우리에게 즐거움을 주기 때문에 남녀노소 누구나 스포츠를 좋아합니다.

　그런데 이런 스포츠에 언제부터인가 아마추어Amateur와 프로 Professional의 구분이 생기기 시작했습니다. 생활 속에서 짬을 내어 자신이 좋아하는 스포츠를 즐기는 단계를 넘어 어떤 스포츠에 전념하여 기량과 경기성적에 따라 돈과 명예를 쌓아가는 사람들이 나타났기 때문입니다. 오늘날 최정상급 프로 스포츠맨들은 대중의 영웅으로까지 떠받들어지기에 이르렀습니다.

　아울러 '아마추어 정신'과 '프로 정신'의 구분도 생겨났습니다. 그 차이를 간단히 말하면 스포츠에서 프로는 최고를 지향하고 아마추어는 최선을 지향합니다. 프로의 세계에서는 최고가 되어야 하기 때문에 기량을 늘리기 위한 많은 투자와 피나는 훈련이 있어야 합니다. 그리고 정상에 이르기까지 많은 경기를 치러야 하고 많은 상대를 패배시켜야 합니다.

　따라서 프로 세계에서는 최고가 되려는 정신, 겨루어 이기는 정신, 결코 포기하지 않는 정신 등이 중요하게 여겨집니다.

　반면 아마추어 세계에서는 최고보다는 최선을 다하는 정신을 귀중하게 여깁니다. 스포츠를 생활의 일부로 생각하며 기량을 겨루되 승패보다는 경기과정에서 펼치는 페어플레이 정신을 더 중요하게 평가합니다.

　하계·동계 국제올림픽대회는 아마추어리즘의 정수로 여겨왔는데 일부프로 선수의 참가를 허용하면서 변질되고 있는 듯합니다.

　그러나 아마추어든 프로 선수든 스포츠를 통해 나타내는 공통된 정신이 있습니다. 그것은 땀 흘려 기량을 닦고 용감하게 도전하며 정정당당하게 대결하고 승자에게는 찬사를 보내며 패자를 위로하고 모두가 해냈다는 즐거움을 나누는 정신입니다. 이것이 바로 '스포츠 정신'일 것입니다.

　여러분, 우리 생활에서 이런 스포츠 정신을 살려나갑시다.

이상과 꿈을 실현하기 위해 오늘 땀 흘리는 사람이 됩시다

사람이면 누구나 나름대로 꿈을 갖기 마련입니다. 사람에게 꿈이 없다면, 이상이 없다면, 바라볼 목표가 없다면, 오늘을 살아가기가 지겨울것이고 삶은 삭막할 것입니다. 그래서 사람에게 꿈이 있다는 것은 매우 좋은 일입니다.

그러나 꿈이 있다는 것만으로는 족하지 않습니다. 그것을 기필코 실현하겠다는 의지와, 그것을 실현할 수 있는 역량을 갖추기 위한 오늘의 노력도 필요합니다. 이런 의지와 노력 없이는 결코 꿈이 이루어질 수 없기 때문입니다.

가만히 앉아서 아무 노력도 하지 않고 자신의 이상과 꿈이 실현되기를 바라는 것은 망상일 것입니다. 그런 사람이 지향하는 꿈은 고귀한 꿈이 아니라 허망한 몽상에 지나지 않을 것입니다.

아주 어린 나이에는 상상되는 대로 무지개 같은 꿈을 꾸곤 합니다. 그러나 철들어 지식이 늘고 생활에서 경험하는 바가 많아지면 무지개 같은 꿈은 사라지고 자신의 성향에 맞는 현실적인 꿈을 갖게 됩니다. 잠시 그려보았다가 지워버리는 몽상이 아니라 자신 삶의 이상이요 목표가 되는 건실한 꿈을 갖게 된다는 것입니다.

그 단계에서 중요한 것은 그 꿈이 자신이 지향할 확고부동한 꿈인지 확인해야 한다는 것입니다. 그리고 그것이 확고부동하다고 확신하게 되면, 어떻게 하면 그것을 실현할 수 있는지를 점검하고 그 준비에 착수해야 합니다.

그 준비란 다름 아닌 자신의 실력, 지식, 기량을 닦아가는 것을 의미합니다.

지금은 여러분 나름대로의 건전한 꿈, 이상, 목표를 실현하기 위해 자신의 의지를 다지고 착실하게 자신의 실력을 가꾸어야 할 때입니다.

사회적으로 삶의 꿈을 실현한 사람들은 모두가 남모르게 피땀 흘려 자신을 개발하려는 노력을 게을리 하지 않았습니다. 오늘 땀 흘리지 않는자에게는 내일의 열매가 주어지지 않는다는 것을 알아야겠습니다.

하늘이 한 번 내린 인연을 소중히 여겨
건달을 정승으로 만든 기생 일타홍

   1684년(숙종 10) 충남 금산에 건립된 향교의 위엄을 더해주는 것은 높은 기단 위에 우뚝 서있는 삼주문三柱門이다. 앞에는 명륜당明倫堂과 뒤에는 대성전大成殿을 거느린 이 향교는 문묘배향文廟配享과 지방교육을 담당했다. 이 향교 입구에 만조백관이 시립侍立한 듯 양편으로 도열한 비석들 중에는 '전군수심정승회수거사비前郡守沈政丞喜壽去思碑'가 있

일타홍단비(경기도 고양)

다. 화강암 비신碑身에 반달모양의 옥개석을 얹어 만든 이 비석은 350년간 풍상을 맞아 심하게 마모되어 검은 이끼들에 덮여있다. 그래도 이 비석은 건달 심희수沈喜壽(1548~1622)를 정승으로 만든 기생 일타홍一朶紅의 애절한 사랑을 간직하고 있다.

한 떨기 꽃, 일타홍의 사랑

조선 선조 때 금산에서 태어난 일타홍이 '한 떨기 꽃'이라는 기명妓名으로 기적妓籍에 오른 연유와 십대후반에 한양으로 상경한 사연은 알려져 있지 않다. 뛰어난 용모와 노래솜씨와 춤솜씨로 당대에 이름을 날린 그녀는 권문세가의 노류장화가 되어 우울한 나날을 보내고 있었다.

비록 노리개 신세였지만 일타홍에게는 남다른 꿈이 있었다. 그것은 자신이 직접 벼슬길로 나아갈 수는 없어도 높은 기상을 가진 호방한 낭군을 만나서 그로 하여금 자신을 대신하여 나라에 충성하고 백성들이 편안히 살 수 있도록 하려는 간절한 꿈이었다.

총명하고 영리했던 일타홍은 시문에도 밝았고 관상을 잘 보아서 여러남자를 두루 상대하여 자신을 꿈을 대신 실현해줄 만한 낭군을 찾고 있었다. 그날도 여느 때와 마찬가지로 그녀는 권문세가의 잔칫집에 불려가 술시중을 들고 있었다. 당대의 정승들과 전직前職 대신들이 참석한 술자리에 자못 위엄스럽고 무거운 분위기가 감돌자 그들 사이사이에 앉은 기생들은 흥을 돋우느라 노래도 부르고 춤도 추면서 대감들의 비위를 맞추었다.

그렇게 차츰 취흥이 돌고 화기가 무르익어 갈 무렵 봉두난발한 웬 미치광이 같은 젊은 남자가 느닷없이 술자리에 끼어들었다. 그가 허락도 없이 음식을 마구 집어먹으며 술자리를 휘젓고 돌아다니자 점잖은 대감들의 얼굴에 노기가 가득했다.

그 미치광이는 어릴 때 아버지를 여의고 글공부라고는 아예 거들떠보지도 않았던 건달 심희수였다. 가난하고 무식한 심희수는 잔칫집만 골라 다니면서 얻어먹었는데 사람들은 그를 아예 비렁뱅이로 취급하며 상대조차 하지 않았다. 그런데 일타홍의 눈에는 허름한 옷차림에 행동까지 추악한 심희수가 왠지 남다르게 보였다. 얼굴에는 호탕한 기운이 서리고 눈에는 예기가 번뜩여 대뜸 재상의 재목감이었다.

일타홍의 가슴이 갑자기 두근거리기 시작했다. 그때 대감들이 둘러앉은 대청마루로 성큼 올라선 심희수는 기생들의 얼굴을 찬찬히 살펴보더니 가장 예쁜 일타홍의 곁에 털썩 주저앉아 빈 술잔을 내밀었다. 그러자 일타홍은 그를 억지로 밖으로 끌고 나가더니 귀엣말로 속삭였다.

"술자리가 끝나면 집으로 찾아갈 터이니, 기다리세요."

심희수는 이 말을 듣고 깜짝 놀라며 한달음에 집으로 달려가서 방문을 활짝 열어놓고 눈이 빠지게 기다렸다.

심희수는 태조를 도와 조선을 건국한 개국공신 심덕부沈德符의 후손이자 대대로 높은 벼슬을 지낸 명문가의 후예였고, 정자正字 벼슬을 지낸 심건沈鍵의 아들이었다. 심덕부의 자는 득지得之였다. 그는 태조가 수도를 한양으로 옮기고 궁궐과 종묘를 지을 때 공사를 총괄한 정승이었다. 손이 터지고 갈라질 정도로 열심히 일한 그는 아들이 벼슬길에 오르자 그런 자신의 손을 내밀며 훈계했다.

"나는 손발이 부르트도록 열심히 일했다. 너희들도 벼슬살이를 편하게 할 생각은 말아라."

심덕부는 20년간 정승자리에 있었지만 그의 살림은 늘 가난해서 조정대신들의 존경을 한 몸에 받았다.

"나는 벼슬살이를 오래했으니 누가 선물을 갖고 오면 절대 받지 마라."

그러나 방약무인한 심희수는 일타홍을 만난 그날에도 권문가의 잔칫집에서 온갖 눈총과 구박을 받으며 음식을 얻어먹었던 것이다. 그래도 사람들은 그가 심덕부의 후손임을 잘 아는 터라 그를 심하게 꾸짖지는 못하고 모두들 한심스럽다는 듯이 혀만 끌끌 찼다.

저녁 무렵 일타홍은 약속대로 심희수의 집 대문을 들어섰다. 그러자 심희수는 놀라움과 기쁨을 감추지 못하며 뛰어나왔다. 대뜸 일타홍의 손목을 붙잡아 자기 방으로 끌고 갔지만 일타홍은 매정하게 뿌리쳤다.

그 모습을 본 심희수의 어머니 박씨朴氏는 눈물을 흘리며 탄식했다. 그러자 일타홍은 박씨 앞에 꿇어 엎드려 자신의 생각을 밝혔다.

"마님! 저는 금산에서 상경한 지 얼마 되지 않은 기생 일타홍이옵니다.

오늘 어느 재상집 잔치에서 귀댁 공자를 뵈었습니다. 모두가 미쳤다고 하나 저의 소견으로는 장차 귀하게 될 상입니다. 그러나 지금 준비를 하지 않고 기운을 헛되이 낭비하면 훌륭한 기상이 무슨 소용이 있겠습니까? 만약 마님께서 허락해주신다면 저는 오늘부터 화류계를 청산

심희수묘소 안내석(경기도 고양)

하고 이 댁에 들어와 온힘을 다해 귀댁 도련님을 올바른 길로 인도하겠습니다."

그러자 박씨는 깜짝 놀라며 손사래를 치면서 말했다.

"내 아들을 사람으로 만들어준다면 내 집에 들어오는 것을 어찌 막겠느냐? 그렇게만 해준다면 그 은혜는 백 년을 갚아도 모자랄 것이다. 다만 집이 가난하니 너같이 호강하던 애가 어찌 참고 견디겠느냐?"

그러자 일타홍은 입술에 힘을 주고 말했다.

"마님! 저는 부귀와 영화를 탐내어 이 댁에 들어오려는 게 아닙니다.

만약 그럴 욕심이면 어찌 가난한 집 도련님을 유혹하겠습니까? 그리고 큰 인물이 되는 데 일시적인 추위와 배고픔을 걱정하겠습니까? 다만 도련님을 어떤 방도로 이끌던지 마님은 일절 간섭하지 마시고 저에게 맡겨주십시오."

"저 애를 그냥 두면 안 될 것 같아 밤낮으로 걱정했는데, 그래도 복이 있는 놈인지 이런 귀인이 찾아와주었구나."

박씨는 일타홍을 반갑게 맞이했다. 그날로 일타홍은 심희수의 색시가되어 한 집안 식구가 되었다. 그날 밤 심희수는 일타홍에게 잠자리부터 요구했지만 일타홍은 그 요구를 단호하게 거절하며 사서오경을 내놓았다.

"소첩은 살다가 도망가는 일은 없을 것이니, 이 책들을 한 권씩 뗄 때마다 잠자리를 허락하겠습니다."

그러자 심희수는 일타홍을 차지하기 위해 그날부터 노수신 문하에 들어가서 열심히 공부를 시작했다. 워낙 비상한 두뇌를 타고난 심희수는 공부를 시작한지 2년도 지나지 않아 고금의 시서 詩書들에 모조리 통달하여 장원급제를 눈앞에 두고 있었다. 일타홍은 그가 조금만 게으름을 피워도 엄하게 꾸짖으니 심희수의 글공부는 나날이 향상되었다.

몇 년의 세월이 흐르고 스물두 살이 된 심희수는 마침내 진사시에 합격했고, 3년 후에는 문과에 급제하니 심씨 집안에 경사가 났다. 일타홍의 헌신적인 보살핌이 결실을 맺은 것이다. 주위 사람들은 일타홍의 뒷바라지 덕분이라며 모든 공을 그녀에게 돌리며 기뻐했다. 그러나 일타홍의 마음은 한없이 아팠다. 그것은 자신이 천한 기생신분이라 숙명적으로 정실부인이 될 수 없었기 때문이다. 이윽고 낭군을 장가보내기로 결심한 일타홍은 입술을 깨물며 나직하게 말했다.

"어머님! 부탁드릴 말씀이 있습니다. 다름이 아니오라 이제 아드님에게 마땅한 배필을 얻어주실 때가 되었습니다. 진작 말씀드리지 못한 것은 아드님 공부에 방해가 될 것 같아서였습니다. 저의 소원이니 꼭 들어주세요."

그러자 박씨는 펄쩍 뛰며 말했다.

"그게 무슨 말이냐? 그 애가 과거에 급제한 것은 모두 네 덕이 아니고 누구 덕이란 말이냐?"

그러나 일타홍은 이치를 들어가며 박씨를 설득했다. 박씨는 일타홍의 은혜를 잊은 건 아니지만 한편으로는 이제 과거 급제도 했으니 버젓한 양가집규수를 며느리로 맞고 싶은 생각도 없지는 않았다. 결국 심희수는 노극신盧克愼의 딸을 정실부인으로 맞이했다. 일타홍은 갓 들어온 새색시를 깍듯이 예우하며 일을 처리할 때도 부부간이나 외동서간에 말다툼 한 번 없었다.

　일타홍에 관한 소문은 마침내 임금의 귀에도 들어갔다. 그녀의 너무나 아름다운 사랑에 감동한 임금은 일타홍과 심희수를 친히 불러 그동안 있었던 일을 물었다. 당시 법도로 정경부인이 아닌 일개 천기출신의 기생을 임금이 부른다는 것은 매우 드문 일이었다. 임금이 소원을 묻자 일타홍은 남편 심희수를 자신의 고향인 금산의 군수에 제수해줄 것을 청했다. 그러자 임금은 기쁜 마음으로 즉시 윤허했다.

　심희수가 금산군수로 부임하자 일타홍은 군수의 소실小室이 되어 금의환향했다. 그리고 사흘 동안이나 일가친척을 위로하며 잔치를 베풀자 금산 일대에 소문이 자자했다. 그러나 일타홍은 공과 사를 엄격히 분별하여 친척들에게 관청은 여염집과 다르니 함부로 드나들지 말아달라고 부탁했다.

　그 후 일타홍은 행복한 나날을 보냈지만 소실인 자신의 처지가 비참하기도 했고 또 남편을 오랫동안 차지한 것이 정실부인에게 죄스러워 자결하기로 결심했다. 그렇게 마음을 굳힌 일타홍에게 주마등처럼 스쳐가는 지난날 삶의 회한이 사무쳐왔고, 그녀는 달을 보며 시 한 수를 읊었다. 그리고 사랑하는 모든 것을 뒤로 남겨둔 채 일타홍은 마지막 유언을 남기고는 저 세상으로 떠나갔다.

　"서방님! 오늘로써 이별코자 합니다. 원컨대 귀한 몸이니 오래도록 부귀를 누리시고 소첩 때문에 마음을 쓰지 마셔요. 그리고 소첩의 몸은 심씨 선산에 묻어주셔요."

　뜻밖의 일을 당한 심희수는 텅 빈 가슴을 달래면서 며칠을 슬피 울다가 일타홍을 경기도 고양군 원당면 원홍리에 묻어주기로 마음먹었다.

일타홍을 실은 꽃상여가 금강에 이르자 홀연 가을비가 소소히 내려 사람의 마음을 한없이 구슬프게 만들었다. 그러자 심희수는 주체할 수 없는 슬픔에 휩싸여 통곡하며 일타홍의 묘비문을 지었다.

> 한 떨기 고운 꽃이 버들수레에 실려(일타홍파재이차一朶紅葩載輀車)
> 향기로운 혼이 가는 곳 더디기만 한데(방혼하사거주저芳魂何事去躊躇)
> 금강에 가을비 내려 붉은 명정 적시니(금강추우단정습錦江秋雨丹旌濕)
> 그리운 내 님의 눈물인가 하노라(의시가인별루여疑是佳人別淚餘)

그러면서 심희수는 일타홍의 묘비를 거듭 손으로 닦으며 살펴보았다.

격한 슬픔으로 심희수도 그곳에 더 이상 머물 수가 없었는지 묘비문에 "심 정승이 못내 떠난 것이 아쉽다"라는 글귀를 덧붙여 새겨 넣었다.

늙은 정승의 눈물

심희수의 본관은 청송靑松, 자는 백구伯權, 호는 일송一松이다. 그는 일찍이 노수신 문하에 들어가서 글을 배웠고 1572년(선조 5) 별시문과에 병과로 급제하여 승문원에 들어갔다. 그러나 1589년 휘몰아친 정치적 회오리는 심희수의 벼슬길에 어두운 그림자를 드리웠다.

심희수가 헌납에 재임할 때, 정여립鄭汝立의 옥사獄死를 처리하는 과정에서 억울한 사람이 많이 생겨났다. 그러자 심희수는 당시 재상 정철鄭澈의 집을 찾아가 강력히 항의했다. 그러나 정철은 그의 말에는 도통 귀를 기울이지 않았다. 화가 난 심희수가 정철의 집을 나오는데 마침 장운익張雲翼을 만났다. 그러자 정철의 처사가 못마땅함을 탓하며 시를 읊었다.

> 호수에 거친 풍파 일으키는 저 흰 갈매기(백구몰호탕白鷗沒浩蕩)
> 세상 그 누가 길들일까(만리수능순萬里誰能馴)

그런데 이 시 때문에 정철에 관한 악소문이 퍼지자 심히 불쾌해진 정철은 심희수를 잠시 삼척부사로 좌천시켜버렸다. 그때 틈을 내어 양양襄陽을 찾아간 심희수는 고성의 청간정清澗亭과 해당주海棠洲를 돌아보며 자신의 심정을 시로 읊었다.

> 청간정 다락 앞에 보슬비가 멎어(청간정전세우수清澗亭前細雨收)
> 석양에 말을 타고 해당주로 돌아가네(사양타귀해당주斜陽：歸海棠洲)
> 모래바람 잠시 멎어 눈을 떠보니(사오사지방개안沙鳴乍止方間眼)
> 몸은 어느새 양양의 높은 다락에 있네(신재양양백척루身在襄陽百尺樓)

정치가로서 심희수는 외교방면에서 빛나는 업적을 남겼다. 1591년(선조 24) 응교應教로 선위사宣慰使된 심희수는 부산 동래에서 왜국사신을 맞이했고, 임진왜란 때는 도승지가 되어 유창한 중국어로 명나라 장군 이여송李汝松을 영접했다. 한양으로 돌아온 심희수는 이조판서를 역임했고 양관(홍문관과 예문관)의 대제학을 겸했다.

그러나 광해군이 등극하고 권신 이이첨李爾瞻이 정권을 장악하자 심희수는 병을 핑계로 벼슬을 사직했지만 오히려 우의정으로 전임되었다.

그러나 일국의 정승으로서 영창대군의 강화도 위리안치를 막지 못하자 옷깃을 적시도록 울며 말했다.

"늙은 신하가 일찍 죽지 못한 것이 한스럽다."

그런 심희수를 지켜본 모든 사람이 그의 충정에 탄복했다고 한다. 그후 1614년 정온鄭蘊이 영창대군의 죽음이 억울하다고 상소했다가 오히려 간신들의 모함을 받아 역적으로 몰렸다. 그러자 심희수는 죽음을 무릅쓰고 주청하여 그를 구하고 유배에 그치도록 했다. 또한 인목대비를 폐서인시키자는 논의가 있자 심희수는 벼슬을 버리고 둔산屯山에 은둔하여 '수뢰누인水雷累人'으로 자칭하며 몸을 숨겼다. 『주역周易』에서 '둔屯'은 '머물다'라는 괘卦로서 곧 추운 겨울에 봄이 오기를 기다리듯 때를 기다리는 사람이라는 뜻을 내포한 것이었다.

그렇듯 파란만장한 관직생활을 해가던 심희수는 1620년에 판중추부사判中樞府事로 임명되었다. 그러나 이미 늙어서 벼슬에도 뜻이 없어진 그는 다시 둔산으로 들어가 독서와 시로 소일하면서 몸과 마음을 닦아 청렴결백하게 생활했다.

심희수의 문장은 고아高雅하다는 평을 들었고 글씨도 뛰어났다고 한다.

지금도 금산 향교에서 달구경을 하면 일타홍의 마음을 느낄 수 있을지모른다. 여기 그녀가 남긴 시 한 편을 소개해본다.

상월賞月

우뚝 솟은 초승달 오늘 따라 밝으니(정정신월최분명亭亭新月最分明)

한 조각 달빛 만고에 정다워라(일편금광만고정一片金光萬古情)

넓고 넓은 세상 오늘밤 달을 보면서(무한세계금야망無限世界今夜望)

백 년의 슬픔과 즐거움 느끼는 이 몇이랴(백년우락기인정百年憂樂幾人情)

심희수 교지 및 묘
沈喜壽 敎旨 墓

향토유적 제37호
소재지 : 고양시 덕양구 원흥동 산89

심희수는 조선조 중기의 문신으로 명종 3년(1548)에 출생하여 광해군 14년(1622)에 돌아갔다.
자는 백구, 호는 일송이고 본관은 청송이다. 글씨에 뛰어났고 도승지, 형조·이조판서, 대사헌,
우의정, 좌의정 등을 역임하였다. 조선조 광해 5년(1613)에 만들어진 교지는 폭 38cm, 길이 305cm로
재료는 한지를 사용하였다. 이 교지에는 1등에 5명, 2등에 14명, 3등에 28명이 녹선되어 있는데
심희수는 이산해, 이원익 등과 함께 2등에 속해 있다. 교지의 글은 목대흠이 만들고 심인보가 썼다.
묘는 원흥동 구석말 마을에 배 정경부인 광주 노씨의 묘와 쌍분을 이루어 위치하고 있다.
묘 앞에는 숙종 1년(1675) 3월에 세운 높이 132cm, 폭 50.5cm, 두께 17cm 규모의 화강석 묘비가
있는데 묘비 앞면에는 '의정부 좌의정 일송선생지묘 정경부인 광주노씨 부좌'라 새겨져 있으며 상석,
향로석, 망주석과 문인석이 배치되어 있다. 석물 이외에 봉분의 좌측에는 단이 하나 만들어져 있는데
1983년 세워진 오석의 비 앞에는 '일타홍금산이씨지단'이라 표기되어 있으며 뒷면에는 시가 새겨져
있다.

세상을 밝게 보고 적극적으로 살아갑시다

흔히들 세상을 바라보는 관점에 따라 삶의 태도와 자세도 달라진다고 말합니다. 세상을 어둡게 부정적으로 바라보는 사람의 삶은 매우 소극적이고 부정적인 삶이 되기 쉽다고 합니다. 그런 반면에 세상을 밝게 긍정적으로 바라보고 애정을 품는 사람의 삶은 역시 매우 적극적이고 긍정적인 삶이 된다는 것입니다. 즉 사물과 현상을 바라보는 관점에 따라 개인의 인식과 태도가 달라지기 마련이라는 말이지요.

여러분은 지금 어느 쪽에 속한다고 생각하십니까? 세상을 밝게 긍정적이고 희망적으로 바라보나요? 아니면 세상을 어둡게 부정적이고 절망적으로 바라보나요?

저의 바람은 여러분이 세상을 바라볼 때 긍정적이고 희망적으로 바라보았으면 하는 것입니다.

물론 우리의 눈에 비치는 세상이 그렇게 긍정적이고 낙관적인 것만은 아니라는 사실을 저는 부인하지는 않습니다. 물질문명의

---

7) 부富, 돈, 재물, 소유를 뜻하는 이 말은 하느님과 대립하는 우상들 중 하나를 가리키는데, '물신物神'으로도 번역된다.

찬란함 속에서 시들고 있는 인간정신, 권력과 맘몬(Mammon)을 탐하며 아귀다툼하는 인간군상, 개발과 발전의 논리로 자연환경을 무자비하게 파괴하고 오염시키는 인간의 이기심, 핵확산으로 가중되는 전쟁위협 같이 세상에는 낙관할 수 없는 문제들로 가득하다는 것도 저는 인정합니다.

그래도 우리가 세상을 밝게 바라보아야 하는 까닭은 인간의 이기심과 탐욕이 망가트린 세상일지라도 그것을 바로 고쳐갈 수 있는 힘과 가능성은 다름 아닌 바로 우리 인간에게 있기 때문입니다. 인간에 대한 믿음, 인간에 대한 희망이 잘못된 세상을 교정할 수 있고, 상실된 인간성을 회복시킬 수 있으며, 추락하는 인간정신을 다시 날게 해줄 수 있을 것입니다. 이 믿음과 희망이 여러분에게 있는 한 여러분은 세상을 밝게 볼 수 있을 것이고 아울러 여러분의 삶도 희망과 활기로 가득해질 것입니다.

나에게 가장 무서운 적은
자신을 자만하고 자신을 변명하는 것이다.

스스로 문제를 해결하고
새로움에 도전하는 정신을 가집시다

　요즈음 우리 청소년들이 매우 나약해졌다는 소리를 자주 듣습니다.

　육체적으로는 옛날보다 키도 커지고 훨씬 건강해졌는데, 정신적으로는 매우 약해졌다고 합니다. 끈기도 없고 참을성도 없으며 힘든 일은 피하고 어려움에 부닥치면 쉽게 포기해버리는 경향이 짙어졌다는 것입니다. 그런 까닭을 사람들에게 물었더니 부모들의 과잉보호와 제도교육의 부실 때문이라고 대답하는 사람들이 많았습니다. 이 대답은 상당히 일리 있게 들립니다.

　부모님들이 자녀들을 지나치게 걱정하여 불안해하고, 무엇은 하지 말라거나 어디는 가지 말라거나 하면서 보살핌을 넘어 과도하게 간섭하며, 웬만한 것은 분에 넘치는 돈으로 해결하려고 들면 청소년들의 자율성, 자유정신, 호연지기浩然之氣가 살아날 수 없어집니다. 게다가 학교생활은 주입식교육에 시험위주로 진행되고 성적만 따지고 그것에 따라 학생들에게 서열을 매기니 그런 틈바구니에서 청소년들은 규격화되고 기계화되면서 소극적이고 피동적인 존재들이 될 수밖에 없을 것입니다.

그렇다면 이런 현실적인 제약 속에서 우리 청소년들이 어떻게 하면 정신적으로 강해질 수 있겠습니까? 우선 기본적으로 두 가지 방법이 있을수 있습니다.

첫째는 우리 청소년들이 스스로 생각하고 스스로 실천할 수 있는 자율정신을 연마하는 것입니다. 예컨대, 산중에 들어가면 모든 것을 스스로 해결해야 합니다. 그곳에는 보살피는 사람도 간섭하는 사람도 없습니다. 설혹 실수하더라도 그런 체험이 바로 자율정신을 성숙시켜줄 수 있습니다.

둘째는 실험정신을 연마하는 것입니다. 그것은 새로운 미지의 것에 도전하는 정신입니다. 예컨대, 여행을 다니면 자연의 새로운 면면들과 새로운 사람들을 만나고 함께 어울릴 수 있습니다. 미지의 세계를 탐구하는 과감한 정신, 실패를 두려워하는 도전정신이야말로 우리 청소년을 강하게 만드는 활력소가 될 것입니다.

포기라는 낱말은 나의 성장을 멈추게 한다.

한토막 이야기 한국사

주어진 운명을 바꾼 참사람 김정호의 『청구도』

1834년 김정호金正浩가 제작한 『청구도靑邱圖』는 전국을 남북20층, 동서22판으로 구분하고 방안方眼 한 개에 남북100리×동서70리에 해당하는 지역을 담아 16만분의 1로 축적한 지도를 가로17.5센티미터×세로25센티미터로 접어서 합본한 지도첩이다. 이 지도첩은 최한기崔漢綺의 서문과 김정호의 범

김정호선생 초상

례, 역사지도 1장, 행정구역 및 지명의 시대적변천과정을 개관하는 신라 · 고려 · 조선의 지도 4장, 각 지방별 지도들의 색인, 군국총목표軍國總目表로 구성되었다. 특히 이 지도첩에는 현대의 지도책에서 볼 수 있는 것들과 같은 행정구획별 전답, 민호民戶, 남녀인구, 군보軍保, 곡부穀薄, 방면坊面, 거경距京 등이 도표화되어

기재 되어있다. 이 지도첩에 합본된 지도들에는 지형, 수계水系, 성곽, 창고, 역도驛道, 봉수烽燧, 진도津渡, 교량, 고개, 섬, 시장市場, 호구戶口, 군병, 제언堤堰, 토산土産, 인물, 공납, 풍속, 사찰, 능묘, 고적古蹟 등이 상세히 표시되어있고, 각 읍의 여백에는 호구, 전결田結, 곡총穀總, 군정이 기록되었다. 조선 초기부터 연구된 중국 진晉나라 배수裵秀의 지도제작 6원칙이 매우 착실히 적용된 이 지도첩에서는 방격선方格線의 분율分率이 감안되었고, 기존의 오기된 지명들이 12개로 세분된 방위에 따라 위치가 정정되었으며, 거리 균정均正을 위해 10리마다 원圓이 그려졌다. 현존하는 조선시대의 지도들 중 가장 크고 김정호가 〈대동여지도大東輿地圖〉를 제작하기 전까지 가장 정밀한 전국지도이던 이 지도첩은 분명히 〈대동여지도〉의 바탕이 되었을 것이다.

『청구도』의 서문을 쓴 최한기는 김정호의 지도제작을 실질적으로 도운 실학자요 과학사상가였다. 순조 3년에 태어나 고종 16년 사망한 최한기는 부인 반남潘南 박씨朴氏와 2남 5녀를 둔 명문가의 인물이었지만, 그의 생애와 후손들에 관해서는 이규경李圭景 외에는 동시대의 어떤 학자도 그를 거명하지 않았으므로 알려진 바가 없다. 다만 최한기가 집필했다는 수많은 저서들 중 상당수가 전해지는데, 대표적인 것들이『추측록推測錄』과『신기통神氣通』이다. 최한기는 자신의 학문방법을 설명한 이 저서들에서 맹자가 인간의 본유적本有的인 것으로 규정한 인의예지仁義禮智조차 경험으로 얻은 습관들에 불과하다고 주장했고, 유교와 실학사상을 독특하고 혁명적으로 해석한 경험론을 설파했으며, 서양철학의 영향을 얼마나 받았는지 불분명하지만 서양의 역산曆算과 기학氣學을 크게 중시하고 많은 서양과학의 사례들을 들면서 서양과학 기술의 적극적 도입을 주장했다. 이 저서들 외에 그의 저서들은 모두 서양학문을 소개하려는 노력을 여실히 드러내는데, 특히 1857년 펴낸『지구전요地球典要』에는 바야흐로 세계 각국의 지리, 역사, 물산, 학문등이 상세히 소개되었다.

서양의학을 조선에게 소개하는 뚜렷한 업적도 남긴 최한기는 김정호의 동년배였거나 한두 살 어렸는데, 물론 둘의 친분은 매우 두터웠고, 중국에서 간행된 세계지도를 둘이 함께 대추나무에 새겼다는 일화도 전해진다. 그래서 김정호가 최한기의 도움을 받지 못했다면 〈대동여지도〉에는 김정호의 지난한 '족적足跡'밖에 남지 않을지도 모른다. 한마디로 최한기는 김정호가 걸었던 지난한 족적의 방향타였던 셈이다. 김정호가『청구도』를 제작한 때부터 〈대동여지도〉를 완성할 때까지 장장 27년이 걸렸는데, 두 지도의 외형은 별 차이가 없어 보인다. 김정호의 업적은 당연히 정밀도精密度에 있었다. 그리고 최한기의 도움으로 지도의 정밀도를 높이는 데 김정호가 바친 '27년'이라는 세월은 정밀한 지도를 만들겠다는 일념으로 스스로를 유배시킨 조선실학자의 일생이나 다름없었다.

〈대동여지도〉의 축척은 16만분의 1이고 남북22층으로 되어있으며 각층을 세로30.2센티미터×가로20.1센티미터 크기로 8번 접을 수 있고 22층을 순서대로 접합하면 가로3미터×세로7미터에 달하는 한 장의 한국전도가 된다. 서문에 해당하는 「지도유설地圖類說」은 지도제작경위와 중요성, 작도법, 실용가치 등을 논하면서 말미에는 놀랍게도 전국의 해안선 길이와 6대 간선도로의 총길이를 제시한다. 〈대동여지도〉에 그려진 서해안과 남해안의 해안선 모양과 현대 지도들에 그려진 해안선들의 모양은 별 차이가 없다. 물론 〈대동여지도〉에서 동북부지방압록강 상류의 중강진, 동해안의 울진과 울릉도, 제주도가 표시된 위치는 현대지도들에 표시된 위치와 비교하면 위도緯度의 차이보다 경도經度의 차이를 더 많이 보이는데, 그 당시에는 정확한 천문시계가 없었고 산악지대가 많은 한반도에서 교통로가 남북으로만 발달했기 때문이었다. 〈대동여지도〉에 표시된 지명의 총수는 물경 12,000여 개에 달한다. 김정호는 물론 경도와 위도를 기준으로 삼는 서양식 지도제작원리를 알았지만 동양의 전통적인 지도제작법을 사용하여 매우 독창적인 지도를 제작할 수 있었다. 〈대동여지도〉는 세계지도의 역사와 민족문화사에서 길이 남을 노작勞作이자 걸작일 뿐 아니라 무엇보다도 진정한 실학과 근대지 향성의 결합 '가능성'이 남긴 감동적 유언이라고 할 만하다.

진리가 발견되는 곳에는 항상 정의가 있다.

의지와 인내심과 용기를 키웁시다

　오늘의 청소년들이 나약해진다고 말하는 사람들이 공통적으로 지적하는 것 세 가지가 있습니다. 그것들은 의지박약, 인내심 결여, 용기부족입니다. 물론 우리 청소년들이 다 그렇다는 것이 아니라 일반적인 경향이 그렇다는 말일 것입니다.

　먼저 의지박약이란 한 번 결심한 일을 끝까지 추진하려는 의지가 부족함을 의미합니다. 예로부터 결심이 사흘밖에 가지 않는 경우를 빗댄 작심삼일이라는 말이 있습니다. 요즘 청소년들도 결심한 바를 이런저런 이유로 중도에서 포기해버리는 작심삼일하는 습관에 젖은 경우가 많아 보입니다.

　다음으로 인내심 결여는 힘든 일이나 난관에 부딪히면 짜증을 내거나 견디지 못하고 신경질적으로 된다는 것을 의미입니다. 즉 억지로 참기보다는 포기하고 쉽게 가면 된다는 안이한 습관에 젖어있다는 것입니다.

　끝으로 용기부족은 학업, 개인적 고민, 불의, 모순에 당당히 맞서지 않고 회피하거나 외면하려는 경향이 있음을 의미합니다.

　여러분이 이런 지적들을 인정하든 하지 않든지 이런 지적들을 받으면 한 번쯤은 자신을 돌아보면 좋을 것입니다.

내 의지는 강하다고 할 수 있는가? 내 의지가 약하다고 할 수 있는가?

만약에 내 의지가 약하다면 어떻게 의지를 강화할 수 있는가?

내 인내심은 어떤가? 나는 어느 정도 인내심을 갖고 있는가? 만약 나에게 인내심이 없다면 어떻게 나를 훈련시켜 인내심을 갖도록 할 것인가?

나에게 용기가 있다고 할 수 있는가, 없다고 할 수 있는가? 나에게 용기가 없다면 어떻게 용기를 가질 수 있는가?

무엇보다도 의지, 인내심, 용기는 스스로를 이기려는 노력을 통해 스스로 길러야 할 덕목들입니다.

무엇인가 하고 싶은 사람은
항상 방법을 찾아낸다.

행운도 불행도 모두 스스로 감당한
의혜공주와 한경록

한경록韓景祿은 조선 중
종中宗의 둘째 사위로서
자는 중문仲紋이고, 본관
은 청주淸州이며, 세종 때
의 문신 한확韓確의 4세손
이자 춘천부사 한승권韓承
權의 둘째 아들이다. 열여

한경록부마묘소

덟 살 되던 해에 중종의 차녀 의혜공주懿惠公主와 혼인한 한경록은
1546년(명종 1) 청원위淸原尉에 봉해졌다. 의혜공주와 한경록의 혼
인에 얽힌 사연이 전설로 전해진다.

주색만 일삼고 폭정을 자행했던 연산군이 폐위되고 왕위에 오
른 중종은 국가기강을 바로 잡고자 많은 노력을 기울였다. 나랏
일을 많이 걱정하던 중종은 평소에 가족들과 오붓한 시간을 거의
갖지 못했다. 그러던 어느 날 중종은 11명의 딸들과 한가롭게 얘

기를 나누었다.

"너희들이 누구 덕으로 궁중에서 이렇게 호의호식하고 지내는지 차례대로 말해보도록 하여라."

중종이 이렇게 물어보자 다른 공주들은 모두 부왕의 덕이라고 대답했지만 의혜공주만은 다르게 대답했다.

"사람은 누구나 자기가 쌓은 업보대로 살아가는 것이온데, 오늘날 궁중생활이 편안하다고 해서 이를 어찌 아바마마의 덕이라고 할 수 있겠사옵니까?"

이 말을 듣고 괘씸하게 여긴 중종은 이튿날 동대문이 열리면 제일 먼저 들어오는 자에게 의혜공주를 시집보내라고 하명했다.

한편 한경록은 숯을 구워서 한양에 내다파는 숯장수였다. 그는 워낙 부지런하고 성실하여 파루종罷漏鐘이 울리고 동대문이 열릴 때면 늘 제일 먼저 장안으로 들어갔다. 한경록은 그렇게 부지런한 덕분에 임금의 사위가 되었다. 고집 센 의혜공주는 부왕의 노여움을 산 탓에 숯장수에게 시집가서 가난하게 살았지만, 부왕이나 남편을 한 번도 원망하지 않았다. 모든 것을 자신의 팔자라고 생각한 그녀는 오로지 남편을 공경하고 열심히 뒷바라지하면서 알뜰히 살아갔다. 어느 날 그녀는 남편이 일하는 숯가마로 갔다. 남편은 어제 구워낸 참숯을 숯섬에 차곡차곡 담고 있었다. 내일 새벽녘에 한양으로 내다팔 물건이었다. 그때 그녀는 깜짝 놀라고 말았다. 숯가마의 이맛돌이 누런 황금덩이였기 때문이다. 그때까지 한경록은 엄청나게 큰 금덩어리를 한낱 돌로만 여겨왔던 것이다.

그 후 부부는 황금덩이를 팔아서 논밭을 마련하고 열심히 농사를 지어서 큰 부자가 되었다.

이 전설이 사실이었는지는 모르지만, 우리는 이 전설에서 의혜공주의 자립정신과 한경록의 근면성을 엿볼 수 있다. 문정왕후가 수렴청정할때 한경록은 문정왕후의 사위이자 당대 최고의 권력자였던 윤원형의 생질로서 영화를 마음껏 누릴 수도 있었지만, 을사사화에 충격을 받아 모든 것을 체념하고 향리에 은거하다가 70세에 세상을 떠났다. 한경록의 묘는 지금의 의정부시 호원동에 있다.

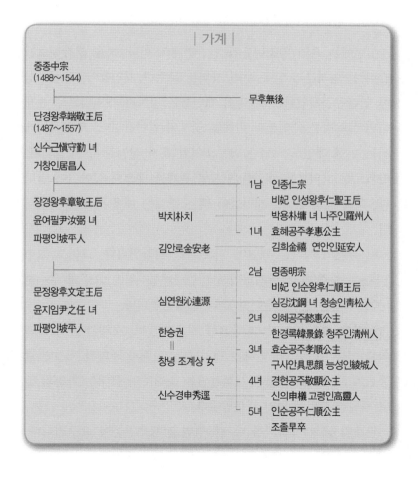

| 가계 |

중종中宗
(1488~1544)

├─────────────────────────── 무후無後

단경왕후端敬王后
(1487~1557)
신수근愼守勤 녀
거창인居昌人

　　　　　　　　　　　　　　　　　　1남　인종仁宗
　　　　　　　　　　　　　　　　　　　　　비妃 인성왕후仁聖王后
장경왕후章敬王后　　　　박치朴치　　　　　박용朴墉 녀 나주인羅州人
윤여필尹汝弼 녀
파평인坡平人　　　　　　　　　　　　1녀　효혜공주孝惠公主
　　　　　　　　　　　김안로金安老　　　　김희金禧 연안인延安人

　　　　　　　　　　　　　　　　　　2남　명종明宗
　　　　　　　　　　　　　　　　　　　　　비妃 인순왕후仁順王后
문정왕후文定王后　　　심연원沁連源　　　　심강沈鋼 녀 청송인靑松人
윤지임尹之任 녀
파평인坡平人　　　　　　　　　　　　2녀　의혜공주懿惠公主
　　　　　　　　　　　한승권　　　　　　　한경록韓景錄 청주인淸州人
　　　　　　　　　　　　‖
　　　　　　　　　　　창녕 조계상 女　　3녀　효순공주孝順公主
　　　　　　　　　　　　　　　　　　　　　구사안具思顔 능성인綾城人

　　　　　　　　　　　　　　　　　　4녀　경현공주敬顯公主
　　　　　　　　　　　신수경申秀逕　　　　신의申檥 고령인高靈人

　　　　　　　　　　　　　　　　　　5녀　인순공주仁順公主
　　　　　　　　　　　　　　　　　　　　　조졸무후

나를 바로 세우고 너를 발견하여
우리로서 어우러지는 관계의 미학

　이번에는 우리 청소년들과 인간관계의 미학美學을 생각해보겠습니다. 여러분이 알듯 우리 사회는 무수한 개인들이 모여 구성한 인간공동체입니다. 따라서 개인들은 저마다 개별적으로 존재하면서도 다른 개인들과 관계를 맺으며 살아갑니다. 인간사회에서는 어떤 개인도 로빈슨 크루소처럼 혼자 살아갈 수 없습니다. 자의로든 타의로든 개인들은 서로 관계를 맺으며 살아가야 합니다. 그래서 사회에서 개인들이 맺는 관계는 매우 중요한 것입니다.

　이 관계의 시작은 개인인 '나'로부터 시작됩니다. 그리고 그런 '나'는 무수한'너'를 발견하면서 인간관계를 맺고, 그렇게 무수한 나와 너의 관계가 어우러져 '우리'를 형성합니다.

　이런 관계를 형성할 때 중요한 것은 나, 너, 우리가 균형과 조화를 이룰 수 있어야 한다는 것입니다. 균형과 조화가 깨지면 갈등관계로 변하고 그것은 사회분열을 초래하여 끝내는 파멸의 길로 치달을 수밖에 없기 때문입니다.

　관계의 균형과 조화를 유지하려면 전제조건들이 요구됩니다.

그 조건들은 첫째, '나'를 바로 세우는 일, 둘째, '너'라는 존재를 발견하고 인식하는 일, 셋째, 이런 너와 나가 '우리'로서 어우러지는 일입니다.

나를 바로 세우는 일은 자신의 노력으로 자신의 인격과 지식과 경험을 높여가는 일입니다. 그리하여 어엿한 '나'로서 남과 다른 자신을 만드는 일입니다. 이런 '나'가 되어야만 비로소 나와 동등한 '너'를 발견할 수 있고, 가족과 친구들과 새로운 사람들을 진실로써 만날 수 있으며, 나아가서 그런 과정이 확대되면 '우리'로서 새롭게 어우러질 수 있을 것입니다.

그것이 바로 함께 어우러지는 삶에 나의 삶을 연결시키는 시점입니다.

나를 바로 세우고, 내가 소중한 만큼 너를 아끼며, 우리로서 아름답고 평화로운 사회를 만들어갑시다.

남이 반갑게 인사한다고 해서
자기를 훌륭하게 여기기 때문이라고
생각해서는 안된다.
남이 자기말에 참으로 반대하지 않고
그대로 따른다고 해서 자기를 존경하기
때문이라고 생각해서는 안 된다.

개인을 위하는 정신과 전체를 위하는 정신

민주주의 사회는 개인의 인격과 자유, 창의력, 소유권을 존중하고 공공선公共善과 복지를 추구합니다. 그러나 전체주의 사회는 공공선과 복지를 우선시하여 그것들에 개인을 종속시킵니다.

따라서 개인의 의견을 존중하고 수렴해가면서 공공선을 이루려는 민주주의 사회의 발걸음은 늦어지기 마련입니다. 그러나 일단 합의에 도달하면 그 합의의 힘은 놀랄만한 결실을 만들게 됩니다.

그러나 전체주의 사회는 공공선을 위해 개인을 동원함으로써 훨씬 빠르게 목적을 달성하지만, 그 과정에서 개인이 희생됨으로써 그 사회는 밑에서부터 붕괴되어갑니다.

우리가 민주주의를 받아들이고 따르는 이유는 그것이 개인과 전체를 동시에 살릴 수 있는 이념이요 제도이기 때문입니다.

그런데 문제는 우리 사회에서 개인을 위한 정신과 전체를 위한 정신이 조화를 이루기가 매우 힘들어 보인다는 것입니다. 예컨대, 회의석상에서 억지논리로 자신의 주장만 고집하면서 회의 진행을 방해하거나, 바람몰이 또는 세몰이로 개인의 의견을 묵살하거나, 전체의 복지를 명분으로 내세워 개인의 희생을 요구하거나, 전체의 몫을 개인이 착복하거나, 이해관계에 따라 이런 때는 개인을 저런 때는 전체를 우선시하는 파행들이 드물지 않게 목격됩니다. 그리하여 개인이기심을 개인존중으로 오해하거나 집단이기심을 전체복지로 오해하는 불상사들도 발생하곤 합니다.

개인과 전체의 갈등은 참으로 해결하기 어려운 문제이긴 합니다. 그러나 개인을 위한 정신의 한계와, 전체를 위한 정신의 한계를 잘 설정하면 문제가 풀릴 수도 있을 것입니다. 그런 한계들은 개인의 자유가 방종으로 흐르지 않도록 함과 동시에 전체의 복지가 독재로 흐르지 않도록 하는 선에서 설정되면 좋을 것입니다.

앞으로 이 문제에 대한 많은 토론이 필요할 줄로 압니다.

친구를 얻기 위해서는 자신을
친구로 만드는 것이 최고의 방법이다.

여러분의 젊음과 가능성을 살려갑시다

청소년들에게는 크게 자부할 만한 것이 두 가지 있습니다. 하나는 청소년들의 '젊음'이요 다른 하나는 청소년들의 '가능성'입니다.

젊음이란 늙음과 상반되는 것입니다. 늙음이 노쇠, 시듦, 퇴색, 무기력, 허약함 등으로 상징될 수 있다면 젊음은 싱싱함, 청춘, 활기, 발랄, 생동감 등으로 상징될 수 있을 것입니다.

여러분은 이런 젊음을 가지고 있기 때문에 젊음으로써 여러분 스스로를 성장시키고 여러분의 주변을 활기차게 만들어갈 수 있습니다.

젊음으로써 자신을 성장시킨다는 것은 자신이 안주하는 작은 세계의 껍질을 깨고 더 넓은 세계로 나아간다는 것입니다. 그리하면 여러분은 지식세계에서 더 넓은 세계로, 사색세계에서 더 넓은 세계로, 체험세계에서 더 넓은 세계로, 생활세계에서 더 넓은 세계로 나아갈 수 있을 것입니다.

그리고 여러분에게는 가능성이 있습니다. 비유하자면 여러분은 지금 아무것도 그려지지 않은 빈 도화지나 캔버스를 눈앞에 두고 자신이 그리고 싶은 그림을 구상하는 화가들과 같다고 할 수 있습니다. 그리고 싶은 대상과 칠하고 싶은 색은 전적으로 여러분의 손에 달려 있는 셈입니다. 다시 말하면, 여러분은 이미 그려진 그림이 아니라 앞으로 그리려는 그림 같은 존재들, 어떤 그림으로도 그려질 수 있는 '가능성'을 품은 존재들입니다. 그 가능성을 인식하지 못하고 살려가지 못하면 여러분은 아무 그림도 그리지 못하고 또 아무 그림으로도 그려지지 못할 것입니다.

그래서 첫째 관건은 여러분에게 '젊음'과 '가능성'이 있다는 사실을 분명히 인식하느냐 여부입니다. 여러분은 각자에 이렇게 자부할 만한 젊음과 가능성을 알 필요가 있습니다. 둘째 관건은 여러분은 각자의 미래를 위한 준비를 오늘 얼마나 착실히 하느냐 여부입니다.

요컨대 여러분의 젊음과 가능성을 살려서 내일을 열어가기 위한 준비야말로 오늘의 여러분이 해야 할 일일 것입니다.

> 한 사람의 사회인으로서 재능도 학문도
> 없다는것은 칭찬 받을 일이 아니다.

믿음을 가지면 두려울 것이 없습니다

짙은 어둠 속에 서있을 때면 두려움을 느끼지만 불빛을 밝히면 두려움은 사라집니다. 믿음은 불빛과 같습니다. 믿음을 갖지 못하면 불안, 초조, 번민에 휩싸여 마치 어둠 속에 있는 것같이 삶에 대한 두려움은 커져갈 수밖에 없습니다. 그러나 믿음 가지기 시작하면 그 모든 불안, 초조, 번민은 사라지고 자신감을 가득 품을 수 있습니다.

그렇다면 그 믿음이란 무엇일까요? 믿음이란 마음으로 따르는 대상과 일체가 되는 마음상태를 의미합니다. 예컨대, 부모님을 믿는 사람의 마음은 든든해져서 삶에 대한 두려움도 갖지 않게 됩니다. 만약 여러분이 부모님이나 가족을 믿지 못하면 어찌 되겠습니까? 여러분이 속한 학교나 모임에 대한 믿음, 좋은 친구들에 대한 믿음, 나아가서 조국에 대한 믿음은 그 믿음의 대상이 여러분에게 일체감을 주기 때문에 여러분은 든든한 마음과 자신감을 가질 수가 있게 됩니다. 이방인은 이런 믿음의 끈을 가지지 못하므로 고독해지고 불안해지는 것입니다.

종교를 가진 사람들의 믿음도 그렇습니다. 마음으로 의지하는 대상이 있고 그 대상을 믿고 따르는 과정에서 마음이 평화로워지고 살아갈 자신감도 얻어지는 것입니다.

그래서 우리가 믿음을 가진다는 것은 매우 좋은 일입니다. 그것은 마치 어둠 속에서 등불을 들고 있는 것과 같습니다. 믿음으로 자신을 바로 세우고 주변을 환하게 볼 수 있기 때문에 자신감도 가질 수 있는 것입니다.

이 우주는 한없이 넓고 이 넓은 우주에 나 홀로 존재한다는 생각에 미치면 두려움이 앞서는데, 그래서 우리에게는 우리를 지탱시켜주고 나의 길을 밝혀줄 등불이 필요합니다.

믿음을 가지세요. 그런 믿음이 여러분을 강하게 만들어줄 것입니다.

사람들이 재능이나 학문을 중시하는 것은
사회인으로서 세상에 나가기 위해서이지
그것을 코에 걸고 있기 위해서가 아니다.
즉 사회를 위해 임무를 다하기 위한 것이지
남에게 자랑하려는 것은 아니다.

모든 일은 마음먹기에 달렸음을 알려주는
원효의 행적

파계, 요석공주, 관음보살, 해골

신라의 태종太宗 무열왕武烈王은 원효 대사元曉大師를 공경했다. 어느날 원효 대사가 저잣거리를 휘젓고 다니며 노래를 불렀다.

"누가 자루 없는 도끼를 내게 준다면 하늘 버틸 기둥을 찍어내리라."

이 노래에서 '자루 없는 도끼'는 여자의 생식기生殖器를 암시하고'하늘 버틸 기둥'은 나라의 동량棟樑을 의미했다. 따라서 이 노래에는"누가 내게 여자를 주면 그녀에게 나의 씨를 뿌려 그녀로

원효대사화상

하여금 인재를 낳도록 하겠다"는 뜻이 담겨있었다.

저잣거리 사람들은 이런 뜻도 모르고 이 노래를 따라 불렀지만 무열왕은 원효의 뜻을 금방 알아차렸다. 그래서 무열왕은 대對백

제전쟁에서 남편을 잃은 자신의 둘째딸 요석공주瑤石公主를 원효와 혼인시킬 묘안을 짜보라고 궁리宮裏에게 하명했다. 그러자 궁리는 경주 남산에 있는 원효에게 무열왕의 의중과 자신의 계획을 적은 서신을 보냈다. 그 계획이란 궁리 자신이 남산 아래 문천교蚊川橋를 지날 때 원효도 그곳을 지나다가 궁리와 실수로 부딪힌 듯이 문천교 밑으로 떨어

설총선생초상

지라는 것이었다. 이윽고 궁리가 문천교를 들어서자 길가에서 기다리던 원효도 문천교로 들어서 계획대로 궁리와 부딪히는 연극을 하고 문천교 밑으로 떨어졌다. 그러자 궁리는 냇물에 온통 젖은 원효의 옷을 말려준다는 핑계로 원효를 요석궁으로 데려갔다. 그때부터 원효는 요석궁에 머물렀고 얼마 지나지 않아 요석공주가 임신을 했다. 그녀가 낳은 아이가 바로 설총薛聰이었다.

설총은 이두吏讀를 체계화한 학자였다. 이두는 조선의 세종대왕이 한글을 창제할 때 까지 한국의 세속사世俗事를 기록할 수 있는 유일한 문자표기법이었다. 설총은 이두 말고도 다른 방면들에도 뛰어난 업적을 남겨 신라10현 중 한 명으로 추앙받았다. 설총을 낳은 원효의 파계破戒는 의외로 신라불교를 호국불교로 확대시키는 한편으로 세속화시키면서 더욱 심오하게 만들었다. 즉 왕족을 잉태하는 과정을 통해 면면하고 깊은 의미를 띠는 '호국'은 육감적인 '요석공주'의 성性과 성聖이 상호전화轉化과정에서 관음보

살로 구현되는 '세속'과 중첩되는 것이다. 그리하여 '합궁=성애'의 진정한 의미가 이룩된다.

신라의 또 다른 고승 자장율사慈裝律師의 염원은 '지혜를 관장하는'문수보살을 뵙는 것이었다. 그는 문수보살을 봤으되 보지 못했다. 그가 우매했기 때문이다. 원효와 의상은 '연민과 동정심을 관장하는 '관음보살을 뵙는 것이었다. 그런데 두 대사도 관음보살을 봤으되 보지 못했다.

관음보살은 장면이나 광경이 아니라 의미의 아름다움을 구현하는 '생애生涯'였기 때문이다.

원효는 요석공주와 합궁한 이후 의상과 함께 당나라로 다시 떠날 채비를 하고 사신선使臣船이 정박한 항구로 가다가 날이 저물어 어느 동굴에서 묵어가기로 했다. 한밤중에 자다가 목이 마른 원효는 손으로 주변을 더듬거리다가 바가지 같은 것에 담긴 물을 시원하게 들이켜고 다시 잠들었다. 그런데 아침에 깨어보니 그 바가지는 사람해골이었다. 원효가 마신 물은 해골에 담긴 물이었던 것이다. 원효는 심하게 구토를 하다가 문득 깨달았다.

'어제 물을 마신 것도 나고, 역겨움을 못 이겨 구토하는 것도 나다. 물은 똑같은 물이다. 이 어찌된 일인가? 아, 모든 것이 나의 마음에 달렸구나. 눈에 보이는 것, 해골은 끔찍한 것이라는 감정, 이런 것은 다 허상이다!'

이런 깨달음을 얻은 원효는 그 길로 당나라 유학을 포기하고 경주로 발길을 돌렸다. 원효는 진리란 결코 밖에 있지 않다는 것을 깨달았다.

진리는 안에서 찾아야 할 것이었다. 결국 의상 혼자 당나라로 떠났다.

이 일화는 호국불교의 의미를 가르치기보다는 불교가 대중화됨으로 심화된다는 것을 가르치는 듯하다. 원광법사圓光法師와 자장율사의 좌절이 원효를 통해서 거꾸로 해결되는 과정을 보여준다. 그리하여 원효가 깨달은 것은, 독일의 위대한 작곡가 바흐Johann Sebastian Bach(1714~1788)의 음악이 암시하듯, 종교의 위대한'세속성=예술성'이었다. 원효에게 중생은 구도求道의 대상일 뿐 아니라 깨달음에 이르는 길이요 깨달음의 본체였다.

지금까지 전해지는 원효에 관한 일화들에서는 '요석공주=호국불교의 상징'과 '해골바가지=불교대중화의 상징'이 혼동되거나 둘의 순서가 거꾸로 이해되었다. 즉 해골바가지가 요석공주보다 먼저였다. 이럴 경우 원효는 득도한 후 불교대중화에 힘쓴 생애로 단순히 집약될 뿐이다. 무애無碍 즉 '모든 것에 거리낌이 없어'야 생로병사의 고해를 벗어난다는 원효사상의 핵심은 요석공주와 해골바가지를 순서대로 거치면서 무르익었던 것이다.

이른바 파계승이기도 했던 원효는 이제 승복을 벗어던지고 세속인의 복장을 하고 스스로를 소성거사小性居士로 자칭했다. 어느 날 큰 박 가지고 노는 광대들을 본 소성거사는 직접 광대복장을 하고 불교의 이치를 노래로 지어 불렀는데, 그 노래가 바로「무애가無碍歌」다. 이 노래 덕분에 더벅머리아이조차 부처의 이름을 알아서"나무아미타불……"라는 염불도 욀 줄 알았다. 소성거사는 이따금 미친 행동도 서슴지 않았고 술집과 기생집에도 들락거렸다. 또한『화엄경華嚴經』을 주석하거나 강의도 했고, 사당에서 가야금 뜯으며 음악을 즐기기도 했으며, 여염집에서 유숙하는가 싶더니 명산대천을 찾아 좌선하기도 했다. 한날한시에 여러 곳에 똑같은 그의 모습으로 나타났다가도 어느 때는 온 천하를 뒤져도 그의 자취조차 찾을 수 없기도 했다. 그렇듯 소성거사의 행적도 일정하지 않았을 뿐 아니라 교화방법도 그때그때 달랐다.

그래서 불교를 대중화한 원효의 업적이 아무리 뛰어났어도, 만약에 그가 해골바가지를 통해 깨달은 연후에 요석공주를 만났다면, 그는 호국불교가 겪은 '불교의 좌절'을 답습할 수밖에 없었을 것이다.

재능이나 학문이라는 것은 예를 들면
칼과 같은 것이다.
그것이 필요할 때는 사용하지만 필요하지 않으면
칼집에 넣어 남에게 보이지 않는다.
함부로 휘두르면 반드시 화를 불러 일으키는
원인이 된다.

자신이 하는 일을 의심하거나 후회하지 맙시다

　나는 왜 학교에 다니는가? 나는 왜 이런 공부를 하는가? 나는 왜 여기에 왔는가? 나는 왜 이런 일을 하는가? 이런 식으로 끊임없이 의심하고 후회하다가 보면 어느덧 내가 그렇게 의심하고 후회는 까닭조차 모르게 될 때가 있지요. 이렇게 자신의 일과 행동을 의심하고 후회하면 자신의 일도 제대로 못하게 될 뿐 아니라 자신의 행동도 갈팡질팡하게 될 것입니다.

　더구나 자신의 일로써 금방 눈에 띄는 성과를 거두거나 보상을 받기를 기대하는 청소년들도 있습니다. 하지만 그런 성과를 거두지 못하거나 보상을 받지 못하면 금세 실망하여 자신의 일을 의심하고 후회하는 청소년들도 있습니다.

　여러분이 지금 하고 있는 공부에 대해서도 '이게 나의 장래와 무슨 관계가 있고 나에게 무슨 소용이 되겠는가?'라는 의혹을 품기도 합니다.

　물론 이것은 실리주의적인 태도일지도 모르겠습니다. 그러나 이것은 당장 눈앞의 것만 생각하고 미래를 대비하지 못하는 근시안近視眼과 단견短見의 소치에 불과할 수 있습니다. 그래서 지금 여러분이 하는 일을 의혹하고 후회할 시간에 오히려 그 일을 더욱 열심히 하는 편이 좋을 것입니다. 여러분이 원하든 원치 않던 그 공부나 일은 여러분이 그것들 위해 노력한 만큼 여러분을 성숙시킬 것이고, 그런 노력의 성과는 여러분이 훗날에 성인이 되어 사회생활을 할 때 반드시 타나날 것이기 때문입니다.

미국의 시인 롱펠로Henry Wadsworth Longfellow(1807~1882)는 이런 시를 남겼습니다.

나는 하늘을 향해 화살을 쏘았네.

하지만 그 화살이 어디로 날아가서 떨어졌는지 나는 모르네.

왜냐면 그 화살이 날아가서 떨어지는 곳까지 내 눈이 미처 따라가지 못했기 때문이네.

나는 하늘을 향해 노래를 불렀네.

하지만 그 노래가 어디로 퍼져가서 떨어졌는지 나는 모르네.

왜냐면 그 노래가 퍼져가서 떨어지는 곳까지 내 귀가 미처 따라가지 못했기 때문이네.

하지만 먼 훗날 나는 보았네

내가 쏜 화살이 어느 나뭇가지에 꽂혀있는 것을.

그리고 먼 훗날 나는 들었네

내가 부른 노래가 어느 마을 청년들의 가슴에서 다시 울려나오는 것을.

위기를 기회로 만든
원주 처녀의 재치 넘치는 발상

　조선시대 열녀전烈女傳의 단골메뉴의 하나는 바로 혼인도 못하고 수절守節한 여인들의 애절한 사연이다. 약혼했거나 혼담이 오가는 중에 이런저런 일로 남편 될 사람이 죽어버려서 혼례를 치르지 못한 상태로 평생 홀로 살아간 여인들의 사연은 실로 안타깝고 잔인하게 들린다. 물론 그런 경우에도 수절하지 않고 뛰어난 재치와 기지로 불행을 극복한 현명한 처녀도 있었다.

　옛날 강원도 원주에 지방유지 한 명이 있었다. 그의 딸이 혼례를 치르는 날 집 마당에서 신랑신부 교배례를 행하는데 갑자기 강풍이 불어 닥쳤다. 그때 마당에 쳐둔 천막의 받침대가 부러지며 넘겨졌는데, 공교롭게도 신랑이 그것에 맞아 즉사하고 말았다. 구경꾼들과 일가친척들 모두가 놀라 당황하는 와중에 신랑 측 사람들은 신부 때문에 초상이 났다면서 신부를 공격하려고 들자 신부가 큰소리로 외쳤다.

　"이 자리에 계신 여러분. 아직 혼례가 끝나지 않았으니 저 죽

은 남자는 나의 지아비가 아닙니다. 그러니 내게는 그를 따라야
할 의무가 없습니다. 그러므로 만약 여기 모인 여러분 중에 나의
비밀스런 물건을 지닌 사람이 있다면 그분이 나와 인연이 있은즉
그가 바로 나의 지아비가 될 것입니다!"

그때 이웃집에 사는 홍씨 성을 가진 홀아비가 나서며 말했다.

"내가 바로 그 사람이요!"

그리고 홍씨가 물건을 내보였다. 며칠 전 신부는 울타리에 속옷
을 널어 말렸고, 그 사이 불어온 바람에 그 속옷이 날려 땅에 떨
어졌는데, 홍씨가 그 속옷을 발견했다. 여자속옷을 주우면 재수
가 있다는 말을 떠올린 그는 그 속옷을 주워서 그때까지 간직했
던 것이다. 그리하여 신부는 즉시 그의 손을 잡고 함께 신방으로
들어가 부부가 되었다.

두 사람은 평생 해로했고
자손들도 번창해서 원주에
서 제일가는 집안이 되었다
고 한다. 특히 신부는 평생
처녀로 수절할 수밖에 없는
위기에서도 기민하게 재치
를 발휘하여 위기를 벗어날
정도로 슬기로운 여성이었
으니 능히 집안을 일으키고
도 남았을 것이다. 이 이야
기는 오늘날에도 흐뭇하게
들린다.

결혼사진

청소년들이 책을 많이 읽어야 하는 까닭

청소년들이 개인적으로 책을 얼마나 읽는지 정확히 알 수는 없지만 학교공부, 입시공부에 많은 시간과 정열을 빼앗기고 있는 것이 오늘의 실정이니 책을 많이 읽는다고는 말할 수 없을 듯합니다.

그래서인지 청소년들이 이런 중압감에서 벗어나 참교육을 받을 수 있도록 다양한 제도적 연구가 진행되고 있어서 머지않아 긍정적으로 정책에 반영되리라고 기대합니다. 그러나 현 단계는 아직도 입시위주의 교육을 벗어나지 못하고 있는 실정입니다.

인생에서 청소년기는 대단히 중요한 시기라는 것을 인정하지 않는 이들은 없습니다. 그런데도 기성세대가 청소년들의 교육환경을 바람직하게 마련해주지 못하고 있다는 것은 매우 부끄러운 일입니다.

그러나 이런 환경에서도 청소년들은 자신의 소중한 청소년기에 균형잡힌 성장을 위한 노력을 게을리 하면 안 될 것입니다. 그런 노력의 일환으로 많은 책을 읽는 것은 매우 중요한 일입니다.

많은 책을 읽어야 하는 까닭은 책을 통해 더 넓은 세계를 만날 수 있고, 더 많은 지식을 얻을 수 있으며, 더 많은 체험을 공유할 수 있고, 자신의 감성을 개발할 수 있으며, 사색할 줄 알게 되고, 더욱 논리적으로 사고할 수 있으므로 개성과 창의력을 발전시키는 데도 커다란 도움이 될 수 있기 때문입니다.

위인전, 평전, 자서전, 여행기, 참회록, 수필집, 소설, 시집, 평론집, 명상록, 종교서적, 역사서적, 과학서적, 기타 교양서적들 속에는 인간으로 서 만나야 할 무한한 세계와 사상과 인물과 인생이 담겨있습니다.

현실에서 내가 만나고 얻는 지식이나 경험은 극히 제한적인 것들이지만, 책을 읽으면서 내가 만나고 얻는 지식과 경험은 거의 무한대라고 할수 있습니다. 그래서 잘 따져보면 학업을 게을리 하지 않으면서도 책을 읽을 수 있는 시간은 충분할 것입니다.

지식은 전사에게 실탄과 같은것이다.

비판은 쉬우나 대안을 내기는 쉽지 않습니다

　비판은 필요합니다. 옳고 그름을 가려서 비판받는 사람은 무언가를 깨달아서 바람직한 방향을 찾을 수 있기 때문입니다.

　그런데 무엇이든 사사건건 물고 늘어지면서 깊이 생각하지도 않고 비판을 위한 비판만 일삼는 사람들도 있습니다. 또한 이성적으로 사리를 판단하여 문제를 비판하지 않고 개인적인 유감이 있다고 해서 무조건 공격하고 보는 사람들도 있습니다. 이런 사람들은 모두 옳지 않다는 것을 여러분도 느낄 수 있을 것입니다.

　비판은 사리에 맞아야 하고 이성적으로 해야 하는 것입니다. 그리고 비판은 발전적인 것이어야 합니다.

　비판이 사리에 맞아야 한다는 것은 비판의 근거나 논리가 누가 들어도 옳고 타당한 것이어야 한다는 말입니다. 그렇지 못하면 비판을 위한 비판, 트집 잡기에 불과하다고 평가받을 것입니다.

　그리고 비판에 개인적인 감정이 개입되면 좋지 않습니다. 나와 가까운 사람이 옳지 않은 말을 해도 그 사람이 나와 가깝다는 이유로 그 사람의 말은 옳지 않다고 말해주지 못하거나, 평소에 그 사람에게 좋지 않은 감정을 품고 있다가 그 사람이 어떤 말만 하면 기회다 싶어서 비판의 칼을 휘두른다면 그런 비판도 감정적인 것이라는 비판을 벗어날 수 없을 것입니다.

끝으로 비판이 발전적인 것이어야 한다는 말은 어떤 비판을 하든지 그것에 합당한 건설적인 대안을 제시할 수 있어야 한다는 말입니다. 비판이 문제를 지적하는 데만 머물면 어떤 발전적인 변화도 기대할 수 없을 것입니다. 비판되는 문제보다 발전된 어떤 대안이 제시되어야만 그 문제에 대한 분석과 비판은 바람직한 단계로 변화를 촉진시킬 수 있을 것이기 때문입니다.

나라살림이나 사회, 가정, 단체, 학교, 모임, 친구에 대한 비판은 필요합니다. 하지만 그 비판은 어떤 차원의 것이든 사리에 맞아야 하고, 이성적으로 이루어져야 하며, 발전적인 것이어야 합니다.

여러분도 이런 비판정신을 기르면 좋을 것입니다.

비판과 선행은 항상 함께간다.

편한 삶을 지양止揚하는 청소년이 됩시다

　사람들은 여유만 있으면 편하게 살기를 원합니다. 걷기보다는 차타기를 편하게 여기고, 소형차보다는 대형차를 몰기 원합니다. 찬밥보다는 더운밥을 좋아하고, 온돌바닥보다는 침대를 원합니다. 힘든 일을 하기보다는 남을 부리기를 더 좋아합니다. 값싸고 수수한 국산옷보다 비싸고 화려한 외제옷을 선호합니다. 사람들이 이런 경향을 드러내는 경우는 얼마든지 더 찾아볼 수 있을 것입니다.

　이왕이면 없는 것보다는 있는 게 좋고, 불편한 것보다는 편한 것이 좋다는 것이 사람들의 일반적인 생각일 것입니다.

　그런데 편하게 사는 것이 나쁠 것은 없지만 문제는 그런 삶의 편안함 뒤에서 인간성을 좀먹는 독소들이 자라난다는 것입니다.

　그 독소들 중 **첫째**는 편해질수록 더 편해지고 싶고 가질수록 더 가지고 싶은 욕심이 생겨난다는 것입니다. "말 타면 경마 잡히고 싶어 한다"는 옛말도 있듯이, 잦아들 줄 모르는 욕심이 발동한다는 것입니다.

　둘째는 편해지면 게을러지고 꾀가 많아지는 대신에 머리는 둔해진다는 것입니다. 그런 사람은 웬만하면 그가 직접 할 수 있는 일도 남을 시키거나 기계를 쓰기 때문에 그는 별로 움직이지 않습니다. 또한 무엇이든 편하고 손쉽게 얻을 수 있으니 머리를 쓰지 않아도 됩니다. 그러나 머리는 사용하지 않을수록 더 나빠지기 마련이랍니다.

셋째는 편해질수록 삶의 진미와 인생의 즐거움을 잃을 수 있다는 것입니다. 산의 정상頂上을 정복하는 기쁨을 가져다주는 것은 바로 등산의 고통스런 과정인데, 만약 헬리콥터로 단번에 정상에 올라버린다면 무슨 재미와 맛을 느낄 수 있겠습니까? 걷기가 몸을 건강하게 만드는데 자동적으로 굴러가는 자동차에 앉아만 있으면 허리와 다리는 약화되기 마련이겠지요?

그러므로 청소년 여러분은 편안함을 거부하고 즐기지 않는 편이 좋을 것입니다. 편안함을 즐기다가 보면 게을러지고 잔꾀만 발달해서 머리는 둔해질 것이고 삶의 진미와 즐거움을 잃어버릴 것이기 때문입니다. 아울러 여러분은 여러분들보다 더 많은 불편 속에서 살아가야 하는 사람들도 생각하면 좋을 것입니다.

금강산이 높다하나 소나무 아래 있다.

청소년들의 이성교제는 밝고 떳떳해야 합니다

지금은 옛말이 되었습니다만 지금의 어른들이 자라던 시절에는 '남녀칠세부동석男女七世不同席'이라고 해서 남녀가 일곱 살이 되면서부터 자리를 같이하지 않아야 한다는 통념이 있었습니다. 그래서 그 시절에는 남녀교제를 제한하는 요인들이 많아서 남녀들이 남들의 눈치를 보면서 부자연스럽고 서먹하게 교제할 수밖에 없었습니다. 그러나 이제 세상이 변해서 요즈음 청소년들은 개방적인 환경에서 이성교제를 비교적 자유롭게 할 수 있어졌습니다.

그런데 오늘날 청소년들의 이성교제가 자유스러워졌다는 것은 바람직하다 할 수 있겠지만 어딘가 모르게 즉흥적이고 일시적이며 충동적으로 교제한다는 느낌을 강하게 풍겨서 어른들은 불안하게 보기도 합니다.

물론 이렇게 말하면 여러분은 즉각 "세대가 달라서 그렇죠"라고 대꾸할 모르겠습니다. 하지만 세대차이를 인정하더라도 시대와 장소를 막론하여 일관되게 적용될 수 있는 청소년들의 바람직한 이성교제의 규범은 있다고 저는 생각합니다.

그것은 첫째, 청소년들의 이성교제는 자연스러워야 한다는 것,

말하자면 친구와 우정을 나누듯 어색하지 않아야 한다는 것입니다. 둘째로, 진실해야 한다는 것, 서로 노림수를 갖거나 무언가 감추고 거짓으로 교제하면 안 된다는 것입니다. 셋째로, 발전적인 교제여야 한다는 것입니다.

그 이성교제는 서로를 발전시킬 수 있어야 하는 것으로 소모적이거나 낭비적이거나 서로를 구속하거나 부담지우는 것이 되면 안 된다는 것입니다.

이성교제에 필요한 자연성, 진실성, 발전성은 청소년들의 이성교제를 한층 더 높은 차원으로 끌어올릴 것이고 그것을 밝고 떳떳하게 만들어 갈 수 있을 것입니다.

이성을 이해한다는 것은 매우 중요한 일입니다. 남자와 여자는 서로 다른 면을 많이 가지고 있어서 서로를 더 많이 이해하도록 노력해야 합니다. 그리고 어느 날엔가는 좋은 반려자를 만나 가정을 이루고 삶을 함께 창조해가야 하기 때문에 남녀 간에 더욱 깊은 이해가 필요한 것입니다.

부디 여러분의 이성교제가 밝고 떳떳하게 이루어지기를 바랍니다.

검은 그림자는 그 실체가 없다.

시대도 막지 못한 감동과 눈물로 점철된
사랑이 전하는 언행일치의 교훈

　엄격한 유교규범의 굴레에 갇혀 살던 조선의 여인에게 연애란
어떤 것이었을까? 대다수의 양반가 여인들은 시대가 요구하는 규
제의 틀에 말없이 순종하며 살았다. 하지만 그런 시대의 물결을
거슬러 자신의 사랑을 과감하게 고백하고 또 주변사람들의 가혹
한 시선을 견디며 자신의 사랑을 지킨 용감한 여성들이 있었다.
뿐만 아니라 남성들의 전횡에 맞서 항변한 용감한 여인들도 있었
다. 역사에서 전해지는 그녀들의 이야기를 들어보자.

사랑을 찾아 떠난 비천한 관기官妓 홍랑洪娘

> 묏버들 가려 꺾어 님에게 보내노니
> 잠자시는 창 밖에 심어두고 보소서
> 밤비에 새잎 곧 나거든 나인가 여기소서

교과서에 나오는 유명한 이 시조의 주인공 홍랑은 함경도 홍원洪原의 관기였다. 그녀가 운명의 남자 고죽孤竹 최경창崔慶昌을 만난 곳은 1573년(선조 6) 북도평사北海平使로 임명되어 함경도 경성鏡城으로 부임하던 최경창을 위해 홍원부사가 베푼 위로연회석이었다. 최경창은 옥봉玉峰 백광훈白光勳, 손곡蓀谷 이달李達과 함께 삼당시인三唐詩人으로 불리던 문사文士였지만 벼슬 운은 없었던지 먼 변방에 단신單身으로 부임하는 길이었다.

최경창은 홍랑을 처음 볼 때부터 그녀의 재색을 알아봤다. 그렇게 두사람은 아름다운 인연을 맺었지만 최경창은 발령지로 곧 떠나야 할 처지였던지라 둘이 함께한 시간은 불과 며칠이었다. 최경창을 떠나보낸 후 그리움에 사무친 홍랑은 자살소동까지 벌인 끝에 변방 사졸士卒을 시중드는 방직房直이 되어 남장男裝을 하고 함경도 경성으로 갔다.

험로를 마다 않고 달려온 홍랑을 최경창은 반가이 맞이했고 그때부터 1년여 동안 둘은 꿈같은 시간을 보냈다. 하지만 최경창이 한양으로 부임 하게 되자 둘은 다시 헤어지게 된다. 그 시절에는 양반일지라도 관기를 마음대로 데려갈 수 없었기 때문이었다. 함경도 영흥에서 최경창과 눈물로 헤어지고 돌아서며 홍랑이 남긴 시조가 이 글의 서두에 소개된 것이다. 홍방의 시조에 최경창은 이렇게 답했다.

최경창묘비(경기도 파주)

말없이 마주보며 유란을 주노라
오늘 하늘 끝으로 떠나면 언제 돌아오랴
함관령의 옛 노래를 부르지 마라
지금까지도 비구름에 청산이 어둡나니

그때부터 3년간 소식이 끊겼던 최경창이 병석에 누웠다는 소문을 들은 홍 랑은 곧바로 길을 나서 밤 낮으로 이레를 걸어서 한 양에 도착했다.

홍랑가비

꿈에도 그리던 최경창 을 만나 병간호를 하며 보낸 행복한 시간도 잠시, 함경도 사람을 허가도 받지 않고 한양에 들였다는 죄목과, 인순왕후仁順王后의 국 상國喪이 끝난 지 얼마 되지 않았는데 사대부가 기생과 어울린 죄 목으로 최경창은 파면되었고 홍랑은 다시 홍원으로 돌아갈 수밖 에 없었다. 그때 최경창은 홍랑에게 이별의 시를 남겼다.

덜컹거리는 수레의 두 바퀴들은
하루에도 천만 번씩 구른다 하네
마음은 한가진데 수레는 같이 못 타니
이별한 후 세월은 많이도 변했구려
그리워 그리워도 볼 수 없는 그대여

그렇게 이별한 후 둘은 다시 만나지 못했다. 훗날 복직된 최경창은 종성부사를 1년간 역임하고 한양으로 돌아가다가 객관客館에서 죽고 말았다. 그가 죽은 후 홍랑은 최경창의 무덤 옆에 묘막을 짓고 자신의 얼굴에 스스로 상처를 낸 뒤 9년간 시묘살이를 했다.

임진왜란 중에도 홍랑은 최경창이 남긴 시고詩稿를 수습하여 피난길에도 지고 다니며 온전히 보전해서 후대에 그의 시들이 전해질 수 있었다. 홍랑의 이런 공덕과 정절 덕분에 해주 최씨 가문에서도 최경창의 옆에 묻어달라는 그녀의 유언을 기려 최경창 부부의 합장묘 밑에 그녀의 무덤을 만들어주고 해마다 제사를 지내왔다고 한다.

사랑을 위해 천리 길도 마다않고 일편단심 용감했던 홍랑. 그녀는 사랑하는 최경창을 단 세 번밖에 만나지 못했지만 진정한 사랑을 얻은 여인이자 시대와 신분의 규제도 아랑곳하지 않은 용감한 여인이었다.

고죽 최정창 가계					
고죽孤竹 → 만취晩翠공 系圖					
15世	16世	17世	18世	19世	20世
연襲 전한공	세걸世傑 헌납공	응응凝 양구공	수인守仁 병사공	경창慶昌 고죽공	집潗 만취공

사람은 마음에 그리는 인물의 삶을 본받습니다

『주홍글씨』라는 명작소설을 남긴 미국의 너새니얼 호손Nathaniel Hawthorne(1804~1864)은 「위대한 석상(큰 바위 얼굴)」이라는 단편소설도 썼습니다. 이 단편소설의 내용의 인상적인 대목들을 간추려보면 이렇습니다.

마을을 감싸는 산록山麓 가운데 우뚝 솟은 산꼭대기로 이어진 비탈에 사람 모습을 한 큰 바위가 있었습니다. 그 마을에는 언젠가 저 바위를 닮은 위대한 인물이 나타날 것이라는 전설이 전해져왔습니다. 그 마을에서 밭을 갈며 생활하고 공부하는 어니스트라는 소년은 전설을 굳게 믿었습니다. 소년은 땀 흘려 일할 때나 열심히 공부할 때나 바위의 얼굴을 바라보며 위대한 인물이 나타나기를 기다렸습니다. 어느 때는 그 인물이 나타났다는 소문이 돌기도 했고, 또 그 소문의 주인공이라는 사람이 마을에 나타나기도 했지만, 그는 소년이 기다리던 위대한 인물이 아니었습니다. 그러기를 여러 차례, 실망은 거듭되었고 그러는 사이에 어니스트는 자라서 어른이 되었습니다. 그러던 어느 날 위대한 인물로 소문난 시인이 마을에 나타났습니다. 그래서 마을사람들은 산등성이에 모여 그 시인의 말을 듣게 되었습니다. 어니스트도 기대감을 품고 그 자리에 동참했습니다. 석양빛에 위대한 바위의 얼굴이 선명해졌습니다.

그때 시인은 발견했습니다. 바위를 닮은 위대한 인물은 자신이 아니라 바로 어니스트라는 것을 말입니다. 위대한 석상을 바라보며 그 얼굴을 닮은 위대한 인물이 언젠가 나타날 것을 확신하고 성실하게 밭을 갈며 부지런히 자기수련을 해온 어니스트가 자신도 모르게 큰 바위 얼굴을 닮은 위대한 인물이 되어있었던 것입니다.

이 이야기를 그저 소설로 여기고 넘어가버리면 안 될 것입니다. 여러분도 마음에 위대한 인물을 그려놓고 그의 삶을 생각하며 그의 길을 따르기 위해 노력한다면 언젠가는 그와 같은 위대한 삶을 살아갈 수 있기때문입니다.

저는 예수 그리스도의 상像을 마음에 그리며 그의 삶을 본받아 살아가려고 노력해왔습니다. 여러분은 누구를 마음에 그리며 살아가십니까?

좋은 본은 양질의 제품을 생산한다.

나의 삶은 유일하므로 소중합니다

오늘날 지구상에는 70억 명이나 되는 인구가 살아가지만 '나'는 다른누구와도 같지 않은 '나'로서 유일하게 존재합니다. 따라서 '나'라는 것, 그리고 '나'로서 여기 이렇게 존재한다는 것은 매우 소중한 것입니다.

그런데 어떤 사람들은 자신의 존재를 하찮게 여기고 쉽게 목숨을 버리곤 합니다. 물론 나름대로는 그럴만한 충분한 이유가 있다고 저 세상에서 항변하겠지만, 그의 삶은 그에게 주어진 그만의 유일한 삶일진대,

그래서 성실히 살아가야 하는데도 자신의 목숨을 가볍게 끊어버린다는것은 어떤 이유로든 정당화 될 수 없을 것입니다.

우리는 내가 '나'로서 여기에 태어난 이유를 깊이 생각하고, 삶의 의미를 찾아 주어진 삶을 성실하고 책임감 있게 살아갈 수 있어야할 것입니다.

나는 학생시절에 심장이 아파서 삶과 죽음의 계곡을 헤맨 적이 있습니다. 그때 나는 병마와 싸우며 하느님께 눈물로 기도했습니다.

'저를 이 세상에 보내신 까닭은 저에게 무슨 일을 맡기시려 하셨기 때문이 아닙니까! 그러므로 제가 그 일을 하기도 전에 저를 데려가 시면 안됩니다!'

하느님이 나를 이 세상에 보내신 까닭은 나에게 어떤 일을 맡기기 위해서이기 때문이라는 확신이 나에게 있었습니다. 그래서 나는 살아야했고, 그래서 병마와 싸웠고, 오늘날 깨끗해진 육체로 쉼 없이 일해오고있는 것입니다.

가난하다고, 성적이 나빠졌다고, 부모님께 꾸지람을 들었다고, 좋아하던 친구에게 배신당했다고, 또는 자존심이 상하고 모멸감을 느꼈다는등의 이유로 자신의 유일하고 소중한 삶을 포기하는 것은 무언가 비겁하고 무책임하며 정신 나간 행위일 것입니다.

하나뿐인 나의 삶, 그 삶에는 그만큼 중대한 의미가 있는 것입니다. 그 삶에는 무언가 할 일이 맡겨져 있는 것입니다. 어떤 이유로든 주어진 삶과 임무를 포기하면 안 되는 것입니다. 왜냐하면 나에게 주어진 임무는 오직 나만이 완수할 수 있기 때문입니다. 그 임무가 무엇인지는 미래의 어느 순간 깨달을 날이 올 것입니다.

기다리지 말고 찾아 나서라
태양을, 사람을 , 먹이를

행복은 여러분 곁에 있다는 것을 압시다

청소년기는 감수성이 예민해지는 시기이므로 감상에 젖어들거나 염세적인 생각을 갖게 되기가 쉽다고 흔히들 말합니다. 아마도 청소년기는 인간이 성숙해지는 과도기 단계이기 때문에 그런 듯합니다.

그러나 조금 다르게 생각해보면 청소년들이 감성적이거나 염세적인 경향을 강하게 드러낸다는 사실은 어디까지나 청소년들이 겪어야 하는 성장의 고통, 성숙의 아픔을 반영하는 듯이 보이기도 합니다.

'나는 고독하다,' '나는 불행하다,' '산다는 게 무엇인가?'라는 상념들로부터 시작하여'사랑도 정열도 낭만도 부질없는데……'라는 암울한 상념들까지 꼬리를 물며 마음에 떠오르는 고민들은 오히려 알을 깨고 세상으로 나오려는 생명의 몸부림을 반영하는 듯이 보입니다.

이런 감성적 상념들과 고민들이 성장의 과도기에 필요한 진통들일지라도 청소년들은 이런 상태에 오래 머물면 좋지 않을 것입니다. 이런 상념들은 비눗방울의 표면에 비친 허상들 같아서 비눗방울이 터지면 따라서 사라지고 말 것들이기 때문입니다.

　상념세계, 감상세계, 허상세계가 아닌 여러분이 두 발을 굳건히 디디고 서서 실체를 직시하는 그곳에 진실이 있고 참됨이 있습니다.

　독일의 시인 카를 부세Karl Busse(1872~1918)는 「저 산 너머」라는 시를 썼습니다.

> 저 산 너머 또 너머 저 멀리
> 모두가 행복이 있다 말하기에
> 남들 따라 나도 찾아갔건만
> 눈물지으며 되돌아왔네
> 저 산 너머 또 너머 저 멀리
> 모두가 행복이 있다 말하건만

　여러분의 눈을 조금만 더 크게 뜨고 여러분의 주변과 자신이 처한 현실을 직시해보면 그곳에서 미소 짓는 행복을 발견할 수 있을 것입니다.

　삶과 진실을 사랑할 수 있다는 것, 그것이 행복일 것이니까요!

알을 깨고 세상으로 나가라

일할 때와 놀 때를 확실히 분별합시다

　사람은 하루 스물네 시간을 한 가지 일에만 집중할 수는 없습니다. 체력이나 정신력에 한계가 있기 때문입니다. 일할 때, 공부할 때, 식사할때, 휴식하고 놀 때, 잠잘 때가 따로 있어야 하는 것입니다. 이것을 '삶의 리듬'이라고들 말합니다.

　이렇게 시간들이 적절히 잘 배분되면 리듬이 살아나고 삶에 활력이 주어집니다. 그러나 시간분배가 불균형해지면 삶의 리듬이 깨지면서 삶이 무기력해지거나 방향을 잃을 수 있습니다.

　일해야 하고 공부해야 할 때도 마냥 휴식만 취하고 놀기만 하는 타성에 젖어버리면 결국은 쓸모없는 인간, 타락한 인간이 되고 말 것입니다.

　반대로 적절한 휴식을 취해야 할 때나 마음껏 기를 펴고 놀아야 할 때도 일이나 공부를 억지로 계속하는 사람의 성품은 옹졸해지고, 그것이 지나치면 잔인하고 무자비한 냉혈한이 될 위험도 있습니다. 또한 식사할때 식사하지 않거나 잠잘 때 잠자지 않아도 심각한 후유증을 겪는다는 것은 말할 필요도 없을 것입니다.

　따라서 삶의 리듬과 삶의 활기를 유지하려면 때에 맞게 집중하는 노력이 필요한 것입니다.

　그런데 어떤 사람들은 이런 삶의 리듬은 생각지도 않고 한 가지 일에 만 푹 빠져 헤어나지 못하기도 합니다. 가족과 직장을 가진 사람이 일에 너무 매달리다가 건강을 해치고 재충전도 하지 못해서 능력마저 감퇴되는 것도 문제지만, 일보다는 놀기를 좋아하고 일할 시간에 노름이나 도박을 즐기는 것은 더욱 큰 문제가 아닐 수 없습니다. 둘 중 어느 경우든 자신을 망칠 뿐 아니라 가족과 직장마저 망칠 수 있기 때문입니다.

　청소년 여러분, 공부할 때는 전력을 다해 공부에 집중하고 놀 때는 마음껏 뛰어놀 수 있는 사람, 그래서 때를 분별할 줄 아는 슬기로운 사람이 됩시다. 그리하여 우리 사회에 생기를 줄 수 있는 활기찬 인간이 됩시다.

나무와 잡초를 구별하지 못한다면

우리의 지구가 죽어가고 있습니다

　인류와 뭇 생명체들의 삶의 터전인 지구가 죽어가고 있습니다. 지금까지 우리가 알기로는 태양계는 물론 이 우주에서 생명체가 존재하는 곳은 지구뿐이라고 말해집니다. 우리가 육안으로 볼 수 있는 별들의 무리, 은하계의 어느 곳에는 생명체가 살 수도 있고 또 육안으로 볼 수 없지만 더 먼 무수한 별들에도 생명체가 문명을 이루고 살 가능성은 있습니다. 그러나 아직까지 우리가 아는 한에서는 이 '지구'가 생명체가 존재하고 인간이 문명을 이룩해 온 유일한 행성입니다.

　예컨대, 지구 표면적의 70퍼센트를 차지하는 바다는 지구의 기후와 환경을 지켜주고 식량을 공급해줍니다. 그런데 사람들은 쓰레기와 산업폐기물을 바다에 마구 버려 바다를 심각하게 오염시키고 있습니다.

　하늘은 또 어떻습니까? 공장과 차량이 사정없이 매연을 뿜어내어 대기를 뿌옇게 오염시켜 우리의 호흡마저 곤란케 합니다. 태양광선에 포함된 유해한 자외선을 흡수하는 오존층도 사라져갑니다. 인간이 방출한 프레온가스가 남극상공에 커다란 오존 구멍을 만들었다고 합니다. 하늘에서는 산성비가 내리고, 무한한 생명을 공급하는 땅에서는 남용되는 화학비료와, 각종 쓰레기로 배출되는 중금속 때문에 생명의 순환고리가 깨어지고 있습니다. 게다가 인간의 에너지 사용량도 한계를 넘어서 이제 지구자원이 고갈될 위기에 놓였습니다.

청소년 여러분, 삶의 터전인 지구가 이렇게 죽어가고 있습니다. 여러분도 이런 일들에 관해도 곰곰이 생각해보는 기회를 가질 필요가 있습니다.

나의 생명이 하나 뿐이듯
지구도 자연도 하나 뿐이다.

생명이 살아 숨 쉬는 푸른 세상을 만듭시다

산에는 수목이 무성하고 계곡에는 맑은 물이 끝없이 흘러내립니다.

새들의 노랫소리는 끊이지 않고 야생동물들이 평화롭게 뛰어놉니다.

하늘은 티 없이 맑고 높아 푸르고 강물은 맑고 깊어 고기들이 춤춥니다.

이 자연과 어울려 살아가는 사람들은 '탐욕도 없이, 분노도 없이' 서로 믿고 사랑하며 진실한 마음으로 서로를 섬기고 넉넉한 마음으로 가진것을 나누며 살아갑니다. 그곳에는 언제나 다정한 눈길과 따뜻한 대화와 평화로운 만남이 있습니다. 이런 곳이야말로 자연과 인간이 어울리고 자연과 인간이 하나 되는, 생명이 살아 숨 쉬는 푸른 세상일 것입니다.

청소년 여러분, 이런 곳은 우리가 상상만 하는 아련한 파라다이스나 유토피아가 아닙니다. 까마득한 옛날에 인간이 자연과 더불어 살던 그 시절의 풍경입니다. 그곳에서는 인간이 살상무기를 만들고 싸움질하지도 않았고, 권력을 잡으려 교활한 책략과 술수를 고안하지도 않았으며, 과학과 기술을 발전시켜 인류의 진보와 번영이라는 명분으로 자연을 마구 훼손하고 생태계를 파괴하지도 않았습니다. 하지만 그 시절이 가버리자 인간만 잘 살겠다는 인간의 이기심이 자연을 정복대상으로 삼아 나무를 자르고 산을 깎으며 매연을 뿜어 공기를 오염시킨 것입니다. 강물과 바다를 오염시키고 자원을 마구 탕진하며 핵무기를 개발한 현재의 인류의 활동들은 인류의, 지구의, 자연의 종말을 재촉하는 듯이 보입니다.

여러분, 지금 인간들이 발전과 진보와 번영의 이름으로 언제까지 그들의 이기심과 탐욕을 채워갈지 참으로 걱정됩니다. 생태계 파괴 때문에 인류문명이 종말의 위기에 처했다는 것은 현대를 사는 우리 모두가 아는 사실입니다.

하지만 지금이라도 늦지 않았다고 보입니다. 지금부터라도 지구의 공기를 맑게, 산을 푸르게, 강과 바다를 맑게 회복시키기 위해 지구자원을 아껴 사용하려는 피나는 노력을 시작해야 할 것입니다. 그렇지 않으면 인류뿐 아니라 인류의 생존을 위한 터전인 지구가 종말에 이를 것이 너무나 분명합니다.

우리 모두 함께 생명이 살아 숨 쉬는 푸른 세상을 회복하기 위해 노력합시다.

죽음과 삶을 깊이 생각하자.

환경 살리기는 가정에서 시작합시다

　오늘날 이제 환경문제는 특정지역이나 특정국가의 문제가 아니라 모든 인류가 함께 해결해야 할 공통과제가 되었습니다. 더 나아가 환경문제는 걱정하고 논의하여 경고하는 차원을 넘어 모두가 생활현장에서 실천해야 할 과제가 되었습니다.

　가정은 바로 환경문제를 해결하기 위한 가장 기초적이고 기본적인 생활현장입니다. 모든 가정이 작은 일부터 환경 살리기를 위해 노력한다면 분명히 문제는 쉽게 풀릴 수 있을 것입니다.

　그렇다면 가정에서 할일은 무엇이 있을까요? 신경 쓸 것이 여러 가지겠지만, 우선적으로 신경 써서 실천해야 할 세 가지 일이 있습니다. 첫째, 가정에서 배출하는 하수와 폐기물에 신경 써야 합니다. 우리나라 주부들은 합성세제를 적정량보다 네다섯 배, 심지어는 최고 스무 배까지 과다사용하고 있다는 것입니다. 합성세제 대신 천연세제를 쓰면 좋을텐데 말입니다. 옷을 빨고 그릇을 닦는 데 합성세제가 편리할지는 모르나 그것이 하수구를 통해 강물에 흘러들어 수질을 오염시킨다는 것을 알아야 합니다. 둘째, 음식쓰레기를 포함한 생활쓰레기에 신경 써야 합니다. 하루 발생하는 84,000

톤의 생활쓰레기들 중 음식쓰레기가 약 30퍼센트를 차지한답니다. 또한 무분별한 일회용품의 남용과, 재활용 가능한 폐품의 무분별한 폐기 등도 많은 문제가 되고 있습니다. 셋째, 에너지 및 물자 절약에 신경 써야 합니다. 요즘 대량생산되는 가전제품들의 전력소모량이 엄청나게 커졌습니다. 그러나 전력생산량은 그만큼 증가하지 못했습니다. 따라서 전기절약은 필수적인 일입니다. 물도 마찬가지입니다. 요즘처럼 물을 넉넉하게 쓰다가는 각종 용수공급체계가 비상상태를 맞이할 위험이 매우 큽니다.

요컨대, 환경오염은 작은 부주의에서 시작됩니다. 개개인이 환경보존을 위해 노력한다면 결국에는 기업들도 변화시킬 수 있을 것입니다. 그래서 가정에서부터 물자와 에너지를 절약하고, 쓰레기배출량을 최대한 줄임과 동시에 최대한 재활용할 수 있도록 해야 합니다. 이것이 우리의 환경을 살리는 첫걸음이 된다는 것을 이해하고 다 함께 가정에서 실천해야 할 것입니다.

단 한개의 대들보

생활하수가 수질오염의 주범입니다

　우리나라의 각 가정에서 배출되는 대량의 생활하수가 하수도를 거쳐서 강으로 쏟아져 들어간다는 것은 다들 알 것입니다. 그런데 가정의 생활하수가 강물을 오염시킨다는 사실을 자각하는 가정은 그리 많지 않아 보입니다. 청소년들은 이 사실을 가족에게 일깨우고 그 원인을 방지하는 파수꾼이 되면 좋을 것입니다.

　하천을 오염시키는 폐·하수 중 가정의 생활하수가 약60퍼센트, 공장폐수가 39퍼센트를 차지한다고 합니다. 이렇게 보면 가정의 생활하수가 하천오염의 주범이라고 할 수 있겠습니다. 그런데 생활하수의 36퍼센트는 부엌에서, 30퍼센트는 화장실에서, 23퍼센트는 목욕탕에서, 11퍼센트는 세탁물에서 나온다고 합니다. 또한 가정의 생활하수를 오염시키는 성분들 중에는 기름 종류와 합성세제가 가장 많다고 합니다. 튀김이나 부침 같은 음식을 만들 때 발생하는 폐식용유는 휴지나 헝겊 등으로 닦아내야 좋다고 합니다. 합성세제는 불편하더라도 최대한 줄이고 천연세제를 사용하면 좋을 것입니다. 설거지할 때는 밀가루, 쌀뜨물, 과일껍질, 식초 등을 활용하는 슬기가 필요합니다. 샴푸는 비누로, 린스는 식초로 바꾸어 쓸 수 있습니다. 화장실 세척제는 절대로 사용하면 안됩니다. 무스와 헤어스프레이 사용도 최대한 삼가야 합니다. 주방용품을 에어로졸 스프레이로 닦는 일도 삼가야 합니다. 합성세제를 사용하면 하천을 오염시킬 뿐 아니라 우리 인체에도 해를 끼친다는 것을 명심해야 합니다.

통계를 보면, 합성세제 사용량은 해마다 늘고 있습니다. 1인당 연간사용량을 보면, 1986년에는 3.67킬로그램이었는데 6년 뒤인 1992년엔 거의 두 배인 6.89킬로그램으로 증가되었습니다. 현재는 더 많을 것입니다.

청소년 여러분, 가정에서부터 환경 살리기가 구체적으로 실천되어야만 그 힘이 모여서 지구촌의 환경 살리기가 이루어질 수 있을 것입니다.

부디 여러분의 깊은 관심이 기울여질 수 있기를 고대합니다.

그릴 수 없는 그림

식생활을 개선하여 생활쓰레기를 줄입시다

날마다 엄청나게 쏟아져 나오는 생활쓰레기를 처리하는 비용과 그런 쓰레기들이 유발하는 오염의 발생도가 현재 큰 문제로 대두되고 있습니다.

우리나라의 경우 하루 1인당 쓰레기배출량이, 1992년 환경처 통계에 의하면, 평균1.8킬로그램에 달한다고 합니다. 이것은 미국의 1.3킬로그램, 일본의 1.0킬로그램, 독일의 0.9킬로그램에 비하면 매우 높은 수치입니다.

그런데 우리나라에서는 생활쓰레기의 90퍼센트를 매립해서 처리한다고 합니다. 그렇게 매립되는 쓰레기에 매년 약4,950,000제곱미터의 국토가 잠식당한다는데, 유한한 우리 국토가 어찌 감당할 수 있겠습니까? 게다가 우리나라의 매립지들 대부분은 지하수 오염을 막는 차단벽이 설치되지 않은 단순매립지이기 때문에 문제가 더욱 심각합니다. 더구나 잘 썩지 않는 쓰레기는 유기체인 땅의 숨구멍을 막아버릴 뿐 아니라, 각종 유독한 중금속 성분들을 방출하여 땅을 오염시킨다는 것입니다. 또한 쓰레기를 소각해서 처리하더라도 그 과정에서 배출되는 유독가스는 대기를 오염시킵니다.

또한 음식쓰레기는 쓰레기 총량의 28퍼센트를 차지하는데, 하루 1인당 음식쓰레기 배출량은 0.68킬로그램에 달한다고 합니다. 전국에서 하루에 버려지는 음식쓰레기가 26,000톤이라고 하는데 이것은 4톤짜리 청소차 6,500대 분량에 해당합니다.

이토록 음식쓰레기가 많이 배출되는 까닭은 다 먹지도 못할 음식을 지나치게 많이 차려 놓는 한국의 음식문화에서도 찾아질 수 있을 것입니다. 가정에서 주부들이 만든 음식들 중 약30퍼센트가 그대로 버려진다고 합니다. 식당에서도 밥과 함께 제공되는 반찬들 중 김치는 44.6퍼센트, 국은 30.4퍼센트, 김치찌개는 28.9퍼센트가 그냥 버려진다고 합니다.

가정이나 식당에서 식단을 간소화시켜 먹을 만큼만 음식을 차려서 남기지 않는다면 음식쓰레기는 훨씬 줄어들 것입니다. 청소년들이 가정의 식생활 개선에 앞장서준다면 가정의 음식문화도 쉽게 바뀔 수 있을 것입니다.

환경을 살리는 일은 하늘의 뜻이다.

우리가 사용하는 에너지는 무한하지 않습니다

현대를 살아가는 우리에게 에너지는 거의 절대적인 것이 되었습니다.

전등, 텔레비전, 오디오, 비디오, 전화기, 컴퓨터, 세탁기, 다리미, 밥솥, 가스레인지, 보일러 등 거의 모든 생활용품이 에너지를 사용하는 것들입니다.

그런데 문제는 인구가 급증하고 과학이 발달하면서 에너지 소모량은 엄청나게 증가한 반면에 제한된 에너지 자원은 고갈위험에 직면했다는 것입니다. 오늘날 인간생활을 지탱해주는 에너지는 주로 석탄, 석유, 천연가스 같은 화석연료들로부터 얻어지는 것인데, 인류가 그것들을 하도많이 캐내어 사용해왔기 때문에 이제는 얼마 남지 않았다는 것입니다.

더구나 화석연료를 과소비하여 연간 무려 50억 톤이 넘는 이산화탄소를 배출함으로써 지구의 기온을 상승시키는 온난화, 산성비, 사막화 같은 현상들을 유발해왔다고 합니다.

인간생활의 편의를 위해 에너지 사용은 불가피하지만, 에너지 자원이 무한한 것이 아니므로, 그리고 그 자원이 언젠가는 고갈되고 말 것이라는 적신호가 울리고 있으므로, 우리는 에너지를 절약해야 함과 아울러 새로운 에너지 자원개발에 더욱 힘써야 할 것입니다.

따라서 에너지 절약은 가정에서부터 실천되어야 바람직할 것입니다.

예컨대, 가정용 전력의 약25퍼센트는 전등불을 켜는 데 사용된다고 합니다. 800만 가구가 30와트짜리 전등 하나씩만 꺼도 연간 1,100억 원이절약된다고 합니다. 백열전구보다 형광등이 전력을 적게 먹는 전등입니다. 다림질은 다림질감을 모아두었다가 한꺼번에 하고 텔레비전, 오디오, 컴퓨터는 사용하지 않을 때 플러그를 뽑아놓읍시다. 에어컨보다는 선풍기를, 선풍기보다는 부채를 사용하는 편이 바람직합니다. 여러분이 슬기롭게 생각하면 가정에서 에너지 절약의 길은 얼마든지 연구되고 실천될 수 있을 것입니다.

아랫사람에게 배우는 것은 수치가 아니다.
不恥下問불치하문

생각은 지구적으로, 행동은 지역적으로

"생각은 지구적으로 하고 행동은 지역적으로 하라"는 말이 있습니다.

이것은 세계환경운동의 실천강령인 셈인데, 아주 훌륭한 말이라고 여겨집니다.

이제 세계는 하나의 지구촌을 형성해가고 있습니다. 각종 통신 정보망과 운송수단이 세계를 하나의 생활문화권으로 묶어가는 데 크게 기여해온 덕분입니다. 이제는 어느 한 나라나 지역의 문제가 그 나라나 그 지역의 문제로 끝나는 것이 아니라 곧바로 세계문제와 직결되고 세계인의 관심사가 되고 있습니다. 이제는 우리의 생각을 우리라는 테두리에 묶어둘 수 없게 되었고, 또 설혹 그렇게 묶어두더라도 급변하는 세계의 행진에서 낙오하기 십상입니다. '우물 안 개구리'라는 옛말도 있지만 실제로 그런 사태에 직면할 수도 있습니다.

지구촌이라는 말의 저변에는 공동운명체인 인간들의 연대감이 깔려 있습니다. 인구팽창, 식량생산, 에너지 자원, 핵무기 개발, 전쟁, 환경오염, 세계경제위기 등은 모두 각 나라, 각 민족, 각 지역의 시민들과 연결됩니다. 따라서 우리는 생각의 차원을 지구전체와 인류전체로 확장해야 합니다. 그것은 바로 우리의 인생관과 세계관을 개인적 차원에서 지구촌의 차원으로 확장해야 한다는 것을 뜻합니다.

이렇게 우리의 생각은 지구적으로 하되 우리의 행동은 우리가 몸담은 여기 이 현장에서 이루어가야 합니다. 이웃, 지구촌의 인류, 공동운명체인 우리의 일터는 여기 삶의 현장임을 자각하고 실천하는 것이 바로 인류의 공동선共同善을 이루는 것이 될 것입니다.

가정이 사회의 기초이듯이 지역은 지구촌 사회의 기초입니다. 우리의 생각을 지구촌 가족의 생각과 일치시키고 우리의 행동과 실천을 삶의 현장인 지역사회에서 성실하게 땀 흘려 전개해갈 때 우리 인류는 다 함께 전진할 수 있을 것입니다.

작은 일을 얻고 지키지 못한다면
큰것을 결코 얻지 못할것이다.

인생은 어떻게 사느냐에 달려있습니다

흔히들 누구에게나 자기만의 인생이 있다고 말합니다. 이것은 누구도 대신 살아줄 수 없는 오직 자신만이 살 수 있는 하나의 인생이라는 것이 있다는 말입니다.

그런데 어떤 사람들은 하나뿐인 자신의 인생은 이미 정해져있기 때문에 자신의 힘으로는 어쩔 수 없는 것이라고 말합니다. 그들은 이른바 숙명론자들이라 할 수 있습니다. 그런데 자신의 인생이 태어날 때부터 이미 정해져있다면 애써 교육받고 땀 흘려 일하며 사회에 봉사하고 진리와 정의를 찾으며 남들과 어우러져 삶을 열어갈 이유가 어디 있겠습니까?

행복이 찾아들면 복을 타고났기 때문이고 불행이 찾아들면 복을 타고나지 못했기 때문이며 정해진 틀에서 희로애락이 결정되는 것이라면, 마치 양반은 대대로 양반이고 상놈은 대대로 상놈이었던 시대의 삶의 구조와 무엇이 다르겠습니까?

우리는 우리의 삶이 이미 설계되고 결정된 것이라고 생각하면 안 될 것입니다. 우리의 삶은 열린 삶이어서 스스로 삶을 설계하여 살아가고 책임지는 주체라는 사실을 잊으면 안 될 것입니다. 숙명론자들의 삶은 자신의 삶을 포기한 자들의 삶이고 자신의 삶을 책임지지 않으려는 삶의 태도입니다. 자신의 삶의 주체는 자신이므로 자신의 삶은 자신의 힘으로 열어가야 하는 것입니다. 만약 여러분이 혹여 현재의 삶이 고달파서 비관하거나 숙명론에 빠져든다면 푸슈킨Aleksandr Sergeyevich Pushkin(1799~1837)이라는 러시아 시인의 「삶이 그대를 속일지라도」라는 시에서 위로를 받을 수 있을 것입니다.

> 삶이 그대를 속일지라도
> 슬퍼하지도 분노하지도 말라.
> 슬픈 날엔 참고 견디면
> 즐거운 날이 오고야 말리니
> 심장은 미래에 살지만
> 현재는 우울한 것.
> 모든 것은 순간에
> 모든 것은 지나가버리나니
> 지나가버린 것은 그리운 것이 되리라.

여러분, 자신의 삶은 자신의 것입니다. 용기 있게 자신의 삶을 개척해나갑시다.

오해와 의심은 스스로 죽어가는 길임을 알려준 사근절의 유래

　경기도 파주시 조리면 오산리 안동 권씨 종산宗山 아래 마치 병풍을 두른 듯이 아늑한 구릉지가 평평하게 펼쳐진 곳에는 자그마한 마을 하나가 있다. 그 마을은 고려 말엽 건립된 아담한 절이 있었다는 절터이다. 그래서 이 마을은 '절터골'로, 혹은 연못이 있다고 하여 '연못재'로 불리기도 했다.

　조선 중엽 이 마을에 4대독자인 박 첨지라는 사람이 살았다. 그런데 그의 5대독자가 결혼한 지 삼 년이 지나도록 슬하에 자식이 없었다. 그래서 그는 며느리가 가문의 대를 끊기게 만드는 칠거지악을 범했다면서 자나 깨나 근심에 젖어있었다. 며느리는 득남하기 위해 절에서 백일기도를 하기로 결심하고 시부모의 허락을 받아 가사전폐하고 기도에 전념하여 어느덧 백일을 맞이하게 되었다.

　부처님 앞에서 지성껏 불공을 드리던 부인은 그동안 누적된 피로로 말미암아 그대로 잠들고 말았다. 그녀는 정숙한 몸가짐과 아름답고 빼어난 미모의 소유자였다. 절의 한 스님은 그런 그녀에게 늘 연정을 느꼈지만 불자의 몸으로 유부녀를 흠모하는 마음 자체도 커다란 죄악인지라 감정을 억제해오던 중이었다. 그런데 불공을 드리다가 곤하게 잠든 부인의 모습이 스님의 눈에 들어왔다. 선녀 같기도 하고 측은해 보이기도 하는 그녀를 한참 바라보던 스님은 끝내 욕정을 못 견디고 부인 곁으로 다가가더니 부인을 겁탈하려고 했다. 그즈음 그녀의 남편 박씨는 늦도록 귀가하지 않는 부인을 초조하게 기다리다가 염려되어 횃불과 호신용 도끼를 들고 절로 갔다. 그런데 대웅전의 문에 비춰진 한 쌍의 그림자를 본 박씨는 그것이 마치 자신의 부인과 중이 다정하게 열애하는 장면처럼 보여서 격분했다. 눈이 뒤집힌 박씨가 문을 박차고 들어가 도끼를 마구 휘두르니 중은 혼비백산하여 뒷산으로 도망쳤다. 그래도 분이 풀리지 않은 박씨는 도망가는 중을 쫓아가 도끼로 내려쳤고, 중은 바위에 피를 흘리면서 즉사했다.

그 참사를 부인도 목격했다. 그것이 비록 남편의 오해가 빚은 참사일지라도 자신 때문에 벌어진 일인데다가 설상가상으로 불륜의 누명을 쓰게 되어 백일치성도 물거품이 되었다고 여겨 절망에 빠진 부인은 그 길로 절을 빠져나와 절 앞에 있는 연못에 몸을 던지고 말았다. 그런데 박씨가 부인의 시체를 수습해보니 부인은 임신 중이었지만 사태는 이미 돌이킬 수 없어지고 말았다. 그 결과 박씨 가문의 대는 영원히 끊겼고 박씨일가도 마을을 떠나버렸다고 한다.

그 당시 중이 참살되었다는 넓적한 바위에는 검붉게 얼룩진 핏자국이 지금도 남아있고, 부인이 몸을 던진 연못 주위에는 비나

눈이 오는 궂은날에는 한恨 많은 여인의 애절한 울음소리가 들리곤 해서 사람들이 밤늦게는 다니지 못했다고 하며, 흉가로 변한 절은 방치된 채 풍우에 삭아 없어져버렸으니 그 후부터 이 마을은 사근사沙斤寺 즉 '사근절'로 불렸다고 한다. 이런 연유로 이 마을에는 방문을 검은 천이나 발 또는 병풍으로 가리고 잠자는 관습이 생겨 전래된다는데, 그것은 박씨 부인이 그랬듯이 마을사람들이 방문에 비친 그림자 때문에 오해받아서 화를 당하지 않기 위한 조치였을 것이다.

최근에는 절터 주변에서 기와조각, 불기佛器 등이 종종 출토되었고, 불상과 비석은 일제강점기에 일본병사들이 발굴해서 가져갔다고 하며, 지금은 절터와 연못에 잡초만 우거져있다.

절터

청소년들이여, 큰마음과 높은 이상을 가집시다

우리 청소년들이 바다와 같이 큰마음을 갖고, 하늘과 같이 높은 이상을 가지고 자라났으면 합니다.

큰마음이란 모든 것을 끌어안는 마음을 뜻합니다. 작은 것에 매달려 작아지는 마음이 아니라 이 모든 작은 것들인 탐욕, 집착, 성냄, 분노, 질시, 아집, 독선, 자존, 이기심을 큰 마음속에서 녹여버림을 말합니다. 그리고 다시는 그런 것들이 어른거리지 않는, 또 설혹 그런 것들의 유혹이 있다 해도 흔들리지 않는 것을 의미합니다. 이러한 큰마음은 인간의 고뇌나 세계의 갈등을 해소시키고 인간이 인간답게 살아갈 수 있는 사회인 인간 공동체를 만들어 갈 수 있을 것입니다. 우리 청소년들이 큰마음을 가질 수 있는 길은 모든 것을 너그럽게 받아들이고 이해하려는 노력에서 시작될 수 있을 것입니다.

높은 이상이란 삶의 지표, 자신이 바라고 나아가려는 목표를 의미합니다. 이상을 높이 세우고 그것을 실현하기 위해 매진하는 정신이 필요합니다. 이상이 높지 않으면 실리위주로 자신을 타협시키게 됩니다. 결국 그 실리라는 것은 물질적인 것이기 십상이기 때문에 그것과 타협하는 사람의 됨됨이도 삶도 그것만한 것밖에 되지 못할 것입니다. 물론 실리추구도 무조건 나쁠 것은 아니겠지요. 그러나 하찮고 실리적인 개인차원의 이상이나 목표만 가지고 우리 사회를 변화시키고 발전시키지는 못할 것입니다.

청소년들의 '큰마음'과 '높은 이상'은 앞으로 우리 사회를 더 나은 방향으로 발전시킬 수 있는 결정적 열쇠가 될 것입니다. 왜냐면 오늘의 우리사회는 온통 소심함, 옹졸함, 이기심, 탐욕, 성급함, 거짓, 쾌락, 실리추구, 일확천금, 한탕주의라는 독소들로 망가지고 있기 때문입니다.

탁한 공기를 정화하는 것은 싱그러운 바람입니다. 더럽혀진 호수를 정화는 것은 맑은 물입니다. 오늘의 잘못된 사회를 정화할 수 있는 것은 청소년들의 큰마음과 높은 이상입니다. 그것이 바로 우리의 희망이기도 합니다.

앞에서 나는 우리의 오늘 속에 미래와 희망이 살아간다고 쓴 적이 있습니다. 오늘 속의 미래와 희망이란 바로 오늘을 살아가는 여러분 청소년들이 다가오는 21세기의 주역이라는 것을 의미합니다. 21세기는 저를 포함한 기성세대들의 세기가 아니라 바로 여러분 같은 신세대들이 살고 활동하는 세기이기 때문입니다.

우리가 예측할 수 있는 것은 21세기는 오늘 우리의 시대와는 엄청나게 다르리라는 것입니다. 그런 다름에는 긍정적이고 밝은 측면도 있을것이고, 부정적이고 어두운 측면도 있을 것입니다. 밝은 측면이란 인간들이 위기를 알아차리고 인간과 지구의 살 길을 찾아낼 수 있을 가능성입니다. 그런 반면에 어두운 측면이란 첨단과학을 더욱 눈부시게 발전시켜 또다시 바벨탑 건설에 박차를 가하다가 파멸할 가능성입니다. 인간두뇌와 닮은 지능을 가진 로봇을 만드는 것을 넘어서 인간을 대신할 복제인간을 만드는 연구가 어떤 단계에 이르면 복제인간들에 의해 인간들이 노예화되어버릴 수도 있으리라는 예견도 있습니다.

물론 21세기가 긍정적이고 밝은 세기가 될지 부정적이고 어두운 세기가 될지를 예측하는 데 우리가 시간을 낭비할 필요는 없을 것입니다. 그것보다는 내일의 주역인 오늘의 청소년들이 생각하고 준비해야 할 것들이 더욱 중요할 것입니다.

그래서 오늘의 청소년들이 자신만 생각하고 자신의 현실만 생각하지 않으면 좋겠습니다. 오늘의 청소년들이 자신만 생각하면 자신만은 잘될지 모르지만 우리 전체는 버려지고 말 것입니다. 사심을 버리고 자신의 행복이나 안일만 생각하지 않고 우리 이웃과 사회, 조국과 지구촌 가족 모두를 동시에 생각하고 그들을 위해 일할 수 있는, 그리고 그 일을 위해 오늘 조용히 땀 흘릴 수 있는 청소년들이 되어주기를 바랍니다. 그런 삶의 철학으로 가슴을 채운 사람이야말로 21세기를 휘어잡을 능력을 가진자가 될 것입니다.

학식과 인성은 일생을 살아가는 긴 여행에서
위대한 재산이리라

자녀들에게
사람됨의
씨앗을 심어주십시오

집 없는 바다요정 갈매기

   세상 모든 사람은 계획은
쉽게 세우지만 그 계획을 실
행한 결과의 중요성을 잘 잊
고 사는 듯하다. 물론 무슨
일을 성사시키기 위해 빈틈
없는 치밀한 계획을 세우고
그것을 따라 차질 없이 일을

집없는 바다요정 갈매기

마무리하는 성실한 사람들도 수없이 많다. 그런 반면에 계획만
세워놓고 쉽게 포기해버리는 지지부진한 성격의 소유자들도 많
다. 흔히들 계획이란 웅장한 건축물을 세우기 위해 준비하는 주
춧돌과 같다고 말한다. 더 완벽한 건축물을 짓는 데 필요한 주춧
돌은 인간이 세우는 인생계획과 같은 것이다.
   그러나 불가피한 사정으로 계획을 실천하지 못하는 경우도 있
겠지만, 반드시 계획을 실천에 옮겨야 한다는 굳은 의지만 있다면

그것은 그다지 어려운 일도 아닌 듯하다. 계획을 쉽사리 포기하는데는 다양한 이유가 있을수 있겠지만, 근본적인 이유는 그 계획을 실현하려는 의지가 굳지못하다는 데서 찾을 수 있을 것이다.

이런 경우는 인간들 사이에서만 발견되는 것은 아닌 듯하다.

특이한 습성 때문에 일생동안 둥지를 마련하지 못하고 살아가는 새(조류鳥類)가 지구상에 단 한 종이 있는데 그 새를 가리켜 우리는 바다요정 갈매기라고 부른다. 그 갈매기들이 집단으로 서식하는 곳은 러시아 동부지역에서 세계 4대 어장에 속하는 북태평양과 오호츠크 해를 양편에 끼고 남쪽으로 돌출한 캄차카 반도이다. 이 반도에서는 그 갈매기들이 서식하는 천 길 암벽지대의 환경은 일교차가 무려 섭씨50도나 될 정도로 혹독하다. 그 갈매기들은 아침 해가 뜨면서부터 모든 근심을 잊은듯 매우 평화롭게 먹이활동을 하면서 하루를 즐긴다. 낮 동안 태양은 그 갈매기들에게 아주 고마운 존재이다. 그러나 태양이 지고 밤이 오면 혹독한 추위가 갈매기들을 괴롭힌다.

그러나 갈매기들은 낮에는 그토록 고통스런 밤이 오리라는 것을 잊고 지냈다. 그러나 밤이 오고 추위가 몰아닥치자 부모 갈매기들은 급히 새끼들을 품에 감추면서 아주 중요한 사실을 깨우쳤다. 그때 아내 갈매기는 남편 갈매기에게 추위를 이기며 살아갈 방법을 떨리는 목소리로 제의했다.

"여보. 이 추운 밤을 이대로 지내다가는 우리 식구들은 살아나지 못하겠지요? 그러니 이 밤을 새고 나면 무슨 일이 있어도 둥지를 마련합시다."

그러나 아내 갈매기의 절박한 심경을 뼈저리게 공감한 남편 갈매기도 아내 갈매기에게 선뜻 그리하자고 약속했다. 그런데 새벽이 되자 어제 저녁 무렵에 뒤도 돌아보지 않고 바다로 들어가 잠들어버렸던 태양이 또다시 솟아오르는 것이었다. 이글거리는 붉은 태양은 혹독했던 밤의 추위를 몰아내기 시작했다. 그러자 부부 갈매기는 날이 새면 둥지를 마련하자던 지난밤의 계획과 약속도 까맣게 잊어버리고 따뜻해진 낮 동안 바다 위를 마음껏 날아다니면서 먹이활동에 전념하면서 아무 걱정 없이 하루의 절반을 보냈다. 그렇게 바다에서 물고기를 마음껏 잡아먹은 부부 갈매기는 지난밤에 머물던 절벽바위틈으로 돌아와 부른 배를 두드리며 말했다.

"우리에겐 이렇게 따스한 태양이 있는데 쓸데없이 둥지 때문에 걱정했구려."

그리고 느긋하게 휴식하던 부부 갈매기는 그토록 혹독하던 밤이 다시금 그들을 찾아오는 줄도 몰랐다. 이윽고 어김없이 뼈를 에는 혹독한 추위와 함께 고통스러운 밤이 찾아왔다. 그러자 부부 갈매기는 또다시 둥지를 마련하기로 계획하고 약속했다. 그러나 날이 밝자 부부 갈매기는 또다시 그 계획과 약속을 까맣게 잊어버렸다. 그렇게 갈매기들은 계획을 세웠다가 망각하기를 반복했다.

이처럼 자신들의 서식환경에 순응하며 살아가는 바다요정 갈매기들은 결국 계획을 한 번도 실행하지 못하고 망각해버리는 운명, 즉 신神이 그들에게 부여한 운명을 깨닫지 못하고 살아간다.

그래도 그 갈매기들은 우리 인간들에게, 특히 꿈을 지닌 젊은이들에게 많은 것을 깨우쳐 준다. 그러나 불행히도 그 갈매기들처럼 꿈을 반복적으로 망각하면서 인생에서 가장 귀한 청춘기를 놓치고 마는 젊은이들도 있다. 참으로 안타까운 노릇이다.

그러므로 무엇이든 빨리 깨우치고 좋은 계획대로 노력하는 사람만이 성공의 열매를 맛볼 수 있을 것이다. 바다요정 갈매기의 습성을 우화적 으로 표현한 위 일화에 나오는 부부 갈매기는 신神이 우리 인간들에게 알려주려는 교훈의 전도사 같은 존재들이리라.

인생은 단 한번에 그려진 수채화가 아니다
하루하루 치열함으로 채워지는 모자이크화다

자녀들에게 무엇을 가르쳐야 할까요

　이제 갓 태어난 아기의 모습을 보면 한심스럽기 그지없습니다. 완전히 무능하게 보입니다. 자신을 낳아준 어머니도 모르고 물론 아버지도 모릅니다. 말할 줄도 모르고 일어나 걸을 줄도 모릅니다. 설령 어머니가 외출하면서 "애야, 내가 잠시 나갔다가 올 테니 그동안 배가 고프면, 여기 우유와 마실 빨대를 준비해놓았으니, 그것을 가지고 먹어라"고 말해도 갓난아기는 그 말귀도 못 알아듣거니와 빨대로 우유를 빨아먹을 줄도 모릅니다. 그래서 갓난아기는 누군가 옆에서 보호해주고 챙겨주지 않으면 굶어죽을 수밖에 없는 무능한 존재인 것입니다. 그래서 인간은 만물의 영장이라는 말조차 의심스러워질 정도입니다.

　저는 시골에서 태어났습니다. 그래서 시골에서 겪은 여러 가지 체험을 아직 잊지 못하고 있습니다. 그것들 중 한 가지만 말씀드리려 합니다. 어린 시절 어느 날 저의 집에서 길러지던 암소가 송아지를 낳았습니다. 암소는 송아지를 낳자 혀로 송아지의 몸 구석구석을 핥아주었고, 송아지는 곧장 자신의 몸을 일으켜 세우려고 애썼습니다. 그렇게 송아지는 일어서려다가 쓰러지기를 몇 차례 반복하더니 기어이 스스로 일어섰습니다. 그리고 송아지는 몇 번이나 엎어지면서도 다시 일어나 걷기를 시도하더니 마침내 걸음을 옮길 수 있었고 급기야는 태어난 당일로 자유자재로 걸어 다닐 수 있었습니다. 그 송아지가 참으로 장하지 않습니까! 세상에 태어난 당일에 바로 걸어 다닐 수 있다니 말입니다.

그런데 사람은 태어나서 걷기까지 무려 일 년이라는 세월이 걸립니다. 그러니 소는 태어나서 금방 걸을 수 있습니다. 그렇지만 소가 아무리 빨리 걸어도 결국 소는 소일 수밖에 없습니다. 소의 성장단계에는 한계가 있기 때문입니다. 그러나 사람의 성장단계는 그렇지 않습니다. 비록 소보다 걷는 시기가 일 년이나 늦더라도 사람은 얼마든지 더 고등한 단계로 성장할 잠재력을 가지고 있습니다. 사람의 신체뿐 아니라 정신은 얼마든지 더 고등하게 성장할 수 있습니다. 사람의 정신은 특히 어떤 문화환경에서 어떤 전통과 관습을 바탕으로 어떤 교육을 받느냐 여부에 따라서 무한히 성장할 수 있습니다.

남을 이롭게 함이 자신의 이로움이라
이것이 지혜이며 배려임이라
이는 수레의 두 바퀴며 새의 두 날개이니라

두 번째 이야기 편지

자녀들에게 생활교육을 합시다

2004년은 유엔에서 정한 가정의 해였습니다. 여느 나라를 막론하고 가정의 기능이 쇠잔해지고 있기 때문에 그런 해도 정해진 것이 아닌가 싶습니다. 그래서 가정의 본래기능을 되찾기 위한 활동들을 서두르는 것이기도 할 겁니다. 무릇 가정은 사랑의 보금자리입니다. 가정은 하루 피로를 풀고 휴식하는 곳이요 내일을 위한 활력을 충전하는 곳인 동시에 자녀들에게 삶의 기초를 교육하고 사회를 살아가는 데 필요한 제반규범을 가르치는 곳이기도 합니다. 요컨대, 가정은 자녀들에게 생활교육을 하는 곳이기도 하다는 말입니다.

그런데 오늘의 우리 가정들은 그렇지 못한 듯합니다. 특히 자녀들에게 기본적인 가치나 생활규범을 제대로 가르치지 못하고 있으므로 자녀들이 분명한 자존감과 자아를 갖고 성장하기 어려워하고 시류에 휩쓸리면서 심하게는 청소년 범죄를 저지르기도 합니다.

이것은 제가 지난 30여 년간 청소년들을 접하면서 내린 결론입니다.

즉 이것은 그동안 제가 여러 시민활동을 전개하고 청소년 지도에도 큰 관심을 기울여오면서 수없이 느껴온 생각이기도 합니다.

특히 오늘날 가정에서는 자녀들에게 중요한 것들을 놓치고 있다는 생각을 저는 자주 합니다. 그래서 가정에서 자녀들에 대한 생활교육을 철저히 해야 한다고 먼저 말씀드리는 것입니다.

우리가 자녀들에게 생활교육을 통해 가르쳐할 것들은 대략 열 가지 정도로 요약될 수 있습니다.

첫째, 식탁에 임하는 법을 가르칩시다. 누구를 막론하고 하루에 세 번은 식탁에 앉습니다. 그런데 그 식탁에 임하는 몸가짐이 잡히지 않았다면 문제라 아니할 수 없습니다. 그래서 식탁에 임하는 자세나 바른 태도를 자녀들에게 일러주어야 합니다. 어른과 함께 식사하는 자리에서는 어른이 수저를 들기 전에 먼저 수저를 들지 않도록 하고, 식사할 때는 최대한 소리 나지 않게 음식을 씹도록 일러주어야 합니다. 또 반찬을 집어먹을 때는 위에 있는 것이나 가장자리에 있는 것부터 먹도록 하고, 젓가락으로 반찬그릇을 휘젓지 않도록 일러주어야 합니다. 뿐만 아니라 맛있는 음식은 서로 나누어 먹는 습관을 갖도록 해주어야 합니다. 된장찌개나 김치찌개에 수저를 넣을 때는 수저에 밥풀이 붙어있지 않도록 하는 것도 주의시켜주어야 합니다. 음식을 먹으면서 옆사람에게 혐오감을 주지 않도록 조심해서 먹는 법도 자녀들에게 가르쳐 주어야 할 것입니다.

둘째, 옷 입는 법을 가르칩시다. 옷은 원래 사람의 체온을 보존하기 위해 입기 시작한 것입니다. 그러다가 이왕이면 서로 보기 좋게 만들어 입어보자고 해서 옷에 멋을 부리게 된 것이지요. 하지만 그런 과시욕이 지나쳐서 오늘날에는 엄청나게 비싼 옷을 만들어 입게 되었습니다. 그렇다고 성장기 어린이들이나 한창 학습하는 학생들에게까지 사치스러운 옷을 입히면 안 될 것입니다. 그래서 자녀들에게 옷은 늘 깨끗하고 단정하게 입고 다니도록 일러주어야 합니다. 공연히 유명상표가 붙은 비싼 옷을 입고 다니도록 해서 어려서부터 사치가 몸에 배도록 하면 안 됩니다. 제 딸아이가 저에게 유명상표가 붙은 옷을 사달라고 조른 적이 있습니다. 물론 학생신분으로 말입니다. 그때마다 학생의 옷은 깨끗하고 단정하면 됐지 그 이상의 사치스런 옷은 입을 생각을 말라면서 응해주지 않았습니다. 그러던 어느 날 딸아이가 울음을 터트리면서 저에게 말했습니다.

"아빠 우리 학교에 와봐. 나는 거지야!"

그러자 제가 말했습니다.

"왜 네가 거지냐? 네가 남의 옷을 입고 다니냐, 아니면 누더기 옷을 입고 다니냐. 왜 네가 거지라는 말이냐."

그러면서 생각해보았습니다. 자기 반 아이들은 모두 유명상표가 붙은 옷을 입는데 자기만 그런 옷을 못 입으니 자존심이 상해서 자기가 거지로 생각되었는가보다고 말입니다. 그러면서도 저는 딸아이의 요구에 응하지 않았습니다. 어느 부모인들 제 자식을 호강시켜주고 싶지 않겠습니까만, 성장기 아이들을 사치에 눈뜨게 하는 것은 좋은 일이 아니라 여겨서 그렇게 한 것입니다. 저는 딸아이에게 어려서부터 검소함이 무엇인지를 알면서 살아가는 법을 가르쳐주고 싶었습니다. 아무리 귀여워도 우리의 자녀들에게 나이와 신분에 맞는 옷을 입도록 가르치는 일은 대단히 중요할 것입니다. 그리고 언제나 옷을 단정히 입고 다니는 습관을 길러주는 것도 대단히 중요한 것임을 알아야 할 것입니다.

셋째, 말하는 법을 가르칩시다. 사람이란 참으로 많은 말을 하면서 살아가는 동물입니다. 그러면서도 말 때문에 실로 많은 실수를 저지르기도 합니다. 그래서 자녀들에게 예쁜 말, 친절한 말, 겸손한 말, 이웃에게 희망과 기쁨을 주는 말을 가르치는 것은 여간 귀한 일이 아닙니다. 그래서 어떤 경우에도 험한 말, 이웃에게 상처를 주는 말을 하지 않도록 가르쳐야 합니다. 새는 우는 소리로 값이 매겨지고 꽃은 풍기는 향기로 값이 매겨지듯이 사람은 그가 하는 말로 사람됨을 평가받는다는 옛말도 있지요. 그렇듯 말은 사람됨의 내용을 드러내는 수단이므로 말 한 마디도 아무렇게나 하지 않도록 정성을 기해 신중히 하는 버릇을 자녀들에게 길러주어야 합니다.

요즈음 우리 자녀들은 전화를 많이 사용합니다. 그런데 전화하는 요령이나 예의가 없어서 걱정들을 합니다. 전화는 용건만 간단히 하고 끊어야 하는데도 한 번 전화기를 붙잡으면 20~30분이나 통화화는 것은 보통입니다. 또 새벽이나 밤늦게 남의 집에 전화하는 것은 실례인데도 그런 일이 드물지 않게 발생합니다. 그런 버릇들은 반드시 고쳐져야 합니다.

그런 버릇을 가진 자녀를 귀엽다고 그냥 두면 그 자녀는 자신의 버릇이 당연한 것인 줄 알아서 나중에는 고치지도 못하게 되기 때문입니다.

　전화 이야기가 나온 김에 한 말씀만 더 드리겠습니다. 언젠가 제가 집에 있는데 전화가 걸려왔습니다. 그래서 제가 수화기를 들고 "여보세요"라고 하니 중학생으로 짐작되는 남자아이가 다짜고짜 "○○○ 바꿔주세요"라며 제 딸아이의 이름을 대는 것이었습니다. 그래서 제가 "너는 어느 학교 누구냐?"고 물었습니다. 그러자 그 남학생은 "따지긴 왜 그렇게 따져요!"라고 대꾸하더군요. 그래서 제가 "남의 집에 전화를 걸면 먼저 '안녕하세요, 저는 어느 학교 누군데요, 죄송하지만 아무개 좀 바꿔주세요'라고 해야 하지 않느냐? 너, 그런 말이 어디 있느냐?"고 꾸짖었더니 "알았어, 임마!"라면서 전화를 탁 끊어버리는 것입니다.

　그 순간 저는 누구한테 망치로 뒤통수를 얻어맞은 듯 갑자기 멍해지는 느낌을 받았습니다. '어쩌다가 아이들이 이렇게 자랐을까?'라는 생각에 서글프기까지 했습니다. 언젠가 미국의 댄스그룹 '뉴키즈온더블록'사건으로 사회 전체가 들끓을 때 어느 텔레비전의 뉴스앵커가 비통하게 했던 말이 기억납니다.

　"우리는 자녀들을 다만 사육했을 뿐이다."

　이 말을 듣고 저는 '정말 우리는 자녀들을 그냥 먹이기만 했구나!'라고 밖에 생각할 수 없었습니다. 이렇게 어른들이 아이들을 막 되어 먹게 키웠으니 사회가 이토록 험해지는 것입니다. 우리 주변에서도 그런 아이들을 자주 볼 수 있을 정도이니까요.

　얼마 전에 어느 유학생들이 행패를 부려서 우리 모두가 놀란 적이 있었습니다. 부모들이 돈만 있으면 모든 문제를 해결할 수 있다고 생각한것이 아니냐는 질타의 목소리가 사회를 가득 메웠습니다. 그러나 지금 우리 어른들 모두에게는 그런 질타의 말만 반복할 자격이 없을 듯합니다. 우리는 자녀들에게 살아가면서 알아야 할 것들을 가르치는 데 너무나 소홀했기 때문입니다. 그러므로 우리는 자녀들에게 예쁜 말, 친절한 말, 겸손한 말을 하면서 살아갈 수 있도록 가르쳐주어야 할 것입니다.

넷째, 인사하는 법을 가르칩시다. 웃어른을 뵙거나 친구를 만날 인사 하는 것은 지극히 당연한 삶의 자세입니다. 그런데 우리나라 사람들에 겐 인사성이 전반적으로 부족한 듯합니다. 외국을 여행해보신 분들은 많이 외국인들이 인사를 잘 한다는 것을 경험으로 아실 것입니다. 한국인들에 비해 그들은 인사를 친절하게 자주 하는 편입니다. 전혀 모르는 사람을 처음 만나도 "하이!" 또는 "굿모닝!"하고 인사합니다. 게다가 밝고 상냥한 표정을 지으면서 말입니다. 그들에 비하면 우리 한국인들은 너무 무뚝뚝하고 인사성도 부족합니다. 그래서 우리는 자녀들에게 인사하는 법을 가르쳐줄 필요가 있습니다. 비록 모르는 사람을 처음 만나도 깍듯이 인사하면 서로에게 좋다고 말입니다. 그리고 인사할 때는 정중한 자세로 하도록 일러주어야 합니다. 특히 어른에게 인사드릴 때는 인사를 받는 사람 2~3미터 앞에서 정중히 인사드리고, 인사한 다음에는 인사 받는 분을 밝고 명랑한 표정으로 보도록 가르쳐야겠습니다. 요즘 아이들을 보면 바른 자세로 인사하는 경우를 거의 볼 수 없기 때문입니다. 시선을 딴 데로 돌린 채 인사하는 어린이들도 흔히 보입니다. 그런 습관은 집에서 길러졌을 가능성이 높습니다.

보통 가정에서 자녀들은 학교에 갈 때 부모의 얼굴은 보지도 않고 "학교에 다녀오겠습니다!"라고 소리치며 휙 나가버리거나 학교에서 돌아와서도 "학교 갔다 왔습니다!"라고 소리치며 자기 방으로 휙 들어 가버립니다. 그때마다 부모들은 자녀들이 인사하는 것만도 고맙고 흐뭇해서 "응, 그래!"라고 대답해줍니다. 하지만 그런 인사는 올바른 인사가 아닙니다.

학교에서도 처음에는 선생님을 하루에 몇 번씩 만나도 정중히 인사하다가도 나중에는 묵례만 하고 그냥 지나쳐버리곤 합니다. 그러나 인사는 항상 같은 자세로 해야 합니다. 자녀들에게 친구들과도 깍듯이 인사하는 법을 가르쳐주어 동방예의지국의 후손답게 자라도록 해 주어야 하겠습니다.

다섯째, 친구와 사귀는 법을 가르칩시다. 친구는 평생을 서로 도우며 살아갈 이웃이기도 합니다. 그만큼 친구는 불가결한 이웃입니다. 그래서 누구나 친구를 사귑니다. 그러나 자녀들이 친구를 잘못 사귀면 자녀들도 잘못되므로 자녀들의 친교에 관심을 가질 필요가 있습니다. 부모는 자녀의 친구가 누구이고 어떤 성격의 소유자이며 무엇을 즐기는지를 소상히 알아서 사귀게 해주어야 합니다. 만약 그 친구의 사람됨이 바르지 못하면 그 친구와 교제를 끊도록 유도해야 좋을 것입니다.

하지만 그 친구의 사람됨이나 취향이나 성격이 자녀에게 도움이 된다고 판단되면 자녀와 그 친구가 절친한 사이로 발전하도록 부모가 도와주면 좋을 것입니다. 아울러 그런 친구들과의 사귀는 자세에도 늘 관심을 가지고 일러주어야 합니다. 친구란 자신이 필요할 때만 이용하고 그렇지 않을 때는 언제든 벗어던지는 신발 같은 존재가 아니라는 것도 알려주어야 합니다. 좋을 때도 나쁠 때도 친구란 한결같이 사귀며 지내야 하는 이웃이라는 것을 알려주면서, 어떤 경우에서도 친구를 저버리거나 배신하지 않도록 가르쳐주어야 합니다. 내가 무슨 말이든 다 할 수 있고 또 내게도 그렇게 할 수 있는 친구가 있다는 것은 전쟁터에서 백만 원군을 얻는 것만큼이나 소중하고 든든한 것입니다.

결국 그렇게 절친한 친구 몇 명 덕분에 우리는 수많은 사람들 틈에서 오늘도 건강하고 꿋꿋이 살아갈 수 있는 것입니다. 그러므로 자녀들에게 친구를 바르게 사귀며 살아가도록 해주고, 친구 사이에 지켜야 할 자세나 예의를 기회 있을 때마다 일러주어 건강한 사회생활을 영위해가도록 도와야 할 것입니다.

여섯째, 질서를 지키며 사는 법을 가르칩시다. 사회란 여러 사람이 함께 사는 곳이므로 서로의 삶의 안정이나 편의를 위한 제반 규범들을 보유합니다. 그리고 그런 사회규범들을 서로 지키며 살려고 노력합니다.

사회규범들은 사회의 모든 구성원에게 적용됩니다. 그래야 사회질서가 정립될 것이기 때문입니다. 부모는 사회규범들을 자녀들에게 열심히 알려주어 질서의식을 가지고 성장하게끔 도와야 합니다. 그리고 자녀들이 질서를 지키는 생활태도를 함양할 수 있도록 언제나 양보하고 기다릴줄 아는 아량도 함께 길러주어야 합니다. 그런데 솔직히 오늘날의 아이들은 양보하고 기다릴 줄 모르는 듯이 보입니다. 아이들 모두가 이기적인데다가 진중하게 참고 기다리는 습관을 결여한 듯이 보입니다. 그것은 엘리베이터를 타면 4초도 못 기다려서 '닫힘'단추를 눌러대는 우리 어른들의 조급한 풍조에서 비롯되었을 수도 있습니다. 그래서 오늘날 우리 사회가 이토록 혼란하고 무질서한지도 모릅니다.

그런 반면에 외국의 선진국 사람들은 운전할 때 한국인들에 비해 더 잘 양보하고 더 오래 기다릴 줄 압니다. 그들은 심지어 신호등이 고장 났거나 없는 곳에서도 서로 양보하면서 운전합니다. 그래서 교통이 비교적 덜 혼잡합니다. 그러나 한국에서는 신호등이 있어도 양보하고 기다리지 못해 교통이 혼잡해져서 서로를 불편하게 만드는 경우가 비일비재 합니다. 양보하고 기다리는 정신을 못 배웠기 때문입니다. 그래서 우리는 자녀들에게 그런 생활 태도를 함양시켜서 서로 양보하고 기다리면서 사회질서를 유지하며 살아갈 수 있도록 가르쳐야 할 것입니다.

일곱째, 절약하는 법을 가르칩시다. 옛날에 비하면 지금 우리나라의 생활은 대단히 편리해지고 풍부해졌습니다. 먹을 것이 얼마든지 있고 입을 옷도 얼마든지 있습니다. 그래서 그런지 어느 사이엔가 우리 사회는 절약의 미덕을 잊어버리고 말았습니다. 마구 쓰고 마구 먹습니다. 도무지 물건 아까운 줄 모르고 삽니다. 제가 활동하는 단체에는 많은 어린이들과 청소년들이 찾아옵니다. 추진하는 각종 프로그램에 참여하기 위해서 말입니다. 그런데 그 아이들 중 꽤 많은 아이들이 물건들을 두고 갑니다. 잊어버리고 간 것입니다. 그래서 아이들이 두고 간 물건들을 모아서 습득물함에 넣어두고 찾아갈 것을 권하고 있습니다. 그러나 대개의 아이들은 그 물건들을 찾아가지 않습니다. 그 물건들 중에는 얼마든지 계속 사용할 수 있는 새것들이 많은데도 그렇습니다. 아마도 집에 가서 엄마나 아빠에게 다시 사달라고 하면 된다고 생각하기 때문인 듯합니다. 그 까닭은 아이들이 물건의 소중함과 근검절약하는 생활습관을 기르지 못했기 때문인 듯합니다.

물론 영영 찾지 못하게 된 것들은 어찌할 도리가 없을 것입니다. 그것들은 아이들에게 다시 사줄 수밖에 없겠지요. 그러나 물건을 잃어버린 장소를 잘 기억하여 반드시 되찾아 사용하려고 애쓰는 습관은 아이들에게 꼭 필요할 줄로 압니다. 그래서 무슨 물건이든 한 번 가지면 그것이 닳거나 망가져서 못쓰게 될 때까지 사용하는 습관을 아이들에게 길러주어야겠습니다. 심지어 집에서 사용하는 물 한 바가지도 필요 이상 낭비하지 않는 습관을 아이들에게 함양시킬 수 있는 철저한 생활교육이 필요합니다. 왜냐면, 예컨대, 샤워할 때 몸에 비누칠하는 동안 물을 그대로 틀어놓고 있는 어린이들도 많기 때문입니다.

요즈음 아이들의 대다수가 물건이나 자원을 낭비하는 듯이 보입니다.

그래서 부모는 아이들이 사용하는 것이 설령 그 아이의 것이 아닐지라도 아끼고 절약하겠다는 마음으로 살아가도록 자녀들을 교육하고 가르쳐야 합니다. 즉 음식을 먹기나 학용품을 사용하기나 옷 입기를 막론한 모든 생활을 근검절약하는 정신과 자세로 영위할 수 있도록 자녀들을 가르쳐야 한다는 말입니다. 그리하려면 먼저 부모들부터 근검절약하는 사고방식과 생활방식을 솔선수범하여 자녀들에게 보여주어야 할 것입니다.

여덟째, 더불어 살아가는 법을 가르칩시다. 사람은 혼자 살아가는 동물이 아닙니다. 반드시 나만이 아닌 다른 사람들과 함께 살아가는 동물입니다. 어쩌면 그것은 사람의 숙명인지 모릅니다. 그래서 반드시 남과 함께 살아가는 자세나 생활방식을 자녀들에게 일러주어야 합니다. 그런데 우리나라 사람들이 이웃과 더불어 살아가는 자세나 정신은 대단히 서투른 경우가 많습니다. 그래서 자녀들에게는 이웃과 더불어 살아가는 생활방식을 더더욱 잘 가르쳐야 합니다.

일본의 교사들은 어린이들을 모아놓고 "자, 우리 모두 모두 잘하자!"라는 말로 지도한다고 합니다. 어느 한 사람만 잘해서는 안 됩니다. 모두가 서로 잘 해야 합니다. 그래야 서로 좋은 사회를 만들 수 있기 때문입니다. 그래서 일본의 교사들은 필히 모두 함께 살아가는 자세를 아이들에게 가르치고 길러준다는 것입니다. 그런데 우리나라에서는 "자, 누가 누가 잘하나 보자"라고 말합니다. 이 말은 개인능력의 성장에만 관심이 집중된 사회적 분위기를 반영합니다. 이런 관심이 각 개인을 똑똑하게 기를 수 있을지는 몰라도 그렇게 길러진 개인들이 가진 힘과 능력을 융합하고 결속하지는 못하는데, 그 결과 협력하지 못하는 지리멸렬한 개인들만 양산될 수밖에 없을 것입니다.

해외교포들의 체험담이나 목격담들도 이런 점을 증명하는데, 해외에서 한국인들은 개별적으로는 대단한 능력의 소유자들로 인정받지만 그들이 모여서 협력해야 할 때면 서로 싸우고 분열되어 흩어지기가 일쑤라고 말합니다. 이것은 우리가 어려서부터 서로 협조하여 살아가는 삶, 즉 이른바 공동체의 삶을 배우지 못한 소치일 것입니다. 그래서 우리의 자녀들에게 더불어 살아가는 지혜나 자세를 길러주어야 합니다. 그러면서 '내가 살려면 너도 살아야 한다'는 대전제가 사회뿐 아니라 개인도 규정한다는 사실도 알려주어야 할 것입니다. 그래야만 한국인들의 우수한 두뇌와 능력이 세계에서 빛을 볼 수 있을 것입니다.

아울러 이웃과 더불어 살아가는 자세와 관련하여 자녀들에게 추가로 함양시켜야 할 것은 타인들의 잘못은 되도록 빨리 잊고 자신의 잘못은 오래도록 잊지 말며, 타인들의 선행善行은 잊지 말고 자신의 선행은 빨리 잊는 습관입니다. 왜냐면 늘 이웃에 대해 좋은 감정을 가지고 자신의 단점들을 늘 기억하면서 겸손하게 살아야 이웃과 원만하고 좋은 관계를 맺고 살아갈 수 있기 때문입니다.

아홉째, 남을 칭찬하는 법을 가르칩시다. 우리나라 사람들의 가장 큰 단점은 바로 남을 깎아내리려는 마음, 남이 잘되는 것을 배아파하는 마음입니다. 그래서 "사촌이 땅을 사면 배가 아프다"는 옛말도 있을 테지요. 언제부터인지 우리나라 사람들의 피에는 남을 헐뜯고 모함하는 피가 함께 흐르기 시작한 듯합니다. 그래서 틈만 나면 남을 헐뜯고 깎아 내립니다. 그렇게 서로 섭섭해 하며 우울하게 살아가고 있습니다. 다른나라 사람들은 그렇지 않은데 말입니다.

언젠가 한 번은 덴마크에 간 적이 있었습니다. 관광하느라 바삐 돌아 다니던 저는 어느 날 잠시 틈을 내어 덴마크의 유명한 동화작가 안데르센Hans Christian Andersen(1805~1875)의 생가生家를 찾아가 보았습니다. 그의 생가에는 정말 많은 관광객이 찾아와서 저는 오랜 시간을 기다려서야 겨우 생가로 들어갈 수 있었습니다. 그곳에는 안데르센이 생전에 쓰던 펜이나 그가 남긴 유고遺稿를 포함한 작품들이 모두 전시되어 있었습니다. 세계적인 인물의 생전 모습을 하나라도 더 보고 느끼려고 그렇게 사람들이 많이 모여들고 있었던 것입니다. 덴마크가 배출한 자랑거리를 모두가 눈여겨보고 싶어서 그랬을 것입니다.

그곳을 돌아보면서 저는 쓸쓸한 마음을 가눌 길 없었습니다. 우리나라에는 과연 그런 인물이 있느냐는 생각이 들어서였습니다. 솔직히 말씀드리면 우리에게도 그런 인물들, 세계적으로 내놓기에 부족함 없는 인물들이 없지는 않았습니다. 우리에게도 그런 인물들이 있었지만 외국인들처럼 그 인물들을 드러내어 칭찬하고 추켜올려 세상에 그들을 알리는 데 너무도 인색했기 때문에 한국에서는 그렇게 세계적인 인물이 등장할 수 없었던 것입니다. 그 까닭은 남을 칭찬하고 추켜올려주려는 마음이 우리에겐 너무나 부족했기 때문입니다.

지금도 보십시오. 우리는 바야흐로 서로를 헐뜯고 깎아내리는 일들에 참으로 열중합니다. 국회의원선거나 대통령선거 때를 보십시오. 상대후보들을 비방하는 흑색선전만 난무합니다. 물론 선거에서 당선하기 위해서라면 무슨 수단이든 다 동원하겠다는 생각으로 그런지 몰라도, 하여간 상대후보들을 깎아내리는 데 열중합니다. 거의 모든 선거판에서 그런 흑색선전을 예사로 볼 수 있습니다. 이것은 우리 사회의 백년대계에도 악영향을 끼칠 것이 분명합니다. 그러므로 이런 악습은 우리의 자녀들에게 물려주지 말아야 할 것입니다. 서로를 비방하고 깎아내리기보다는 서로를 위해주고 칭찬하며 추켜올려주는 착하고 관대한 심성을 아이들에게 길러주고 가르쳐야 합니다. 그래야만 우리 후손들이 앞으로 더 좋은 사회를 만들어서 훌륭하게 살아갈 수 있을 것입니다.

열째, 생명을 아끼는 법을 가르칩시다. 언젠가 길거리에서 병아리를 구입한 아이들이 그 병아리들 높은 곳에서 길바닥으로 던지면서 누구의 병아리가 제일 오래 살아남는지 시합했다는 언론보도가 난 적이 있습니다. 그런 보도를 접한 사람들 모두가 깜짝 놀랐지요. 그렇듯 우리 사회에는 생명경시풍조가 극에 달한 듯합니다. 사람 한 명 때려눕히는 일 따위는 아무런 가책도 없이 자행되고 있습니다. 이런 현상이 마침내 도처에서 인명경시풍조로까지 비화되어 사회전체가 몸살을 앓고 있습니다.

언젠가 서울 여의도에서는 아이들이 자전거를 타며 즐겁게 노는 곳으로 누군가 자동차를 마구 몰아 부상자가 속출한 사건도 있었지요. 대구에서는 괄시받았다는 이유로 어느 나이트클럽에 휘발유를 뿌리고 불을 질러서 많은 인명을 살상한 사람도 있었습니다. 뿐만 아니라 제발 살려달라는 어린이의 애원을 묵살하고 그 어린이를 생매장하여 살해한 악한도 있었습니다. 그런 현상들은 오늘날 우리 사회에서 결코 우연히 나타난 것들이 아닙니다. 사회가 건강한데도, 그리고 모두의 생각이 건전하고 생명을 외경하는 마음을 가지고 있는데도, 돌연변이처럼 그런 현상이 나타난 것은 아니라는 말이지요. 오늘날 우리 사회가 생명을 소중히 여길 줄 모르는 풍조를 타고 그렇게 가공하고 천인공노할 사건이 발생한 것입니다. 그리고 보면 생명을 소중히 여기는 마음을 하루속히 우리의 사회에 심지 않으면 앞으로 또 어떤 불상사가 터질지 모릅니다. 그래서 하루라도 빨리 서둘러 우리의 자녀들에게 어떤 경우에도 생명을 소중히 여기고 아끼는 마음을 심어주어야 하고, 서로를 지켜주고 서로의 생명을 보장해주는 삶을 살아갈 수 있게 해주어야 하겠습니다. 만약 그런 가르침을 우리가 간과해버린다면 우리 사회는 앞으로 걷잡을 수 없는 공포의 도가니로 빠져버릴지 모릅니다. 그러므로 어떤 경우에도 생명을 가장 소중히 여기며 살아가는 마음과 자세를 자녀들에게 가르쳐야 하겠습니다.

그런 것들을 가르칠 때는 지난날 우리의 부모들이 사용하던 일방적인 교육방식으로 자녀들을 가르치겠다는 생각을 버리고 자녀들의 의견을 묻고 들으면서 가르쳐야 합니다. 자녀들의 성격이나 소질, 꿈과 희망을 잘 파악해야 하고, 자녀가 하고 싶어 하는 일을 적극 응원하면서 길러야 합니다. 또한 자녀들의 나이와 능력에 맞게 지도하고 가르쳐야 한다는것도 기억해야 합니다.

여기서 저의 경험담 하나를 말해드리겠습니다. 저희 청소년단체에서 캠프 프로그램을 진행하던 어느 여름날 점심시간에 캠프 참가자들 모두가 즐겁게 점심을 먹고 있었습니다. 그때 캠프 인솔자는 점심을 다 먹은 아이들에게 각자의 빈 그릇을 식기통에 가져다놓고 바깥으로 나가라고 안내해주었습니다. 식사를 마친 아이들은 모두 그가 안내한 대로 빈 그릇을 식기통에 가져다 놓고 바깥으로 나갔습니다. 그런데 남학생 한 명은 식사를 마치고도 그냥 자리에 앉아있었습니다. 그래서 담당인솔자가 그 학생에게 가보았습니다. 그 학생은 식기에는 남은 닭다리 한 개를 응시하며 앉아있었습니다. 그러자 인솔자가 학생에게 물었습니다.

"너, 다 먹은 거니?"

학생이 고개를 가로젓자 인솔자가 다시 물었습니다.

"그럼, 닭다리를 싫어해서 안 먹었니?"

학생이 또 고개를 가로젓자 인솔자가 또다시 물었습니다.

"그럼, 이 그릇을 네가 갖다 놓기가 싫어서 그러니?"

그래서 학생은 고개를 젓기만 했습니다. 그러는 사이에 인솔자는 무심코 닭다리를 집어서 조금 찢어놓았습니다. 그랬더니 학생이 그것을 얼핏 집어먹었습니다. 인솔자가 다시 조금 찢어놓으니 학생은 또 그것을 집어먹었습니다. 결국은 그 학생은 누군가 닭다리를 찢어주기를 바라고 앉아있었던 것이었습니다. 그 학생은 이미 초등학교 3학년이나 된 아이였는데도 그랬습니다.

그 학생의 그런 모습은 그 학생이 집에서 어머니의 과잉보호를 받고 자랐다는 것을 단적으로 보여주는 증거였습니다. 그것은 어느덧 초등학교 3학년이나 된 아이를 그런 습관에 젖게 만들 정도로 심각한 과잉보호였던 것입니다. 그렇듯 자녀를 교육할 때는 지나친 간섭도 과잉보호는 금물입니다. 그렇다고 해서 자녀에게 무관심해도 좋지 않습니다. 늘 자녀에게 관심을 가지되 자녀의 일은 최대한 자녀 스스로 자율적으로 처리할 수 있도록 지켜봐주기만 하면 좋을 것입니다. 그리고 자녀가 정말 힘들어하며 고민할 때 비로소 응원하고 도와주도록 해야 합니다. 또 자녀들이 잘못할 때는 따끔하게 야단도 치고 또 자녀가 이해할 수 있도록 가르쳐주기도 해야 합니다. 그러나 자녀를 한 번 야단치고 나면 어떤 경우에도 재론하지 않아야 좋습니다.

어떤 부모는 자녀의 잘못을 야단칠 때면 그 자녀의 지난날 잘못들까지 줄줄이 다시 들먹이곤 하는데, 그것은 잘못된 지도방법입니다. 또 어떤 부모는 자녀가 식사할 때나 등교할 무렵에 자녀를 야단치는데, 그것도 잘못된 방법입니다. 따라서 너무 자주 너무 많은 말로 자녀를 야단치거나 가르치면 오히려 자녀교육의 효과가 감소한다는 것을 기억하면서, 반드시 가르쳐야 할 중요한 것들을 적절한 시간에 가르쳐야 합니다. 특히 다른 아이들과 비교하면서 야단치거나 "너는 누구를 닮아서 그렇게 머리가 나쁘냐?"는 식으로 윽박지르기는 절대로 삼가야 합니다. 뿐만 아니라 부모님들의 의식도 대폭 바꾸어야 합니다. 우리나라 부모님들의 의식은 모두가 천편일률적이라서, 중학교를 졸업하면 고등학교에 진학해야 하고 고등학교를 졸업하면 대학에 진학해야 한다는 획일적인 생각에 사로잡혀 있습니다. 그래서 대학을 안 나오면 큰 일이 나는 것으로 알고 야단들입니다. 그러나 따지고 보면 꼭 대학을 나와야만 하는 것은 아닙니다. 오히려 그보다는 각자의 소질과 재능에 맞게 살아가도록 배려해주는 것이 더 중요한 가르침이라는 것을 알아야 합니다. 자녀들의 잠재력을 잘 파악해서 자녀가 그것을 개발할 수 있도록 배려하고 도와주는 것이 부모의 역할이라는 것을 다시금 깨달아야 할 줄 압니다.

> 무지한 사람은 상대를 별거 아니게 봅니다.
> 지혜로운 사람은 자신을 별거 아니게 봅니다.
> 지혜로운 사람은 자신과 상대방을 똑같이 봅니다.

살모사의 습성

살모사殺母蛇라는 실로 무섭고 끔찍한 이름으로 불리는 뱀이 있다.

지구상에는 수많은 생명체가 명멸하면서 존재해왔다. 그 모든 생명체가 생존법칙대로 살아간다. 그런 생존법칙을 뒷받침하는 욕망들 중에 가장 우선시되는 것은 종족번식욕망이다. 이 욕망은 생존본능의 발로이기도 하다. 모든 생명체는 유사하거나 동일한 방법으로 종족을 번식하는데, 파충류에 속한 뱀들의 번식방법은 다소 특이하다. 그런 뱀들의 대부분은 몸의 바깥에 알을 낳아 부화시키지만, 유독 살모사는 몸속의 알에서 부화한 새끼를 몸 밖으로 낳아 번식시킨다. 그런 살모사의 번식방법 때문에 사람들은 흔히 살모사가 포유류처럼 새끼를 직접 낳는다고 생각하기도 했다.

무릇 종족을 번식하는 모든 생명체의 어미는 모성애를 발휘하여 연약한 알이나 새끼를 극진히 보호하여 자라게 한다. 그러나 살모사는 새끼를 낳는 순간 기운을 잃고 혼수상태에 놓이는데 그때 새끼들은 자신들을 낳아준 어미를 잡아먹는다고 한다. 물론 어미 뱀은 새끼들의 그런 습성을 이미 알기 때문에 해산시간이 가까워지면 새끼들의 먹이가 되지않으려고 높은 나뭇가지에 올라가서 새끼들을 땅바닥에 떨어뜨려 낳는 방법을 취한다. 그래도 결국 모든 힘을 소진한 어미 뱀은 나뭇가지에서 버티지 못하고 새끼들의 먹이가 될 줄 알면서도 땅바닥으로 떨어져서 새끼들의 먹이가 되고 만다는 것이다. 이 뱀이 '살모사'라는 악명을 얻은 까닭도 바로 그렇게 어미를 잡아먹는 새끼들의 습성에 있었던 것이다.

이런 살모사의 번식습성은 사람들이 곱씹어볼 만한 교훈을 주는 듯하다. 그것은 부모님의 하늘같은 은혜를 저버리고 부모님을 졸라대며 괴롭히는 자녀들이 의외로 많다는 사실을 우리에게 상기시켜주는 것이다.

물론 인간불효자들의 경우와 살모사새끼들의 경우는 매우 다르지만 그래도 우리에게 경각심을 일깨운다는 점은 닮은 듯하다.

자녀들이 밝은 세계관을 갖도록 도와줍시다

자녀들이 이른바 사춘기로 접어들 나이가 되면 그들이 밝은 세계관을 가지고 살아가도록 가르쳐야 할 것입니다. 그럴 때 부모는 사춘기에 접어든 자녀들이 신체적 · 정신적 · 사회적으로 여러 가지 변화를 겪기 시작한다는 사실을 충분히 감안해야 할 것입니다.

사춘기에 접어든 청소년들이 보이는 이 세 가지 변화는 다음과 요약 될 수 있을 듯합니다.

첫째, 신체적 변화가 갑자기 발생합니다. 그러다가 보니 몸 전체가 불균형한 속도로 성장하기도 합니다. 남학생의 경우 어느 날 갑자기 음성이 둔탁해지고 굵어집니다. 또 코 밑에 수염이 듬성듬성 나면서 여드름도 생기기 시작합니다. 여학생의 경우는 가슴이 부풀어 오르며 여드름이 생기는 등의 변화를 보입니다.

둘째, 정신적 변화도 겪기 시작합니다. 청소년기에는 많은 지식을 습득하면서 논리력과 추상력이 발달하고 음악과 예술에도 관심과 흥미를 갖게 됩니다. 또한 공연히 감상에 빠져서 바람에 뒹구는 가랑잎만 봐도 쉽사리 웃어대고, 앙상한 나뭇가지에 얹힌 조각달을 보면서 밤 깊은 줄모른 채 상념에 젖기도 합니다. '나는 누구인가? 나는 어디서 와서 어디로 가는가? 내 평생을 다해 좇을 진리란 무엇인가?'같은 물음을 던지며 고민하는 시인도 되고 철학자도 되는 시절이 바로 사춘기이기도 합니다. 어머니들 중에는 사춘기 시절 감상에 젖어 시 한 수 읊어보지 않은분은 거의 없을 것입니다. 그렇게 쉽사리 센티멘털리즘(감상주의)에 빠지는 시절이 바로 사춘기입니다.

셋째, 사회적 변화도 겪습니다. 사춘기는 또래를 찾아 나서는 시기이기도 합니다. 불과 얼마 전까지만 해도 부모를 떠나면 큰일 나는 줄 알던 자녀들이 저희 또래들을 찾아나서는 것입니다. 그리고 또래집단에서 소속감과 안정감을 찾고 자기정체감도 느끼게 됩니다. 그 전까지는 무엇이든 부모에게 말하던 자녀가 부모와 나누는 대화에 한계를 두기 시작할 뿐 아니라 오히려 또래 친구들과 더 자주 더 많은 대화를 나누는 사람으로 바뀌는 것입니다. 그러면서 자녀의 인생은 하나둘 영글어가기 시작할 것입니다.

그래서 사춘기를 포함하는 청소년기가 인생에서 제2의 탄생기라고 말해질 것입니다. 왜냐면 모든 방면에서 갈등과 마찰을 일으키고 인생의 격랑과 마주쳐야 하는 이 시기를 바르게 보내면 전혀 다른 사람으로 늠름하게 성장할 수 있기 때문입니다. 그래서 이 시기가 제1의 탄생기보다 더 중요한 의의를 가졌다고 말해지는 것이요, 그들을 지도할 수 있는 가장 중요한 시기라고 말해지는 것입니다. 그러므로 부모님들은 사춘기로 접어든 자녀들에게 밝고 올바른 인생관과 세계관과 삶의 자세를 가르쳐야 하는 것입니다.

이것들 뿐 아니라 자녀들에게 가르치면 좋을 것들이 몇 가지 더 있습니다.

첫번째, 자녀들에게 밝은 시각을 가지고 살도록 가르칩시다. 이것은 말하자면 긍정적 시각을 길러주자는 말입니다. 우리나라 사람들은 예로부터 부정적 시각을 가지고 살아온 듯합니다. 그것은 우리말(한국어)을 봐도 쉽게 알 수 있는 것입니다. 우리는 흔히 "새가 운다"거나 "매미가 운다"거나 "찌르레기가 운다"고 말합니다. 하지만 그런 경우들을 외국인들은 다른 식으로 말합니다. 가령 미국인들은 "새가 노래한다Bird is singing"고 말합니다. 우리는 "운다"고 말하는데 미국인들은 "노래한다"고 말하는 것입니다. 아마도 우리 선조들은 '우리의 삶이 이리도 고생스러운데 너희는 또 얼마나 고생스러워서 그리도 우느냐'고 생각했을 것입니다. 이것은 사물을 바라보는 우리의 어두운 시각을 그대로 반영하는 것입니다. 이런 부정적 시각을 우리 국민들은 널리 공유합니다. 그래서 우리는 만사를 어둡게 부정적으로 바라보는 습관을 은연중에 가지고 있습니다.

그러나 우리의 자녀들 세대에게는 이런 부정적 시각보다는 밝고 긍정적인 시각을 물려주어야겠습니다. 우리 부모들 역시 긍정적 시각을 가지고 산다면 모든 일에 감사하는 마음으로 살아갈 수 있을 것입니다. 나를 낳아 길러주신 부모님이 계시니 감사하고, 나와 피를 함께 나눈 형제자매가 있으니 감사하고, 나를 사람되게 길러주시느라 고생하는 스승이 계시니 감사하고, 학교친구가 있으니 고맙고, 사회와 국가가 있으니 또한 고맙고도 감사한 일입니다. 그래서 늘 고맙고 즐겁게 살아갈 수 있을 것입니다. 하지만 부정적 시각을 가지고 살면 모든 것이 불만스러운 것이 되고 말 것입니다. 부모님도 형제자매도 스승도 친구도 모두 불편하고 부담스러운 존재들로 여겨져서 삶도 즐겁지 않아질 것입니다. 그런 부정적 시각을 가진 사람의 얼굴에 기쁨과 화평이 찾아들 리 없습니다. 그는 늘 적개심을 가슴에 품고 고함이나 질러대는 사람이 되고 말 것입니다.

독일의 종교철학자 슐라이어마허Friedrich Ernst Daniel Schleiermacher(1768~1834)는 이렇게 말했습니다.

"이 세상을 신앙의 안목으로 바라본다면 어디서나 하느님의 사랑을 안 느낄 수 없다."

이 말고 똑같이 만일 우리도 긍정적이고 밝은 시각을 갖는다면 우리는 어디서든 감사한 마음을 가질 수밖에 없을 것이고, 그런 마음을 지니고 살아가는 사람에게는 감격과 희열이 넘칠 것입니다. 그래서 우리는 소중한 자녀들에게 삶을 밝게 긍정적으로 바라보는 시각을 가지고 살아가도록 가르쳐야 할 것입니다.

두번째, 넓은 도량을 가지고 살도록 가르칩시다. 물론 우리나라 사람들의 체격은 서구인들의 체구에 비해 작고 왜소합니다. 그러나 체구가 작다고 마음까지 좁고 편협하면 안 됩니다. 그런데 사실을 말하면 우리의 체구도 작고 마음도 좁습니다. 그래서인지 우리는 흥분도 잘하고 혈기도 잘 부립니다. 모두가 호주머니만큼이나 작아져있기 때문이 아닌가 싶습니다.

우리의 작은 체구는 우리의 혈통을 개량하기 전까지는 어쩌지 못할 것인지 몰라도 마음을 넓히고 도량을 기르는 것은 우리의 노력으로 가능할 것입니다. 심지어 이 세상만사를 죄다 품고도 남을 넉넉한 도량을 기르자는 말입니다. 그리하여 쉽사리 흥분하지 않고 성급하지도 조급하지도 않으며 신경질도 부리지 않고 대범하게 살아가자는 말입니다.

언젠가 저는 몇몇 사람들과 함께 미국 뉴욕에서 런던 행 비행기를 타려고 공항으로 갔습니다. 그런데 우리 일행이 타려던 비행기운항이 지연되는 바람에 우리는 대합실에서 1시간 반이나 기다려야 했습니다. 그동안 대합실에서 우리는 비행기가 지연되는 이유에 관한 어떤 안내방송도 듣지 못했습니다. 그래서 우리는 일등국가라는 미국에도 이런 일이 벌어지느냐면서 불평을 늘어놓았습니다. 그러다가 우리는 대합실에서 비행기를 기다리는 다른 나라 사람들의 표정을 유심히 관찰했습니다.

그런데 그들은 책이나 신문을 읽거나 일행들끼리 재미있게 이야기를 나누고 있었습니다. 그런 모습을 본 저는 퍽 부끄러움을 느끼면서 저의 일행들에게 말했습니다.

"우리도 의젓하게 기다립시다. 남들이 비록 우리말은 못 알아들어도 우리의 표정을 보고 우리가 불평한다고 여길 터이니, 더는 불평하지 말고 남들처럼 의젓하게 기다립시다."

그리고 저는 호주머니에 넣어둔 수필집을 꺼내 펼치고 읽기 시작했습니다. 그런데 글자들을 읽으며 갈피들을 넘기는 했지만 그 내용은 하나도 저의 머리에 들어오지 않았습니다. 칸트의 『순수 이성비판』을 읽을 때보다 더 그 내용은 저의 머릿속에 들어오지 않았습니다. 저의 속은 부글 부글 끓고 있었기 때문입니다. 그래서 혼자 씁쓸하게 웃을 수밖에 없었습니다. '역시 코리언(한국인)은 어쩔 수 없구나'라고 생각하면서 말입니다.

마음이 좁고 여유가 없으면 매사에 신경질을 부리기 마련입니다. 점심을 먹으러 들어간 음식점에서는 주문한 음식이 조금만 늦게 나와도 빨리 안 나온다고 야단이고, 음식을 먹을 때도 사뭇 입에 구겨 넣다시피 하면서 급하게 먹습니다. 그러나 정작 그토록 급하게 점심을 먹고 나서도 길거리를 초조한 듯이 오가다가 찻집으로 선뜻 들어가서야 비로소 한가로이 시간을 보내는 것도 우리의 모습입니다. 그토록 여유가 있으면서도 항상 쫓기듯이 생활하는 사람들이 바로 한국인들입니다.

그것은 오래도록 고질화된 한국인의 성격에서 비롯된 듯합니다. 그것은 결코 좋은 일이 아니겠지요. 그러므로 우리의 자녀들에게는 그토록 쫓기듯이 조급하게 살아가지 않도록 가르쳐야 하고, "내일 죽어도 오늘 사과나무를 심겠다"는 스피노자Benedict de Spinoza(1632~1677)의 여유와 멋을 가지고 살아갈 수 있도록 지도해야겠습니다. 통 큰 도량과 여유를 가진 사람으로 성장하도록 말입니다.

세번째, 정직하고 성실하게 살아가는 자세를 가르칩시다. 우리 나라의 오늘날 사회에는 불신이 가득해졌습니다. 어디를 가나 정직하고 성실하게 살려는 노력들이 없어져가는 듯이 보입니다. 대학생들의 의식을 조사한 결과 우리나라에서 정직하면 못 산다고 생각하는 대학생들의 비율이 75퍼센트나 되는 것으로 나타났다고 합니다. 이것은 곧 우리의 미래인 청년들의 눈에 이 사회가 그토록 형편없게 비친다는 것을 의미합니다. 참으로 부끄럽고 걱정되는 일입니다. 어쩌다가 우리 사회가 불신사회가 되었는지 모르겠습니다만 이제라도 서둘러 우리 모두 성실하고 정직한 삶을 회복하여 후손들에게도 가르쳐야 할 것입니다. 즉 누가 보든 안 보든 양식良識을 지켜서 성실하고 정직하게 살아가는 자세를 가르쳐야 한다는 말입니다.

사람의 성공기준은 양심에 한 점 부끄러움도 없이 살아갈 줄 아는 자세와 인격에 두어져야 한다고 저는 생각합니다. 장관이 되고 대통령이 되어야만 성공한 것이 아닙니다. 그보다는 어떤 유혹에도 흔들리지 않고 자신의 양심을 고고하게 지키며 살 줄 아는 인격을 지니고 그런 삶의 경지에 다다른 사람이야말로 성공한 자라고 저는 말하고 싶습니다. 권모도 없고 술수도 없이 하루를 천년같이 진실하게 살아가는 사람들로 우리 사회가 채워질 때 우리 사회는 사람이 살맛나는 사회가 될 수 있을 것입니다. 아울러 우리의 소중한 자녀들을 그런 진실한 사회에서 진정한 인격자로 생활할 수 있게 가르치고 길러야 할 것입니다. 누구에게나 신뢰받고 존경받으며 소용되는 사람으로 자라도록 말입니다.

네번째, 기개와 기상을 지니고 살도록 가르칩시다. 예전과 다르게 급변한 세상에서 우리의 자녀들이 살고 있습니다만, 여전히 우리의 자녀들이 기를 못 펴고 살고 있다는 것이 오늘의 현실입니다. 이른바 상급학교에 진학할 준비에 시달리느라 더더욱 그렇습니다. 어느 통계를 보면 초등학교 졸업생의 98퍼센트가 중학교에 진학하고 중학교 졸업생의 95퍼센트가 고등학교에 진학한다고 합니다. 그런 다음에도 이왕이면 모두가 대학에 진학하기 원하는데, 대학의 문은 상대적으로 좁은 편입니다. 여간해서 원하는 대학에 입학하는 영광을 누리기 힘듭니다. 그러다 보니 초등학교 고학년으로 올라가면서부터 대학입학이라는 큰 숙제를 앞두고 우리의 자녀들이 고생과 고민에 휩싸입니다. 그 결과 자녀들은 제대로 기를 펴보지도 못하고 늘 억눌린 채로 성장할 수밖에 없습니다. 마음껏 먹고 놀며 한창 발랄하게 성장할 나이에 잠도 제대로 못자고 때맞춰 먹지도 못하며 마음껏 놀지도 못한 채 입시공부에만 시달려야 하는 학생들이 바로 오늘날 우리의 자녀들입니다. 외국에서는, 특히 미국에서는, 학생들이 대학에 진학하면 무섭게 공부하지만, 초등학교, 중학교, 고등학교 과정들은 대단히 자유롭고 활달하게 성장할 수 있도록 사회적으로 보장해준다고 합니다. 그런 덕분에 학생들은 각자의 소질이나 재질을 한껏 개발하고 발휘할 수 있는 교육을 받을 수 있다고 합니다.

하지만 그런 미국사회에 비해 우리나라 사회의 학생들은 입시공부에 과도하게 시달리며 억눌리다가 보니 젊음의 기개나 기상을 올바로 피워 보지도 못한 채 성장하고 있는 것입니다. 그 결과 우리나라 청소년들은 사람으로서 지녀야 할 기개와 기상을 상실하고 지극히 소심해져가고 있습니다. 별것도 아닌 일에 신경질적으로 반응하고 심지어 폭력적인 과잉반응을 보이는 경우도 드물지 않습니다. 즉 젊음의 활달한 기상과 기개가 그렇듯 과격하고 폭력적인 혈기로 대체되고 있다는 말입니다. 그런데 청소년들은 그런 혈기를 부리면서도 마치 젊음의 특권을 행사하듯이 의기양양하게 굴기도 하는 것입니다.

그러나 젊음의 특권이란 그런 것이 아니라는 것을 알려주어야 합니다. 젊음의 특권은 미래를 위한 준비에 마음껏 열중할 수 있다는 것입니다. 미래를 내다보면서 미래의 사회와 국가를 위해 발휘할 모든 능력을 구비하는 일보다 더 큰일은 청소년들에게는 없을 것입니다. 이런 준비에 더해져야 할 것은 대大를 위해 소小를 희생하고 전체를 위해 나 개인을 송두리째 내던지는 호방하고 활달한 기개와 기상입니다. 청소년들이 그런 기개와 기상을 품을 수 있으려면 그들이 어릴 때부터 그런 기개와 기상을 함양할 수 있는 여건을 부모들과 어른들이 마련해주어야 할 것입니다. 그래야 청소년들이 올바른 국가관을 겸비한 청년들로 성장 할 수 있을 것이고, 그런 청년들이 많아질수록 우리 사회는 세계인들이 존경하는 사회가 될 수 있을 것입니다.

다섯번째, 봉사하는 정신과 실천방법을 가르칩시다. 오늘날 우리 사회의 구성원 모두가 이해관계에 집착하는 경향을 강하게 보입니다. 어느 경우에나 내게 돌아오는 이익부터 계산해보고 움직이기 시작합니다.

즉 우리 사회는 옛날에 비해 무척 타산적인 사회로 변해버렸다는 말입니다.

타산적인 경향은 저의 직장에서도 뚜렷이 드러납니다. YMCA

는 알다시피 사회봉사단체입니다. 그런데 봉사란 직원 몇몇만 뛰어다니면서 해낼 수 있는 일이 아닙니다. 그래서 YMCA의 뜻을 이해하고 성원해주는 많은 선량한 손들을 필요로 하고 있습니다. 그러자니 자연스럽게 자원봉사자들을 많이 모집하는 것입니다. 그런데 15~16년 전만 해도 YMCA에서 자원봉사자를 모집한다는 소식이 나가기만 하면 많은 사람들이 자원해왔습니다. 그러나 오늘날에는 전혀 달라졌습니다. 자원해 오는 사람들이 거의 없습니다. 더구나 대학생들은 더욱 드물기만 합니다. 그래서 저희가 사회봉사활동을 하려면 많은 고생을 할 수밖에 없습니다. 무엇보다도 먼저 사람을 못 구해서 그렇습니다.

그래서 우리 자녀들의 교육문제를 이야기하는 이 기회를 빌려 요청을 드리겠습니다. 자녀들에게 자신의 삶에만 집념하지 말고 남을 돕는 일에도 관심과 노력을 기울이도록 가르쳐 달라고 말입니다. 사실 해외 선진국들은 이웃에 봉사하는 삶을 큰 미덕으로 여깁니다. 심지어는 사회 제도적으로도 봉사하며 살도록 되어 있습니다. 가령 미국의 경우 큰 회사는 사회봉사활동을 직원의 승진고과에 반영하기도 합니다. 그런데 우리나라에서는 그런 제도적 뒷받침도 사회적 분위기도 없어서 봉사활동이 잘 안 되고 있습니다. 사회적으로 꼭 필요한 일인데도 말입니다.

봉사활동은 따지고 보면 자신에게 손해되는 일이 아닙니다. 남에게 봉사하는 동안 자신도 모르게 스스로를 성찰하게 될 뿐 아니라 자신 안에 기쁨과 행복을 쌓으며 지도력도 함양할 수 있기 때문입니다. 저는 그런 사람들을 많이 보았습니다. 한국BBS(Big Brothers and Sisters movement)중앙연맹에서 여러 해 동안 봉사활동을 했던 사람들 중 지금 사회에서 아주 훌륭한 지도자로 활동하는 사람들이 많습니다. 남에게 도움을 주어서 좋고 또 그러는 동안 자신의 지도력도 함양할 수 있어서 좋을 뿐 아니라 사회분위기도 좋아지니 가히 일석삼조一石三鳥라고 해도 과언이 아닙니다. 그래서 우리의 자녀들에게도 이웃에 봉사하는 정신과 실천방법을 일러주면 좋을 것입니다.

　여섯번째, 창의력을 길러줍시다. 창의란 무엇입니까? 어느 국어사전을 보니 '창의'가 '궁리해낸 새로운 생각'으로 정의되어있더군요. 그러니까 일상적이고 평범한 것들도 새롭게 생각하여 발전시키는 능력이 창의력 이라고 할 수 있겠습니다. 우리의 자녀들에게도 이런 창의력을 심어주고 길러주어야 하겠습니다.

　우리나라 사람들의 생각은 대개 고정되어있습니다. 즉 콩을 심던 밭에는 콩만 심어야 하고, 벼를 심던 논에는 벼만 심어야 한다는 생각으로 자족해온 나머지 새롭고 더 발전된 생각을 못했던 것입니다. 그래서 논에는 오로지 벼만 심고 다른 농작물은 아예 심을 생각도 하지 않았습니다. 그러나 오늘날 농촌을 봐도 알 수 있듯이 논에서는 벼 이외에도 다른 농작물을 얼마든지 재배하여 소득을 올릴 수 있습니다.

　옛날에는 삼각형의 세 내각의 합의 180도라는 유클리드Euclid의 기하학이 절대시되었습니다. 그러나 훗날 가우스Johann Carl Friedrich Gauss(1777~1855)와 리만Bernhard Riemann(1826~1866) 같은 수학자들이 등장하여 삼각형의 세 내각의 합이 180도보다 작아질 수도 커질수도 있다는 것을 증명하면서 새로운 기하학이 발달하기 시작했습니다. 이것은 생각 여하에 따라 우리의 살아가는 방법도 얼마든지 달라질 수 있다는 것을 이야기해주는 것입니다.

창의력이란 바로 그런 것입니다. 기존의 것에 새로운 것을 더하여 발전시키는 일이 곧 창의이고, 그런 노력이 필요하며, 그런 노력을 통해 우리의 삶이 고양되어온 것입니다. 눈밭에서 눈송이를 굴리면 커지기 마련입니다. 마찬가지로 자신의 의견을 새롭게 창의적으로 생각하는 사람은 맡은 바 일을 발전시키면서 성장하기 마련입니다. 부모님들은 자녀들을 그런 창의적인 인재로 성장할 수 있도록 가르쳐야 합니다.

저는《사운드 오브 뮤직Sound of Music》이라는 영화를 본 적이 있습니다. 메마르고 윤기 없는 앙상한 나뭇가지 같은 생활을 하는 가정에 어느 가정교사가 들어오면서 시작되는 그 영화는 그 가정교사가 창의력을 발휘하여 그 가정을 푸르고 싱싱하며 윤기 있고 생동하는 가정으로 바꿔가는 과정을 보여줍니다. 그렇듯 창의적인 사람은 맡은 일을 발전시키면서 자신도 성장할 수 있는 것입니다. 그런 사람은 주변을 긍정적으로 변화시킬 수도 있습니다. 그렇게 창의적인 사람이 곧 능력자가 될 수 있는데, 이 사회도 그런 능력자를 요구합니다. 그러므로 부모들은 자녀들이 그런 창의적인 능력을 기를 수 있도록 관심을 가지고 자녀들을 지도해주어야 할 것입니다.

일곱번째, 꿈을 품고 살도록 지도해줍시다. 사람은 세 가지 꿈을 꾸며 살아가는 동물이라고 합니다. 그 꿈들 중 첫째는 잠잘 때 꾸는 꿈Dream이고, 둘째는 잠들지 않은 상태에서 하는 공상 즉 백

일몽Day Dream이며, 셋째는 포부나 장래희망이나 미래전망이나 이상理想을 의미하는 비전Vision입니다. 특히 비전은 인생을 설계하고 원하는 바를 이룩하기 위해 갖는 꿈을 말합니다. 사람에겐 이 세 가지 꿈이 모두 필요하지만 특히 비전은 반드시 가져야 할 것입니다. 내가 자라서 무엇이 되겠다는 장래희망은 내가 인생의 미래를 내다보며 세우는 구체적인 삶의 계획이요 인생목표이기도 한 것입니다. 그래서 비전을 가져야 하는 것입니다.

물론 비전이란 당장 실현할 수 있는 것은 아닙니다. 그것을 실현하려면 때로는 긴 세월이 소요되기도 합니다. 그렇지만 비전 즉 꿈을 가지고 살면 틀림없이 그것을 실현할 때가 오는 법입니다.

한국인들은 옛날부터 내일을 없는 것으로 생각한 듯이 보인다고 말하는 학자들도 있습니다. '오늘, 어제, 그제, 그끄제, 모레, 글피, 그글피'등은 순우리말인데 유독 '내일來日'이라는 말은 순우리말이 아니라는 것입니다. 내일은 한자말이기 때문입니다. 이것은 곧 우리가 내일을 모르고 살았다는 이야기인 셈이지요. 즉 우리는 그동안 하루하루를 힘들게 살아왔고 또 가난과 무지를 그림자처럼 달고 살아온 나머지 내일을 생각할 짬도 내지 못한 채 내일을 아예 잊어버렸다는 것입니다.

그러나 이제는 다릅니다. 경제력도 늘었습니다. 거의 모든 국민이 문맹을 탈피했습니다. 우리에게도 세계무대에서 여봐란 듯이 살아갈 수 있는 역량이 생겼습니다. 그러므로 우리의 이상을 높이 세우고, 그것을 실현하기 위한 삶을 힘차게 설계하여 살아야겠습니다. 미국의 작가 리처드 바크Richard Bach는 『갈매기의 꿈』이라는 작품에서 "높이 나는 갈매기가 멀리 본다"고 말합니다. 우리의 이상을, 우리의 비전을 높이 세우고 삶의 긴 여정을 바라보면서 힘차게 살아가라고 자녀들에게 가르쳐주어야 합니다. 나무가 우거진 숲속에 있으면 몇 미터 앞을 내다보지 못합니다. 그러나 높은 산꼭대기에 올라서면 멀리 볼 수 있습니다. 향후 진로를 찾아갈 지혜를 얻을 수 있는 것입니다. 그런 지혜가 바로 비전입니다. 부모들은 자녀들이 그런 비전을 가지고 열심히 인생을 준비할 능력을 기르고 진로를 찾을 수 있도록 가르쳐야 하는 것입니다.

따라서 관건은 자녀들의 백짓장 같은 가슴에 어떤 비전을 심어주느냐는 것입니다. 그래서 교육이 중요하고 또 필요한 것입니다. 가정과 학교와 사회는 자녀들이 올바르고 높은 비전을 가질 수 있도록 삼위일체가 되어 노력해야 할 것입니다.

그러나 모든 교육은 올바르고 참된 인간을 양성하는 일이라는 인식을 바탕으로 행해져야 한다는 것을 명심할 필요가 있습니다. 만일 그런 인격교육을 간과한 채로 자녀들에게 아무리 많은 지식을 주입하고 기술을 습득시켜도 그런 지식과 기술만으로는 이웃이나 사회에 제대로 기여할 수 없을 것이기 때문입니다. 그것들은 각 개인의 삶에는 유익할 수 있어도 사회와 국가에는 공헌하지 못할 수 있는 것들입니다. 그렇듯 지식과 기술만 습득한 사람은 우리 사회가 원하는 사람이 아닙니다. 그래서 우리 사회에 필요한 사람을 길러내지 못한 부모들은 자녀들을 바르게 길렀다고 말해질 수는 없을 것입니다.

> **종소리를 더 멀리 보내기 위해**
> **종은 더 아파야 한다.**

인간됨의 씨앗을 줄기차게 뿌려줍시다

　모든 사람은 씨앗을 뿌리는 존재들입니다. 나무를 베고 풀을 깎아 땅을 일구어 씨앗을 뿌리는 존재들이지요. 아득한 옛날에도 그랬고, 오늘 날에도 그러하며, 적어도 '인간은 먹어야 살 수 있다'는 자연법칙이 바뀌지 않는 한 언제까지나 그러할 것입니다.

　그런데 인간은 땅을 일구어 씨앗을 뿌리는 농경만 해온 것은 아닙니다. 인간의 가슴에 사람됨의 씨앗도 무수히 뿌려왔습니다. 이른바 교육 이라는 이름으로 우리 귀여운 자녀들의 가슴에 참된 사람으로 성장하는데 필요한 심성의 씨앗을 뿌리고 길러왔습니다.

　나무를 베고 풀을 깎아 땅을 일구어 씨를 뿌리는 농경은 불과 몇 달간 땀 흘리면 결실을 거둘 수 있습니다. 그러나 인간의 가슴에 사람됨의 씨앗을 뿌리는 노력은 몇 달이 아닌 몇 년, 몇 십 년, 심지어 일평생이 흘러도 결실을 보지 못할 수도 있는 것입니다. 그렇게 힘들고 어려운 노작勞作이 바로 인간의 가슴에 사람됨의 씨앗을 뿌리는 일입니다. 그럴지라도 우리는 그런 노작을 끊임없이 시도해야 합니다. 왜냐하면 그것이 우리에게 하달된 신의 명령이자 조상들의 바람이기 때문입니다.

이제 끝으로 이야기 하나를 해드리면서 이 편지를 마치기로 하겠습니다.

지금은 벌써 고인이 된 신흥우 박사라는 분이 계셨습니다. 그분이 약관弱冠의 나이로 미국에서 한국으로 돌아와서 배제학당의 학당장을 맡게 되었습니다. 그분은 자유당시절에 이승만 전 대통령과 함께 대통령 선거에도 입후했던 분입니다. 그분이 어느 날 배제학당에서 채플chapel 시간에 기도를 드리게 되었답니다. 그때 그분이 예배순서에 따라 기도를 드리려 강단으로 올라서자 학생 한 명이 옆에 앉은 친구에게 말했습니다.

"내가 나가서 기도하는 학당장의 눈을 뒤집어 까볼까?"

그러자 그 학생이 말했습니다.

"네가 감히 학당장이 기도하는 데 그 눈을 뒤집어 까? 어림도 없는 소리 말어."

그러자 그 친구가 자리에서 벌떡 일어나 강단으로 올라갔답니다. 그리고 기도하고 계신 학당장의 안경 밑으로 손가락을 집어넣고 눈을 뒤 엎어 깠답니다. 그런데도 신흥우 박사는 태연자약하게 그대로 기도를 계속하더랍니다. 그 순간이 지난 후 그 친구는 겸연쩍어져서 손가락을 떼고 제자리로 돌아와 앉았습니다. 그때 자리에 앉아있던 학생이 사색이 된 얼굴로 말했습니다.

"너, 어쩌자고 정말 학당장의 눈을 뒤집어 까니? 넌 이제 틀림없이 퇴학처분이다. 퇴학 처분 당할 때 물귀신마냥 나를 물고 들어가지 마라."

물론 그 순간 그 친구의 얼굴도 덩달아 사색이 되었답니다.

신흥우 박사는 1967년경 별세하신 분으로 그 당시 연세가 아흔

살이다 되었던 분입니다. 그분의 친구들이 들려준 우스운 일화도 있습니다.

그분은 어려서 극성스럽게 자랐답니다. 그래서 아버지한테 매도 많이 맞았고 야단도 많이 맞았다고 합니다. 그러던 어느 날 그분이 집에서 큰 잘못을 저지른 바람에 아버지한테 야단을 맞게 되었답니다. 회초리를 들고 쫓아오는 아버지를 피하려 도망치던 그분은 막다른 골목으로 뛰어들고 말았답니다. 아버지에게 꼼짝없이 잡혀서 매를 맞게 되자 그분은 얼른 돌멩이를 집어서 땅에다 선을 하나 긋고는 아버지를 향해 소리쳤답니다.

"이 선 안으로 들어오면 내 자식!"

그래도 역정이 난 아버지가 쫓아와 그분을 한 대 후려쳤답니다. 그러자 그분은 털썩 주저앉으며 말했답니다.

"때려라 제기랄 거! 죽으면 제 자식 죽지 내 자식 죽냐?"

이 일화로 미루어보건대 그분은 보통이 넘는 성격의 소유자였던 것 같습니다.

그러면 이제 다시 배재학당의 채플로 돌아가 봅시다.

그분 즉 학당장에게 무례를 범한 학생은 만약 학당장이 기도를 마치고 당신의 눈에 장난을 친 범인을 찾더라도 눈 딱 감고 가만히 있기로 작심하고 앉아있었답니다.

이윽고 채플 시간이 끝났습니다.

"아무개 학생 학당장실로 오게."

학당장은 이렇게 말하고 채플을 나가셨답니다. 그때는 학생의 수가 많지 않아서 학생의 얼굴과 이름을 다 외우고 계셨던 것 같습니다. 더구나 당신의 눈을 뒤집어 놓은 학생을 다른쪽 한 눈으로 똑똑히 보았기 때문에 그 학생의 이름도 정확히 거명했던 것입니다. 그 학생은 걱정하면서 학당장실을 찾아갔답니다. 그리고 얼굴도 못 들고 한쪽 구석에 서있었답니다. 그러자 신흥우 박사가 말씀하셨답니다.

"얼굴을 들어 나를 보게."

박사의 음성은 아주 온화하고 부드러웠답니다. 그래서 어떻게 된 영문인지 궁금해진 학생이 얼굴을 겨우 들어 박사를 보니 박사의 얼굴에는 오히려 희색이 만면하더랍니다.

"자넨 참 훌륭한 용기를 가졌네. 학당장이 기도하는데 눈을 뒤집어 깐놈은 지금까지 하나도 없었어. 그리고 틀림없이 앞으로도 그런 놈은 없을 걸세. 그러고 보면 자넨 참 대단한 용기를 가졌네. 참 훌륭하네. 그런데 자넨 그런 용기를 지금 잘못 쓰고 있네. 용기란 그렇게 쓰는 것이 아니네."

박사는 이런 말씀으로 진정한 용기가 무엇인지를 느끼도록 학생에게 가르침을 주셨습니다. 그 자리에서 학생은 신흥우 박사의 인격과 넉넉한 가슴에 감동되어 스스로를 되돌아보며 태도를 고쳐서 열심히 공부하게 되었고 훗날 신학을 전공해서 목사가 되었다고 합니다. 그 목사는 만일 그때 신흥우 박사께서 자신을 퇴학시켰다면 자신은 괄괄한 성격 때문에 강패밖에 되지 않았을 것이라고 말했습니다.

채플 시간에 기도를 드리는 학당장의 눈을 뒤집어 까는 짓은 징계감이 틀림없습니다. 그러나 신흥우 박사는 오히려 그것을 하나의 장점으로 본 것입니다. 그래서 남이 못 가진 그 장점을 바르게 가르치면 훌륭한 일을 할 수 있으리라고 여겼던 것입니다. 그런 높은 인격이 그의 제자들을 한껏 자랄 수 있게 만들었던 것입니다. "큰 나무 밑의 풀은 자랄수 없어도 큰 사람 밑의 사람은 얼마든지 자랄 수 있다"는 옛말도 있습니다. 부모님들도 모두 그렇게 크고 넉넉한 사람이 되어 자녀들이 훌륭하게 자라고 능력껏 발전할 수 있는 여건을 마련해주어야 할 것입니다.

그것이 우리 모두의 역할입니다. 자녀가 다소 부족하고 단점을 가졌더라도 오히려 그런 단점조차 새로운 장점으로 승화될 가능성을 내포한다는 것을 알아서 성심껏 자녀를 기르고 가르치면 좋을 것입니다.

이런 가능성의 존재를 알려는 주는 또 다른 사례도 있습니다. 그것은 현재 일본의 어느 대학교수에 관한 글입니다.

그 교수는 대학시절에 집안이 가난해서 친구와 함께 자취를 했답니다. 그러던 어느 날 닭서리를 하기로 의기투합한 둘은 자취하던 동네의 언덕 너머 동네로 갔답니다. 그리고 한 사람은 망을 보고 다른 한 사람이 남의 집에서 닭 한 마리를 슬쩍해왔다고 합니다. 그런데 둘이 서리한 닭을 삶아서 막 먹으려는 순간에 둘이 대학에서 가장 존경하는 스승이 자취방을 찾아왔답니다.

"자네들 잘 있나. 이 너머 동네를 가다가 자네들 생각이 나서 이곳을 찾아왔네."

그리고 스승은 방으로 들어와 앉으며 말했답니다.

"이것 봐. 냄새가 대단하군. 마침 맛있는 음식을 장만한 모양이군. 나도 대단히 시장기를 느끼고 있었는데, 잘 됐네. 같이 먹세나. 난 참으로 입이 길단 말이야."

그러자 두 제자에게는 큰 걱정이 생겼습니다. 자신들이 대학에서 가장 존경하는 스승이 하필이면 이런 때 찾아오신 까닭을 궁금하게 생각하면서 말입니다. 그때 스승이 말했습니다.

"아, 무엇들 하는가? 빨리 퍼 가지고 오게나. 그 맛있는 음식을 나에게는 내 놓기가 싫은가?"

그러면서 스승은 너털웃음을 웃더랍니다. 그래서 두 제자는 하는 수 없이 삶은 닭을 스승에게 드릴 수밖에 없었답니다. 그랬더니 스승은 아주 맛있게 닭을 드시기 시작했답니다.

"자네들 공부만 잘하는 줄 알았는데, 이제 보니 요리솜씨도 대단하구만……. 난 다 먹었는데, 좀 더 주게나."

그러면서 스승은 닭을 더 달라고 빈 그릇을 내놓으시더랍니다. 하도 죄송스럽고 송구스러워서 진땀만 흘리던 두 제자는 결국 스승에게 닭의 출처를 실토하기 시작했습니다. 그들이 가장 존경하는 스승에게 출처가 떳떳하지 못한 음식을 차마 더 드리지 못하겠다는 생각에서 말입니다. 이윽고 두 제자가 밝힌 사연을 다 들으신 스승이 말했습니다.

"아, 그래? 그래서 그렇게 맛있구먼. 하여간 좀 더 주게."

그 순간 두 제자의 마음에 가득하던 걱정과 죄스러운 마음이 씻은 듯이 사라져 버렸답니다.

'아, 우리를 이해해주시는구나. 우리를 이해하신다는 것은 그분도 젊었을 때 우리와 같은 경험을 해보신 적이 있었기 때문이리라.'

두 제자는 이렇게 생각하니 오히려 그런 일을 한 자신들이 그럴듯하게 여겨지더랍니다. 그 후부터 스승과 두 제자는 밤늦게까지 즐거운 이야기꽃을 피웠답니다. 이윽고 스승이 자리에서 일어서

면서 말했습니다.

"내가 이 너머 동네까지 가야할 길이 좀 아리송하니 그곳까지만
바래 다주겠나?"

그러자 두 제자가 대답했습니다.

"너머 동네까지만이 아니라 선생님 댁에까지 모셔다 드리겠습
니다."

그리고 두 제자는 스승을 따라 나섰고 그 너머 동리까지 함께
걸어갔답니다. 그런데 그 동네 중간쯤을 지나갈 무렵 스승이 말
했습니다.

"여기서 자네들은 잠깐만 기다려주게나. 내 막역한 죽마고우
한 명이 이곳에 사는데, 아무리 밤이 깊었기로 그 친구한테 인사
도 하지 않고 지나갈 수는 없네. 그러니 이곳에서 잠깐만 기다려
주게나."

그래서 두 제자가 대답했습니다.

"저희는 이곳에서 밤새껏이라도 기다리겠습니다. 저희 걱정은
마시고 어서 그 친구분을 만나보시고 오십시오."

그 말을 듣자마자 스승은 어둠 속으로 총총히 사라지셨답니다.
그리고 불과 몇 분도 지나지 않아 이상스러운 남녀의 대화소리가
어둠을 뚫고 들려왔답니다.

"아닙니다. 아주머니, 오늘 제가 아끼는 제자 둘이 고기가 먹고
싶어서 아주머니네 닭 한 마리를 훔쳐다 먹었습니다. 그 닭값을
제가 대신 갚아드리고 가겠습니다. 이 돈을 받으십시오."

이것은 스승의 음성이었습니다.

"아닙니다. 선생님, 저희는 닭을 한 마리도 잃어버리지 않았습

니다.

　그러니 이 돈을 가지고 가십시오."

　이것은 두 제자가 훔친 닭의 집 아주머니의 음성이었습니다.

　스승과 아주머니가 나누는 이 대화를 듣는 두 제자는 자신들의 가슴을 먹먹하게 만드는 큰 교훈을 깨달았답니다. 둘이 야단을 맞은 것도 아니었습니다. 스승으로부터 걱정하는 말씀을 들은 것도 물론 아니었습니다. 하지만 그 순간에 두 제자는 어느 때보다도 큰 가르침을 스승으로 부터 받았던 것입니다. 그 후부터 두 제자는 스스로 삶의 자세를 바로 잡았고, 사람이 마땅히 해야 할 모든 일에 온갖 신경을 쏟으면서 열심히 공부하여 오늘날 대학교수가 되었다고 말합니다. 그러면서 "오늘날 이토록 삭막한 세상에서 극도의 이기주의로 빠져드는 젊은이들의 가슴에 사람됨의 씨앗을 뿌릴 수 있는 스승이 과연 있느냐?"고 묻습니다. 그렇습니다. 오늘날 우리 사회에 그런 사람됨의 씨앗을 뿌리는 자가 있습니까? 있다면 그는 누구입니까? 그가 바로 우리가 되어야 하지 않겠습니까? 그것은 자녀들을 우리의 생명보다 더 소중하게 여기는 우리 모두의 책임이 아닙니까?

　여기서 저는 앞에서 소개한 롱펠로의 「화살과 노래」라는 시를 떠올려봅니다. 비록 오늘 우리가 뿌리려는 사람됨의 씨앗이 우리의 자녀들을 통해 금방 결실을 맺지는 않을지라도, 먼 훗날 우리의 후손들의 가슴에서 뿌듯이 발아하여 결실을 맺으리라는 것을 믿으면서 오늘 우리 자녀들의 가슴에 사람됨의 씨앗과 곱고 착한 심성을 뿌리고 길러주는 일에 최선을 다해야겠습니다. 특히 자녀들에게는 부모들이 살아 움직이는 교과서라는 것을 자각하면서 말입니다.

 부모님 여러분, 부디 건강하시고 여러분의 가정에 행복과 평화가 항상 깃들기를 기원합니다.

> 도둑질을 하면 남을 속일 뿐이지만 양심을 거스리는 일로 남을 속이게 되면 비록 상대가 눈치 채지 못했다 하더라도 자신이 도둑이 되는 것이다.
> 말만 그럴 듯하고 행동이 일치되지 않으면 그 또한 도둑이 되는 셈이리니.

효성스러운 까마귀와 불효막심한 올빼미

우리의 선조들은 우선 겉 모양부터가 검기만 한데다가 그 울음소리마저 고약한 까마귀를 싫어했다.

그런 반면에 까치는 상대적으로 많은 인간들의 사랑을 받아왔다. 더구나 까치는 심

까마귀

지어 좋은 소식을 전해주는 길조吉鳥로도 불렸고 인간들에게 도움을 주는 익조益鳥로 불렸다. 그러나 길조라는 까치는 예감을 결여했기 때문에 어떤 소식도 감지하여 전하지 못했고, 또 사람들이 재배한 과일을 마구잡이로 쪼아 먹어 커다란 손해를 입히기도 한다.

그러나 까마귀는 날짐승들 중 가장 뛰어난 예감을 타고났기 때문에 길흉吉凶을 예견할 수 있게 해줄 뿐 아니라 사람들이 재배한

과일을 먹지 않는다. 게다가
까치들은 먹이를 두고 치열하
게 다투지만 까마귀들은 어떤
경우에도 다투지 않는다고 한
다. 그래서 까마귀는 죽어가
는 사람을 보고 울기 때문에
흉조凶鳥로 지목되었다는 것
도 잘못된 상식이다.

올빼미

어느 집이나 마을에서 까마귀가 운다면 그것은 그곳에서 발생
할 수 있는 흉사凶事의 징조를 미리 알려주는 유익한 울음일 수
있기 때문이다.

그러므로 지금껏 관행화된 까마귀와 까치의 비교결과는 두 조
류의 깃털색깔만 임의대로 비교해서 내려진 것에 불과한 셈이다.

특히 까마귀는 예로부터 효성스러운 새로 알려졌다. 까마귀는
부모 새가 늙고 병들어 먹이사냥이 불가능해지면 더욱 부지런하
게 먹이를 사냥하여 부모 새가 죽을 때까지 정성껏 봉양하는 효
조孝鳥로 불린다. 이것은 고대 중국의 역사서에도 기록된 사실이
다.

그런 반면에 맹금류인 올빼미는 새들 중에서도 가장 불효不孝한
새라고 하여 불효조不孝鳥로 불린다. 올빼미는 부모 새의 보살핌
을 받으며 성장하지만, 부모 새가 먹이사냥을 할 수 없어지면 곧
바로 부모 새의 두 눈을 파먹어버린다고 한다. 앞을 볼 수 없어진
부모 새는 곧 죽게 되는데, 그러면 새끼들은 부모 새의 시체마저
먹어버린다고 한다.

이렇듯 새들의 본능적인 행동방식들도 인간에게는 의미심장한 교훈을 던지는 것이다.

우리나라 사찰 어느 곳에 가도 쉽게 볼 수 있는 만다라화(연꽃)가 있다. 이 꽃은 진흙 속에 살지만 더러움에 물들지 않고, 맑은 물에 씻는다 해도 결코 요염하게 보이지 않고 꽃대는 속을 비우고 줄기는 곧아 화통하지만 소신이 뚜렷하며, 덩굴져 있어도 엉킴이 없고 가지가 없어 의견의 나누어짐이 없고 향기는 멀수록 맑아 꽃 가운데 으뜸이라.

명성태황후(明成太皇后) 조난지지(遭難之地)

청일전쟁이 끝난 후 명성태황후가 일본 세력을 배척하자 일본 공사(公使) 미우라(三淸梧樓)는 일본인들을 궁중에 침입시켜서 건청궁(乾淸宮)에서 황후와 많은 상궁을 살해케 하고 시신을 궁궐 밖으로 운반 소각하는 만행을 저질렀다. 이것이 바로 을미사변이며, 이곳이 명성황후가 화를 당한 곳이다. 건청궁은 지금 국립민속박물관 자리에 있었다.

명성태황후 조난비 (明成太皇后遭難碑)

명성태황후가 시해당한 곳에 세워진 이 비의 비문은 대한민국 초대 대통령 리 승만(李承晩)박사의 친필이다.

＊침략국 일본(왜)을 항상 잊지말자.

참고문헌

한국정신문화연구원, 『한국민족문화대백과사전』, 1991,

세종실록, 『조선왕조실록』, 조선

『고려사』

『고려사절요』

서울 . 전라남북도, 『각시군지』

『동국여지승람東國與地勝覽』

세조실록, 『조선왕조실록』, 조선

『호남각도읍지』

김정호, 『대동지지大東地志』

『문화유적총람』

성현, 『용재총화傭齋叢話』 9권,

한국성씨발전사, 『한국민족사학회 1988년』

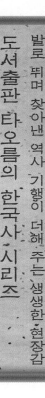

발로 뛰며 찾아낸 역사 기행이 더해 주는 생생한 현장감

도서출판 타오름의 한국사 시리즈

문밖에서 부르는 조선의 노래   이은식 저 / 12,000원
노비, 궁녀, 서얼... 엄격한 신분 사회의 굴레 속에서 외면당한
자들이 노래하는 또 다른 조선의 역사.

불륜의 한국사   이은식 저 / 13,000원
베개 밑에서 찾아낸 뜻밖의 한국새 역사 속에 감춰졌던 애정
비사들의 실체가 낱낱이 드러난다.

불륜의 왕실사   이은식 저 / 14,000원
고려와 조선을 넘나들며 펼쳐지는 왕실 불륜사! 엄숙한
왕실의 장막 속에 가려진 욕망의 군상들이 적나라하게 그
모습을 드러낸다.

이야기 고려왕조실록 (상)(하)
한국인물사연구원 편저 / 각권 15,500원
고려사의 모든 것을 한눈에 살펴볼 수 있는 최고의 역사
해설서! 다양하고 풍부한 문헌 자료를 바탕으로 재미있고
쉽게 읽는 새로운 고려 왕조의 역사가 펼쳐진다.

우리가 몰랐던 한국사   이은식 저 / 16,000원
제한된 신분의 굴레 속에서도 자신의 삶을 숙명으로
받아들이 고 꿈을 이루기 위해 노력한 선현들의 진실된
이야기.

선정도서   모정의 한국사   이은식 저 / 14,000원
위인들의 찬란한 생애 뒤에 말없이 존재했던 큰 그림자,
어머니! 진정한 영웅이었던 역사 속 어머니들이 들려주는
시대를 뛰어넘는 교훈과 감동을 만나본다.

2009 문화체육관광부 우수교양도서 선정

읽기 쉬운 고려왕 이야기
한국인물사연구원 편저 / 23,000원
쉽고 재미있게 읽는 새로운 고려 왕조의 역사. 500여 년 동안 34명의
왕들이 지배했던 고려 왕조의 화려하고도 찬란한 기록들.

원균 그리고 이순신   이은식 저 / 18,000원
417년 동안 짓밟혔던 원균의 억울함이 벗겨진다. 이순신의
거짓 장계에서 발단한 원균의 오명과 임진왜란을 둘러싼
오해의 역사를 드디어 밝힌다.

신라 천년사   한국인물사연구원 편저 / 13,000원
고구려와 백제를 멸망시킨 작은 나라 신라! 전설과도 같은
992년 신라의 역사를 혁거세 거서간의 탄생 신화부터 제56대
마지막 왕조의 이야기까지 연대별로 풀어냈다.

풍수의 한국사   이은식 저 / 14,500원
풍수와 무관한 터는 없다. 인문학과 풍수학은 빛과 그림자와
같다. 각각의 터에서 태어난 역사적 인물들에 얽힌 사건을
통해 삶의 뿌리에 닿게 될 것이다.

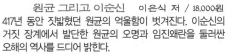

기생, 작품으로 말하다   이은식 저 / 14,500원

기생은 몸을 파는 노리개가 아니었다. 기생의 연원을 통해
그들의 역사를 돌아보고, 예술성 풍부한 기생들이 남긴
작품을 통해 인간 본연의 삶을 들여다본다.

여인, 시대를 품다   이은식 저 / 13,000원

제한된 시대 환경 속에서도 자신들의 재능과 삶의 열정을 포기하거나
방관하지 않았던 여인들. 조선의 한비야 김금원과 조선의 힐러리 클린턴
동정월을 비롯한 여인들이 우리들의 삶을 북돋아 줄 것이다.

미친 나비 날아가다   이은식 저 / 13,000원

정의를 꿈꾼 혁명가 홍경래와 방랑 시인 김삿갓 탄생기.
시대마다 반복되는 위정자들의 부패, 그 결과로 폭발하는
민중의 울분, 역사 속 수많은 인간 군상들이 현재의 우리를
되돌아보게 한다.

지명이 품은 한국사 - 1,2,3,4,5,6

이은식 저 / 15,000원~19,800원

지명의 정의와 변천 과정, 지명의 소재 등 지명의 기본을 확실히 정리하고, 1천여 년 역사의 현장이
도처에 남긴 독특한 고유 지명을 알아보자.

핏빛 조선 4대 사화 첫 번째 무오사화 한국인물사연구원 저 / 17,000원

사림파와 훈구파의 대립은 부조리한 연산군 통치와 맞물리면서 수많은 희생자를
만들게 된다. 사회, 경제적 변동기의 상세한 일화를 수록함으로써 혼란한 시대를
구체적으로 그려냈다.

핏빛 조선 4대 사화 두 번째 갑자사화   한국인물사연구원 저 / 17,000원

임사홍의 밀고로 어머니가 사사된 배경을 알게 된 연산군의 잔인한 살상. 그리고
왕의 분노를 이용해 자신들의 세력을 확고히 하려던 왕실 세력과 훈구 사림파의
암투!

핏빛 조선 4대 사화 세 번째 기묘사화 한국인물사연구원 저 / 17,000원

조광조를 두로 한 사림파가 급진적 왕도 정치를 추구하면서 중종과 소외받던
훈구파는 반발하게 되고, 또 한 번의 개혁은 멀어져 간다.

핏빛 조선 4대 사화 네 번째 을사사화   한국인물사연구원 저 / 17,000원

왕실의 외척 대윤과 소윤은 권력을 차지하기 위해 극렬한 투쟁을 벌였다. 이때 그간
정권에 참여하지 못했던 사림들도 대윤과 소윤으로 갈리면서, 조선 시대 붕당
정치의 시작을 예고한다.

계유년의 역신들   한국인물사연구원 편저 / 23,000원

세조의 왕위 찬탈 배경과 숙청되는 단종, 왕권의 정통성을 보전하려던 사육신과
생육신 사건부터 김문기가 정사의 사육신인 이유를 분명히 밝힌 역사서!